식민/이산/분단/전쟁의 역사와 코리언의 트라우마

이 책은 2009년 정부(교육과학기술부)의 재원으로 한국연구재단의 지원을 받아 제작되었습니다.(NRF-2009-361-A00008)

식민/이산/분단/전쟁의 역사와 코리언의 트라우마

초판 1쇄 발행   2015년 2월 25일

저   자 | 건국대학교 통일인문학연구단
발행인 | 윤관백
발행처 | 도서출판 선인

인   쇄 | 대덕인쇄
제   본 | 바다제책

등록 | 제5-77호(1998.11.4)
주소 | 서울시 마포구 마포대로 4다길 4(마포동 324-1) 곳마루 B/D 1층
전화 | 02)718-6252 / 6257   팩스 | 02)718-6253
E-mail | sunin72@chol.com
Homepage | www.suninbook.com

정가 20,000원
ISBN   978-89-5933-716-3   94900
       978-89-5933-159-8(세트)

· 잘못된 책은 바꿔 드립니다.

식민/이산/분단/전쟁의 역사와 코리언의 트라우마

건국대학교 통일인문학연구단

 도서출판 선인

발간사

　분단된 한반도의 현실에서 통일에 대한 새로운 패러다임을 찾겠다는 취지로 '통일인문학' 연구는 시작되었습니다. 기존의 다양한 통일 담론이 체제 문제나 정치·경제적 통합을 전제로 진행되는 가운데 시류에 따라 부침을 거듭하는 것이 현실입니다. 통일인문학은 사회과학 차원의 통일 논의가 관념적이면서도 정치적인 한계를 가지고 있다고 진단하고, 사람 중심의 인문정신을 바탕으로 한반도의 통일문제를 진단하고 그 해법을 찾고자 하는 새로운 학문영역입니다.

　사람을 중심에 둔 통일 논의는 기존의 통일 담론에서 크게 확대된 개념으로 이해할 수 있습니다. 즉 지리적으로도 한반도에 국한되지 않고 이산 역사를 모두 포괄하는 것으로, 남과 북의 주민은 물론이고 전 세계에 산재한 약 800여만 명의 코리언을 아우릅니다. 나아가 '결과로서의 통일'에만 역점을 두고 연구 사업을 진행하는 데 그치지 않고 '과정으로서의 통일'까지도 목표로 삼고 있습니다. 따라서 통일이 이루어지는 시점은 물론 통일 이후의 사회 통합과정에서 반드시 풀어가야 할 사람간의 통합을 지향합니다.

　이에 통일인문학은 '소통·치유·통합'을 주요 방법론으로 제시합니다. 인문정신에 입각하여 사람 사이는 물론 사회계층 간의 소통을 일차적인 방안으로 삼습니다. 이러한 소통은 상대와 나와의 차이를 인정하면서 그 가운데 내재하는 공통의 요소들을 탐색하고 이를 적극적으로 활용하는 가운데 가능한 것입니다. 그를 위해 분단 이후 지속적이면서 현재까지 거듭 생산되고 있는 분단 트라우마의 실체를 파악하고, 이를 치유하기 위한 방안들을 모색하는 것입니다. 우선 서로에게 정신적 · 육체적으로 씻을 수 없는 상처를 가한 분단의 역사에서 잠재되어 있는 분단서사를 양지로 끌어올리고 진단하여 해법으로 향하는 통합서사를 제시함으로써 개개인의 갈등요인이 됨직한 분단 트라우마를 치유하고자 합니다. 그리고 우리 사회 전반에 자리 잡은 체제나 이념의 통합과 우리 실제 삶 속에서 일어나고 가라앉는 사상 · 정서 · 생활 속의 공통성과 차이성간의 조율을 통하여 삶으로부터의 통합이 사회통합으로 확산될 수 있기를 기대합니다.

이러한 취지에 따라 통일인문학은 철학을 기반으로 한 사상이념, 문학을 기반으로 한 정서문예, 역사와 문화콘텐츠를 기반으로 한 생활문화 등 세 가지 축을 기준으로 삶으로부터의 통합과 사회통합으로의 확산이라는 문제를 풀어가는 데 연구역량을 기울이고 있습니다. 그리고 이렇게 인문정신을 바탕으로 연구 생산한 성과들은 학계와 대중에게 널리 홍보되어 후속연구로의 발판 마련과 사회적 반향으로 이어지기를 기대합니다. 그와 관련된 노력은 우선 국내외의 통일 관련 석학들과의 만남을 통하여 선행연구의 흐름을 파악하거나, 한반도의 통일문제를 연구 화두로 삼고 있는 학자나 전문가들과의 학술심포지엄을 정기적으로 개최하는 등의 활동에서 이루어지기도 합니다. 그와 함께 분단 트라우마 진단을 위한 구술조사도 지속적으로 행하고 있으며, 통일인문학의 대중화를 위한 시민강좌나 교육프로그램 개발은 물론이고, 통일콘텐츠 연구개발 사업 등 다양한 방면의 모색과 실천을 거듭하고 있습니다.

그리고 이러한 다양한 활동과 사업의 성과들은 출판물로 외현되어 학계와 대중들이 적극 공유할 수 있는 장으로 옮겨집니다. 본 연구단에서 특히 출간기획에 주력한 것은 『통일인문학총서』 시리즈입니다. 현재 『통일인문학총서』 시리즈는 모두 네 개의 영역별로 분류되어 출간중입니다. 첫째, 본 연구단의 학술연구과정의 성과들을 주제별로 묶은 『통일인문학 연구총서』, 둘째, 분단과 통일 관련 구술조사 내용을 구술현장의 묘미를 잘 살려 정리한 『통일인문학 구술총서』, 북한연구 관련 자료와 콘텐츠들을 정리하고 해제 · 주해한 『통일인문학 아카이브총서』, 남북한 연구에 도움을 줄 수 있는 희귀 자료들을 현대어로 풀어낸 『통일인문학 번역총서』 등이 그것입니다.

　　통일인문학의 정립과 발전을 사명으로 알고 열의를 다하는 연구단의 교수와 연구교수, 연구원들께 고마움을 전합니다. 아울러 연구 사업에 기꺼이 참여해주시는 통일 관련 국내외 석학 · 전문가 · 학자들께도 심심한 감사를 드립니다. 그리고 무엇보다 자신의 소중한 체험과 기억을 구술해주신 분들께도 머리 숙여 고마움을 표합니다. 마지막으로 통일인문학의 취지를 백분 이해하시고 흔쾌히 출판을 맡아주신 출판사 관계자분들께도 감사드립니다.

사람의 통일, 인문정신을 통한 통일을 지향하며
건국대학교 통일인문학연구단장 김성민

민족공통성 두 번째 시리즈를 발간하며

　건국대학교 통일인문학연구단은 통일인문학의 패러다임으로 제안했던 '차이와 공통성', '분단의 트라우마와 아비투스', '민족공통성' 개념을 실증적으로 검증하고 이산 역사까지를 포함하는 '통일론'을 정립하고자 2010년 9월 '민족공통성 연구프로젝트'를 시작했습니다. 그리하여 2011년 한국인과 탈북자, 재중 조선족, 재일 조선인, 재러 고려인 등 5개 집단, 1,500여 명을 대상으로 민족정체성, 통일의식, 역사적 트라우마, 생활문화를 묻는 설문조사를 실시한 바 있습니다. 그리고 이 설문조사를 분석하여, 2012년 민족공통성 첫 번째 시리즈로 4권의 책, 『코리언의 민족정체성』, 『코리언의 역사적 트라우마』, 『코리언의 생활문화』, 『코리언의 분단-통일의식』을 발간하였습니다.

　민족공통성 첫 번째 시리즈의 특징은 첫째, '민족 대 탈민족', '국가 대 탈국가', '코리언 대 디아스포라', '동질성 대 이질성'이라는 이원적 대립구도를 벗어나 '민족공통성'이라는 새로운 관점에서 코리언들이 지닌 '국민정체성과 민족정체성', '식민-이산-분단 등 코리언의 역사적 트라우마', '생활문화의 공통성과 차이', 그리고 '분단-통일의식'을 조사, 분석했다는 점입니다. 둘째, 실증적인 조사연구를 통해 차이와 연대, 공명과 접속에 기초한 소통과 역사적 트라우마의 치유, 그리고 가족유사성에 기초한 생활문화의 연구패러다임을 정립했다는 점입니다. 셋째, 관찰자의 관점에서 이산 역사를 객체화하여 바라보는 것이 아니라, 5개 집단의 내적이고 역사적인 삶의 맥락에서 거주국별 특성과 그들의 주체적 요구를 반영하는 접근방법을 취했다는 점입니다.

그러나 민족공통성 첫 번째 시리즈는 '민족-탈민족'의 이론적 대립구도를 벗어나 실증적 자료에 기반하여 각 지역 조사대상자들의 내적인 삶의 맥락에서 접근했음에도 불구하고, '민족공통성 프로젝트'의 취지를 충분히 살리지 못했습니다. 통일인문학의 패러다임 정립이라는 '민족공통성 프로젝트'의 원래 취지에 비추어 볼 때, 각 지역을 상호비교하는 연구는 반드시 필요한 작업입니다. 애초 설문문항을 작성할 때, 지역별 상호비교가 가능할 수 있도록 5개 지역의 현지 파트너와 협의 아래 '공통설문지'를 기획했던 것도 그러한 이유 때문이었습니다. 하지만 지역별 상호비교 연구를 위해서는 우선 정치경제적 · 사회문화적 · 역사지리적 차이를 고려하여 각 지역에 대한 개별적인 분석이 선행되어야 한다는 판단 아래, 지역별 상호비교 연구는 이후의 연구과제로 미루게 되었습니다. 이번에 출간하게 된 『코리언의 생활문화, 낯섦과 익숙함』, 『민족과 탈민족의 경계를 넘는 코리언』, 『식민/이산/분단/전쟁의 역사와 코리언의 트라우마』는 민족공통성 두 번째 시리즈로서, 그동안 후속작업으로 미루어 두었던 지역별 상호비교의 연구성과를 담고 있습니다.

우선, 민족공통성 두 번째 시리즈 제1권인 『코리언의 생활문화, 낯섦과 익숙함』은 지역별 비교분석과 더불어 심층인터뷰를 보강함으로써 한국인과 탈북자, 재중 조선족, 재러 고려인, 재일 조선인 생활문화의 차이와 공통성을 해명하고 있습니다. 제1장에서는 코리언 생활문화를 바라보는 패러다임의 전환을 제안하고 있습니다. 곧 코리언 생활문화가 이산, 분단 등으로 필연적으로 변용될 수밖에 없는 현실을 가벼이 여긴

채 특정한 생활문화의 전형을 설정하고 이 전형을 기준으로 코리언의 범주를 정하는 배제 패러다임에서 벗어날 것을 제안하였습니다. 그리고 각 지역 코리언 생활문화의 유사성과 차이를 그 자체로 인정하고, 이를 미래의 코리언 생활문화를 낳는 토대, 코리언 생활문화의 새로운 공통성을 창출하는 출발점으로 바라보는 통합의 패러다임을 주장합니다.

제2장과 제3장에서는 코리언의 언어, 의식주를 비교하는 가운데 코리언 생활문화 통합의 방향을 제시하고자 하였습니다. 제2장에서는 코리언의 민족어 사용 실태와 현실을 분석하는 가운데 코리언의 민족어 통합을 위해서는 민족어를 단일한 하나의 언어로 만든다는 "민족어 통일"이라는 관점을 지양하고, 한국(조선)어의 다양한 풍미를 살려온 민족어의 풍부함과 다양성을 인정하는 가운데, 다양성과 상호공존, 상호학습을 전제로 하는 "민족어 통합"이라는 관점으로 우리의 인식을 전환할 것을 역설하였습니다. 제3장에서는 미술전시 기획에서 사용되고 있는 '네크라스' 개념을 차용하여 코리언의 의식주에 대한 문화적 분석을 시도하였습니다. 목걸이의 장식물 하나하나가 독립적이면서도 연결되어 있듯이 코리언의 생활문화는 일정 정도의 독립성을 유지하면서도 연결되어 있고, 그 연결의 고리가 문화적 속성이라는 것입니다. 코리언의 생활문화는 독자적이면서 서로 연결되어 있는 '네크라스'이므로 코리언의 생활문화를 보는 시각도 원형에 대한 집착에서 벗어나 코리언의 문화적 적용과 변용에 대한 관점으로 변화해야 한다고 주장하였습니다.

한편 제4장, 제5장, 제6장에서는 한국인과 재일 조선인, 한국인과 재중 조선족, 남북한 주민의 통과의례, 가족생활문화, 교육문화의 구체적인 양상을 비교 분석하였습니다. 그 결과 제4장에서는 일본문화와의 접촉으로 인해 재일 조선인의 통과의례에 혼성성과 변용성이 나타나지만, 그 변용이 전통과 멀어지는 것이 아니라 전통과의 교집합이 계속 확대되는 방향으로 나아가고 있음을 밝혔습니다. 제5장에서는 한국인과 재중 조선족이 가족을 강조하는 유교문화를 공유하고 있고 부계가족의 특성을 가지고 있지만, 부계가족의 특징은 사회경제적 조건과 현대적 생활방식에 따라 점차 변용되어가고 있음을 규명하였습니다. 그리고 제6장에서는 공적 혹은 사적자본 투입과 같은 제도적 차이로 인해 남북한 교육의 공공성과 개방성에서는 차이를 보였지만, 남북한 주민들 모두 보다 나은 사회계급 획득을 위한 방편으로 교육을 인식하는 도구성에서는 공통점을 보이고 있음을 해명하였습니다.

민족공통성 두 번째 시리즈 제2권『민족과 탈민족의 경계를 넘는 코리언』은 코리언들의 민족정체성과 분단-통일의식을 다루고 있습니다. 제1장은 ① '민족공통성'이라는 프레임 위에서 한국인, 탈북자, 재중-재일-재러 코리언들이 가지고 있는 민족정체성을 비교 연구하여 ② 각 집단이 가지고 있는 민족정체성이 그들의 분단-통일의식에 어떤 영향을 미치고 있는지를 밝힘으로써 ③ 우리가 해외 거주 코리언들과 어떤 방향에서 관계를 맺고 통일정책을 추진해가야 할지를 모색하는 연구목적을 서술하였습니다. 제2장은 코리언들의 민족정체성이 각자 처한 국내적-국제적 환경 및 본국과의 상호작용 속에서 형성된 '인지-정서-신체적 정체성'의 중층적 결정구조를 가지고 있으며, 따라서 단일한 하나의 정체성으로 귀결되지 않음에도 불구하고 '민족적 유대의 끈, 흔적들'을 가지고 있다는 내용을 지역별 상호비교를 통해 해명하고 있습니다.

제3장은 한국인의 '대한민국 중심주의'가 해외 거주 코리언의 민족정체성을 다루는 데 있어 오류를 낳기 때문에, '해체-성찰적 읽기'가 필요하며 해외 거주 코리언들에게 나타나는 민족과 국가의 균열을 우리 자신의 균열로 받아들이는 자세가 요구된다는 내용을 서술하고 있습니다. 제4장은 이런 대한민국 중심주의가 해외 거주 코리언 및 탈북자들과의 관계에

서도 '충돌'을 낳고 있기 때문에, 민족적 합력을 창출하기 위해서는 코리언들의 민족정체성을 민족≠국가라는 이중적 어긋남이 아니라, "'이산'이 만들어내는 민족≠국가라는 어긋남과 분단으로 인한 한(조선)민족≠한국, 한(조선)민족≠조선이라는 어긋남"이라는 삼중적 어긋남으로 재규정할 필요가 있다는 주장을 펴고 있습니다. 또한, 동북아 주변에 거주하는 코리언들의 고통이 한반도의 분단과 직접적으로 관련되어 있기 때문에 코리언의 공동체를 창출하는 방향으로 통일정책을 추진해야 가야 할 필요성을 밝히고 있습니다.

제5장은 해외 거주 코리언들이 통일의 '역사적 중요성'이나 '민족적 중요성' 및 '국제적 중요성'에 대한 인식의 측면에서 한국인에 비해 결코 떨어지지 않으며 어떤 측면에서 보다 중요하게 인식하고 있다는 점을 해명하고 있습니다. 그리고 국내적-국제적 환경과 남/북의 분단환경 속에서 이러한 인식이 그대로 표현되지 못하거나 왜곡되기 때문에 문제는 겉으로 드러나는 답변 수치가 아니라 그 저변에서 흐르는 통일에 대한 욕망을 포착하고 그것이 어긋나는 지점을 포착하여 한반도의 통일 정책 방향을 만들어가는 것이 중요함을 역설하고 있습니다. 제6장은 해외 거주 코리언들을 통일의 일주체로 삼고 그들의 민족정체성이 남과 북이라는 분단 속에서 왜곡되거나 착종되는 방식이 아니라, 민족적 리비도가 흐르는 방향에서 '차이와 접속의 공간'으로 만들어가는 한반도의 통일정책이 필요하다는 주장을 펼치고 있습니다. 민족이라는 '동일화의 욕망'을 타자에 대한 폭력이 되지 않고, 오히려 코리언 공통의 민족적 합력을 창출하는 방향으로 만들어가면서 이를 해외 거주 코리언들에 대한 정책과 연결시키는 작업이 필요하다는 것입니다.

민족공통성 두 번째 시리즈 제3권에 해당하는 『식민/이산/분단/전쟁의 역사와 코리언의 트라우마』는 한국인, 탈북자, 재중 조선족, 재러 고려인,

재일 조선인의 역사적 트라우마를 비교 분석하고 있습니다. 일제 강점으로 촉발된 한반도와 주변국에 거주하는 코리언의 역사적 트라우마를 거주국 단위로 분석하는 것이 아니라, 역사적 트라우마의 유형에 따라 상호비교하는 연구성과를 담고 있습니다. 남북 및 주변 이산 역사가 간직한 역사적 트리우마의 유형을 식민 트라우마, 이산 트라우마, 분단 트라우마로 크게 분류하여 각 지역의 코리언들의 실태를 비교하고, 그 특징적인 차이가 어디에서 비롯되는가를 진단하고 있습니다.

제1부에서는 빅 트라우마라고 할 수 있는 식민, 이산, 분단 트라우마의 비교 분석을 총론 격으로 다루고 있지만, 각 트라우마의 특징에 따라 비교분석의 범위를 달리하고 있습니다. 식민 트라우마는 전체 코리언이 비교 분석의 대상이 되지만, 이산 트라우마는 중국, 러시아, 일본 지역의 이산 역사 중심으로 비교 분석이 진행되고 있습니다. 또 분단 트라우마는 해외 거주 코리언보다는 남북 주민에게서 발현되는 경향이 월등히 우세하므로 한반도 권역에 거주하는 주민의 트라우마를 주요 분석 대상으로 삼고 있습니다.

이러한 빅 트라우마가 구체적으로 분화되는 양상도 더불어 진단할 필요가 있으므로 제2부에서는 한국인들의 분단 트라우마 중 세분화되는 사건들을 각론으로 다루고 있습니다. 다시 말해 분단이 이루어지는 과정에서 이데올로기 갈등의 극점에 선 제주 4.3사건과 한국전쟁을 거치는 과정에서 심각하게 대두된 빨치산 투쟁과 토벌사건, 분단 체제가 고착화되는 과정에서 자행된 납북어부들의 간첩단사건 등을 주요 분석 대상으로 삼고 있습니다. 때문에 제2부는 분단체제를 공고히 하기 위해 국가가 공권력을 동원하여 주민들에게 폭력을 행사한 국가폭력에서 비롯된 상처를 각론적으로 살펴봄으로써, 분단 트라우마와 결부된 다양한 트라우마 양상들과 그 치유방안을 구체적으로 해명하고 있다고 볼 수 있습니다.

'민족공통성'이란 민족공동체에 본질적으로 내재된 불변하는 '민족동질성'을 의미하는 것이 아니라, 코리언들의 접촉과 교류를 통해서 미래적으로 생성되어야 할 '공통의 가치, 정서, 생활문화'를 의미합니다. 민족공통성 첫 번째 시리즈가 코리언들의 정치경제적, 사회문화적 차이에 주목한 지역별 조사연구였다면, 이번에 출간하게 된 민족공통성 두 번째 시리즈는 각 지역별 상호비교를 통한 코리언의 차이와 공통성을 해명하는 연구라고 할 수 있습니다. 통일인문학연구단은 이제까지 두 차례에 걸친 민족공통성 시리즈의 연구 성과를 기반으로 하여 앞으로 민족공통성 세 번째 시리즈를 발간할 예정입니다. 민족공통성 세 번째 시리즈에서는 남과 북이 연대할 수 있는 방향과 소통의 지점을 드러냄으로써, 이산 역사를 포함한 한민족의 민족공통성을 가치-정서-생활문화적 측면에서 창출할 수 있는 실질적인 방안과 통일한반도의 인문적 비전을 구체화할 수 있는 대안을 제시하고자 합니다.

이 책이 발간되기까지 함께 작업에 참가하신 통일인문학연구단 김성민 단장님 이하 연구단의 모든 선생님들께 깊은 감사를 드립니다.

건국대학교 통일인문학연구단 학술연구부장 이병수

식민/이산/분단/전쟁의 역사와
코리언의 트라우마

1부

코리언의
역사적 트라우마 비교

제1장 코리언의 식민 트라우마 비교

1. 코리언의 근원적 트라우마: 식민 트라우마

일본이 패전하고 한국이 해방된 지 70년 가까이 지났는데도 한일관계
는 여전히 지배와 피지배의 역사와 적대관계의 기억으로부터 자유롭지
못하다. 근래에는 아베 총리가 내각 구성에서부터 언행과 정책에 이르
기까지 극우적 색채를 강하게 나타냄으로써 양국의 관계는 더욱 악화되
고 있다.[1] 아베 정부의 우경화 인식을 단적으로 보여주는 것은 과거사

---

* 건국대학교 통일인문학연구단 HK연구원

1) 일본 우경화의 원인에 대한 다양한 분석들이 이루어지고 있다.
   조경근은 일본의 대외 정책이 보수 강경으로 경도되고 있는 것은 일차적으로
   주변 안보 환경의 변화 때문이라고 지적하였다. 북한의 핵무기와 장거리 미
   사일 개발 추진, 미국의 힘의 쇠퇴와 중국의 부상 및 군사 강대국 추구 등이
   보수 강경화의 지지 요인이라고 분석하였다(조경근, 「박근혜 정부의 대일 외
   교정책」, 『통일전략』 vol. 13 no.2, 한국통일전략학회, 2013).
   김용복은 일본의 공세적인 우경화 추진의 배경으로 다음과 같은 원인을 꼽았
   다. 첫째, 사회경제적으로 '잃어버린 20년'이 가져다준 좌절과 분노가 국가주

에 대한 태도이다. 아베 정부는 일본군의 위안부 동원 강제성을 부정하고 있으며, 독도 영유권 주장을 담은 동영상과 인터넷 홈페이지를 제작한 데 이어, 중·고교 교과서 학습지도요령해설서에까지 독도 영유권 주장을 명기하였다.[2] 또한 최근 일본에서 검정을 통과한 새 초등학교 교과서에는 식민 지배에 대한 서술이 빠지게 되었다. 예전 일본에서 사용하던 교과서에는 '한국인들의 반대를 강제로 억누르고 조선을 병합했다'는 표현이 있었는데, 새 교과서에 남은 내용은 '조선을 병합했다'는 것뿐이라는 것이다.[3] 이는 아베가 추진하는 '교과서 우경화'와 교육 개혁의 일환이다.

이렇게 아베 내각에서 구체화되고 있는 우경화 정책들은 역사적 갈등과 영토 분쟁과 얽히면서 한국뿐 아니라 다른 주변국과도 갈등을 일으키고 있다.[4] 일본은 한국과는 독도 문제, 중국과는 센카쿠 열도 문제,

---

의적 요소와 민족주의적 정서가 확산될 수 있는 기반을 만들어 놓았다. 둘째, 사회구성의 변화는 새로운 국가전략의 사회적 토대를 제공하였다. 과거사에 콤플렉스를 갖는 구세대와는 달리 과거사에 속박되지 않는 전후세대는 역사 문제에서 오히려 극적인 진전을 가져오거나 아니면 쉽게 역행할 수 있는 가능성을 모두 가지고 있다. 셋째, 대외적으로 중국의 부상은 상대적으로 쇠퇴하는 국가 일본이란 인식을 확산시켰으며, 이러한 상황은 일본국민들로 하여금 강한 일본을 그리워하게 만들었다. 넷째, 정치적으로 먼저 보수정당이 안정적인 권력기반을 만들고, 우경화의 강한 의지를 가진 정치인이 이끌어가는 현 상황은 그 어느 때보다는 우경화 과제를 해결할 수 있는 기회이다(김용복, 「일본 우경화, 한일관계 그리고 동아시아」, 『경제와 사회』 99, 비판사회학회, 2013, 40~41쪽).

2) http://weekly.chosun.com/client/news/viw.asp?nNewsNumb=002293100005&ctcd=C02

3) http://mbn.mk.co.kr/pages/news/newsView.php?category=mbn00008&news_seq_no=1750304

4) '2013년 8월 5일 발표한 중일공동여론조사에서는 상대국의 이미지를 묻는 질문에 일본인의 90.1%, 중국인의 92.8%가 좋지 않다라고 응답하였으며, 중일 관계가 나쁘다는 응답은 일본인의 79.7%, 중국인의 90.3%였다. 왜 상대국에 대한 이미지가 좋지 않으냐는 질문에 대해 복수응답을 한 결과를 보면, 일본 인들은 센카쿠열도 대립 때문에(53.2%), 역사문제로 일본을 비판하기 때문에

러시아와는 남쿠릴 열도 문제 등으로 동아시아 주변국과 모두 영토 분쟁에 휩싸여 있다. 이러한 일본의 우경화 움직임은 여전히 계속되고 있는 일본의 식민지주의 작동양식이라는 점을 지적한 논의도 있다.[5] 그것은 현재 일본 정부가 역사문제와 영토문제에 있던 것을 없던 것으로 만들어 내면서 식민주의의 피해에 대한 2차적 가해를 정당화하려고 하기 때문이다. 영토문제 '탈역사화'나 위안부 문제 등은 과거의 식민지주의를 망각할 뿐만 아니라 정당화 하려는 시도로 볼 수 있다. 동아시아의 진정한 평화와 협력은 식민지 과거의 청산이 기본으로 되어야 한다. 그런데 지금처럼 일본의 한반도 지배라는 과거를 어떻게 청산할 것인지를 둘러싸고 격렬한 논란이 일어나고 있는 상황은, 더욱 과거의 상처와 기

(48.8%), 자원확보 등 자기중심적 태도 때문에(48.1%) 중국의 이미지가 좋지 않다고 보았다. 중국인들은 영토분쟁 때문에(77.6%), 침략역사를 반성, 사죄하지 않게 때문에(63.8%), 타국과 연합하여 중국을 포위하기 때문에(43.4%) 일본의 이미지가 좋지 않다고 보았다.'(김용복, 「일본 우경화, 한일관계 그리고 동아시아」, 『경제와 사회』 99, 비판사회학회, 2013, 45쪽).

5) '독도문제를 포함한 한일관계를 경색화시킨 요인으로서 일본정치의 우경화를 거론했는데 그 가운데 중요한 요소가 일본 정치에서의 식민지주의라는 것이 본고의 견해이다. 과거 일본의 식민지통치로 인해 고통 받은 한국에서 보면 일본의 식민지주의란 오히려 진부한 의논으로 느껴질지도 모른다. 그렇다 해도 그동안 일본에서 진행되어 온 우경화가 식민지 없는 식민지주의, 계속되는 식민지주의의 작동양식의 하나임을 구체적으로 고찰할 작업은 앞으로 한일관계뿐만 아니라 중국을 포함한 동북아시아 국제관계를 전망하는 데도 필요하다고 생각한다. 이 항에서는 일본정치의 식민지주의를 '고유영토론과 '위안부 강제 없었다'론에서 살펴보기로 한다. 먼저 북방영토 문제는 미국이 냉전전략 필요성부터 일본과 소련 사이에 박은 쐐기이며 또 일본이 북방 4도 반환 요구를 만드는 과정에서 '고유영토'론이 조작된 사실을 살펴본다. 다음에는 일본정부가 영토문제 논리에서 공통적으로 주장하는 것이 역사적 맥락을 영유권문제와 절단하려는 데 있는 점을 검증하여 그 '탈역사화'구도가 오늘날 '위안부 강제 없었다'론으로 또 다시 부각되어 있는 정치현상을 분석해 본다. 마지막으로 일본정치의 식민지주의가 바야흐로 '문화적 폭력'으로서의 성격을 띠게 되었음을 제시한다(김영호, 「일본 아베정권의 영토정책과 역사정책」, 『독도연구』 14, 영남대학교 독도연구소, 2013, 12~13쪽).

억에 얽매이도록 만든다.

일본에 의해 강제로 나라를 빼앗기게 되면서 코리언의 민족정체성, 생활방식, 세계관과 가치체계에는 깊은 상처가 남게 되었고, 이러한 상처는 식민 지배의 경험 속에서 고통을 당했던 피해자뿐 아니라 식민지를 경험하지 않은 이후 세대에게까지도 전이되고 있다. 일제 식민지 지배에 대한 청산이 제대로 이루어지지 않은 상황에서 직접적인 식민지 지배 경험을 하지 않은 후세대에게도 식민 트라우마는 현재화되어 전승될 수밖에 없다. 더구나 최근 일본이 보여주고 있는 우경화 정책들은 일본의 식민지 지배를 경험한 민족들에게 끊임없이 식민 트라우마를 환기시키고 있다.

이처럼 코리언들의 역사적 트라우마에서 가장 근원적인 트라우마는 일제의 식민지 지배에서 비롯된 '식민 트라우마'라고 할 수 있다. 여기서 식민 트라우마가 코리언의 근원적인 트라우마라고 할 수 있는 것은, 분단의 근원적인 원인 또한 바로 일제의 식민지 지배에 있기 때문이다. 식민 트라우마는 '독립적'으로 남아 있는 것이 아니라 식민 지배와 유관한 역사전개가 낳은 여타의 트라우마들과 관련되어 있다는 점에서, 개별적인 트라우마로 환원할 수 없다.6) 식민 트라우마는 이산과 분단 트라우

---

6) '식민 트라우마로부터 연원하는 트라우마를 크게 나누어 보자면 첫째로 이산 트라우마가 있다. 일제는 한일병합 이후 토지조사산업에서부터 산미증식계획이나 농촌진흥운동을 통해 지속적이고 대대적으로 토지와 식량을 수탈한다. 이는 일제가 전쟁을 수행하기 위한 목적에서 이루어진 것이다. 그럼으로 해서 식민지의 농민들은 굶주림에 시달리거나 삶의 터전을 잃어버릴 수밖에 없었기에 이를 피해 이주를 하게 된다. 또한 징용·징병·정신대 등 역시 이주의 원인이 되었다. 이렇게 본다면 일제 식민지 시기 코리언 디아스포라 (diaspora)의 이주는 생계형이나 노동형이 아니라 코헨의 분류 방식에 따른다면 "'박해-도피형'에 가깝다고 할 수 있다." 그렇기에 그것은 '트라우마'라고 할 수 있다. 더구나 이것이 역사적 트라우마가 될 수 있는 것은 이주 과정과 이주 지역에서 받은 상처 때문이다. 이 당시 대부분의 코리언 디아스포라가 이주한 지역은 한(조선)반도의 주변국 중국, 구소련, 일본이다. 그곳에서 이들

마 그리고 각각의 거주국에서의 경험에 따른 사회·국가폭력 트라우마
와 복잡한 양상으로 얽혀 있기 때문에 코리언의 역사적 트라우마에 있
어 '근원적인 트라우마'라고 할 수 있다.

2. 코리언의 식민 트라우마 양상

1) 식민 트라우마의 현재성

일제 식민지 지배에 대한 청산이 제대로 이루어지지 않는 한 식민 트
라우마는 끊임없이 후세대에게 전이될 수밖에 없다. 식민 트라우마는
과거의 문제가 아니라 오늘날에도 여전히 코리언에게 막대한 영향력을
행사하고 있는 현재적 문제인 것이다.

다음의 설문 조사 결과는 현재까지도 코리언들에게 식민 트라우마가
남아 있음을 잘 보여주고 있다.

은 소수민족으로 정착하면서 갖은 수난과 차별을 경험하게 된다. …… 둘째
로 분단 트라우마가 있다. 일제 식민 지배는 2차 세계대전의 종결과 일본제
국주의 붕괴와 더불어 막을 내린다. 하지만 한(조선)반도의 해방은 스스로 쟁
취한 것이 아니라 연합국에 의해 이루어진 것이기에, 결국 미소에 의한 신탁
통치가 이루어지면서 3·8선을 경계로 남북은 분단된다. 그렇기에 분단의 근
본적인 원인은 다름 아닌 일제 식민 지배에 있는 것이다. 그런데 이것이 트라
우마가 되는 것은 뒤에서 자세히 살펴보겠지만 무엇보다 하나의 민족이 두
개의 국가로 갈라지면서, '국가=민족'이라는 오랜 열망을 이룰 수 있게 되었
다는 기대감이 재차 무너졌기 때문이다. 또 그러한 분단 트라우마 역시 이산
트라우마와 마찬가지로 식민 트라우마뿐만 아니라 그 이후에 발생한 사건과
역사의 흐름 속에서 여타의 트라우마를 만든다. 그 중 대표적인 것이 6·25전
쟁으로 인한 전쟁 트라우마이며, 나아가 한(조선)반도가 분단 체제화 되면서
국가에 의해 자행된 폭력이 낳는 '국가폭력 트라우마'가 있다.'(김종곤, 「역사
적 트라우마에 대한 철학적 재구성」, 건국대학교 박사학위논문, 2014, 105~
107쪽).

〈표 1〉 역사적으로 한(조선)민족에게 가장 큰 상처를 준 나라는 어디인가

분류	한국인	탈북자	재중 조선족	재러 고려인	재일 조선인
일본	81.2	72.5	88.3	83.1	63.7
미국	4.8	5.5	7.6	8.3	14.3
소련	3.2	4.6	3.4	3.4	3.8
중국	9.0	15.6	.7	.6	3.2

코리언들은 '역사적으로 한(조선)민족에게 가장 큰 상처를 준 나라가 어디냐'는 질문에 압도적으로 '일본'을 선택하고 있다. 이는 코리언들이 현재까지도 식민지 지배에 대한 기억을 상처로 가지고 있음을 보여준다고 할 수 있다. 좀 더 면밀히 설문 결과를 살펴보면, 한국인(81.2%)과 재중 조선족(88.3%), 재러 고려인(83.1%) 중에서는 80%이상이 '일본'을 선택하였다. 탈북자(72.5%)와 재일 조선인(63.7%)도 '일본'을 가장 많이 선택하기는 하였지만 다른 코리언들에 비해서는 그 비율이 낮은 편이다. 그것은 탈북자나 재일 조선인의 경우에는 '일본' 이외의 다른 나라를 선택한 비율이 상대적으로 높았기 때문이다.

먼저 한국인의 경우를 보면, 81.2%가 '일본'을 선택하였다. 최근에는 한국 정부와 일본 정부가 역사인식과 영토문제를 둘러싸고 정면으로 충돌하게 되면서, 일본으로부터 받은 피해나 상처에 대해 더욱 강하게 인식하게 되었을 것이라고 짐작된다. 2013년에 『한국일보』와 일본 『요미우리신문』이 공동으로 실시한 '2013 한일 국민의식 여론조사' 결과,[7] 양국 관계에 대한 한일 국민의 부정적인 시각이 심화하고 있는 것으로 조사됐다. '한국과 일본의 관계가 좋다고 생각하는가'라는 질문에 한국 국

---

7) 이 조사는 2013년 3월 22~24일 한국 성인 1,000명, 일본 성인 2,120명을 대상으로 전화 면접조사로 진행됐다. 「'2013 한일 국민의식 여론조사' 양국관계」, 『한국일보』, 2013.4.5.

민은 18.2%, 일본 국민은 17.2%가 그렇다고 대답하였는데, 2010년에 각
각 24.2%, 57%가 그렇다고 대답한 것에 비해 수치가 크게 떨어졌다.[8]
다음으로 '일본의 식민 지배가 지금도 한일관계 발전에 지장을 주고 있
다'라는 항목에는 한국 국민의 82.1%는 그렇다고 답했고, 일본 국민은
64.7%가 그렇다고 답했다. 이러한 설문 조사 결과 또한 '식민 트라우마'
가 현재에도 끊임없이 재생산되면서, 직접 식민지 지배를 경험하지 않
은 세대들에게까지 전이되고 있음을 시사해 주고 있다.

　다음으로 탈북자의 경우에는 '일본'을 가장 많이 선택하기는 하였지
만, 다른 코리언들에 비해 '중국'을 선택한 비율(15.6%)이 높은 편이다.
'중국'을 선택한 비율이 높다는 것은 탈북자에 대한 중국 정부의 정책과
탈북 과정에서의 중국 체험이 관련될 것이다. 중국은 불법체류 탈북자
들을 체포하여 강제 송환시킨다. 이에 재중탈북자들은 강제송환당하지
않기 위해 숨어 지내면서 인신매매, 임금착취의 희생이 되기도 하고, 극
심한 정신적 스트레스를 받게 된다.[9] 특히 국내 입국년도가 2006년 이
전인 탈북자들은(42.3%) 2006년 이후에 국내에 입국한 탈북자들에(8.5%)
비해 '중국'을 택한 비율이 높았다.[10] 2006년 이전에 국내에 입국한 탈북
자들의 상당수가 '중국'을 선택한 것은, 그들이 1990년대 중반 이후 고난

---

8) http://news.hankooki.com/lpage/world/201304
9) '중국 동북부에는 5만 내지 10만 명의 탈북자가 숨어 지내고 있고, 탈북여성
　이 출산한 무국적고아 약 5만 명이 인권의 사각지대에서 아동으로서 보호받
　지 못하고 있다. 중국정부는 탈북자를 국제법, 국내법과 인도주의 원칙에 따
　라서 처리한다고 해명하지만, 실제로는 탈북자의 난민지위를 인정하지 않고
　북·중 국경협정 위반을 근거로 체포하여 강제송환하고 있다. 연간 약 5천 명
　이 강제 송환되어 고문, 강제수용소 감금, 처형과 같은 가혹한인권침해를 당
　하고 있다. 이러한 중국의 행태는 중국이 가입한 난민협약 제33조 제1항이나
　고문방지협약 제3조의 강제송환금지원칙에 명백하게 위반하는 것이다.'(김석
　우, 「재중 탈북자문제와 중국의 책임」, 『신아세아』 19권 1호, 신아시아연구소,
　2012, 55쪽).

의 행군시기에 탈북을 하여 중국에서 장기간 체류한 경험을 가졌다는 것과 관련이 될 것이다.[11)]

다음으로 재중 조선족의 경우에는 88.3%가 '일본'을 선택하였는데, 다른 코리언들에 비해 가장 높은 수치이다. 이는 재중 조선족에게 강력한 식민 트라우마가 남아 있다는 것을 짐작하게 해준다. 재중 조선족의 정착 과정은 일본의 식민지 지배와 탄압의 역사이기도 하였다. 동북지역으로 이민을 오게 된 한민족들은 한반도에서 동북으로 건너와 중국이 해방될 때까지 줄곧 반동통치자들의 민족압박과 민족동화정책의 고난을 받았고 가혹한 착취를 면치 못하였다.[12)] 1931년 일본은 동북을 강점

10)

입국시기별	2001년 이전	2001년~2005년	2006년~2010년	2010년 이후
일본	66.7%	38.5%	84.5%	100.0%
미국		3.8%	4.2%	
소련	33.3%	11.5%	1.4%	
중국		42.3%	8.5%	

11) 김종군·정진아, 「탈북자의 역사적 트라우마와 탈북 트라우마의 현재적 양상」, 『코리언의 역사적 트라우마』, 선인, 2012, 131쪽 참고.

12) 이승률은 한민족 이민들이 중국 동북지역에 입주한 역사를 크게 세 시기로 나누었다. 첫째, 자유이주 시기(1875년부터 1910년까지) 둘째, 대량 유입 시기 (1910년부터 1930년까지) 셋째, 일제의 강제이주 시기(1931년부터 1945년까지)인데, 이중 일제의 식민지 지배하에 이루어진 이주는 대량 유입 시기와 강제이주 시기라고 볼 수 있다. 그는 한민족의 중국 동북 유입역사가 피눈물의 이민사라고 설명하였다.
'1910년 일본은 한반도를 병탄하고 식민통치를 감행하면서 대량의 토지를 박탈하였다. 파산된 농민들은 노인을 모시고 어린애들의 손목을 잡고 두만강과 압록강을 건너 중국의 동북지구로 건너왔다. 많은 애국지사들과 반일의병들도 일본침략자들의 탄압을 피해 뿔뿔이 중국 동북으로 건너와 반일투쟁을 견지하였다. 그 당시 광경은 그야말로 '눈물 젖은 두만강'이었다. 일본의 통계에 의하면 1915년 동북에 입주한 한민족 이민이 18여만 명이었는데 1918년에는 40여만 명으로 증가되었다. 1919년 한반도에서 3·1만세운동이 일어난 후 일본은 반일운동에 대한 탄압을 강화하였다. 그 결과 수많은 반일지사들과 독립군들이 동북으로 망명하면서 1919년에는 한민족 이민이 43여만 명에 달했다. 일본의 식민통치의 강화와 함께 도탄에 빠진 한민족은 계석 중국의 동북과 러시아 연해주 등지로 이주하였다.'(이승률, 『동북아시대와 조선족』, 박영사, 2007, 110~111쪽).

한 후 계속하여 한민족 이민자들에게 '만주국 신민'이라는 국적을 강요
하여 분리통치의 목적에 도달하는 동시에 한민족 이민자들에게 노역을
시키려 하였다. 일본은 또 한민족 이민자를 '제국신민'이라고 하면서 근
로봉사와 징병의 원천으로 만들려고 하였다.[13] 이처럼 일본의 식민지
지배가 한반도에서부터 중국으로까지 확장되면서, 재중 조선족들이 겪
어야 했던 상처는 더욱 깊어질 수밖에 없었다.

다음으로 재러 고려인의 경우에는 83.1%가 '일본'을 택하였는데, 이는
재중 조선족 다음으로 높은 수치이다. 일본의 침략기를 거치면서 중국,
일본, 구소련 등지에 흩어져 있던 코리언들의 운명은 해당 국가 및 지역
의 정세와 이해에 따라 각기 달라졌는데, 그중에서도 재러 고려인들은
자신들의 의지와 관계없이 구소련, 일본, 미국 등의 이해가 얽히면서 귀
환 자체가 봉쇄되었던 곳으로 특별한 이주민 사례가 된다고 할 수 있
다.[14] 재러 고려인들은 2차 세계대전이 끝날 때까지 일본에 의해 여러
차례 강제로 이주되었고, 1937년에는 소련의 강제이주정책에 의해 사할
린에서 중앙아시아로 강제 이주하는 등 이중의 고통을 겪어야 했다. 그
런데 이러한 소련의 강제 이주 정책 또한 일본 침략에 대한 대응 전략의

---

13) 이승률, 『동북아시대와 조선족』, 박영사, 2007, 110~111쪽.
14) '사할린 한인의 이주는 정치적 역사적 상황의 변화에 따라 시대적으로 6개의
    이주기로 구분될 수 있다. 사할린이 남북으로 분할되기 이전인 1905년 이전
    의 '초기이주시기', 남 사할린과 북 사할린 모두 비교적 자유로운 이주를 했던
    '자유이주기(1905~1937)', '일본의 강제이주기(1937~1945)'로 구분해 볼 수 있
    다. 일본의 강제이주기는 북 사할린에서 한인들이 중앙아시아지역으로 강제
    이동 된 때(1937년)에 부합되는 시기이다. 그 후로 한인 스스로는 어느 것도
    선택할 수 없었던 소련지역에 살게 된 '혼돈기(1945~1959)'에 들어오며, 일본
    인 부인을 둔 사람들의 일본으로 귀환하고 남은 한인들은 체념과 포기 상태
    에 이른다. 이후 '재 정착기(1959~1989)'를 안정기라고 볼 수 있으며, 소련의
    해체와 함께 급격한 변화를 겪게 되는 '새로운 변화기(1990~)를 맞게 된다.'
    (이재혁, 「일제강점기 사할린의 한국인 이주」, 『한국시베리아연구』 제15권 1
    호, 2011, 86~87쪽).

일환으로 볼 수 있기 때문에,[15] 재러 고려인들이 겪은 역사적 상처의 근
원에는 일본의 식민지 지배가 자리하고 있다고 할 수 있다.

다음으로 재일 조선인의 경우에는 다른 코리언들에 비해 '미국'을 선
택한 비율(14.3%)이 높은 편이다. 재일 조선인 중에서도 특히 '조선적'의
응답자가 '한국적'이나 '일본적'의 응답자들에 비해 '미국'을 선택한 비율
이 높다.[16] 이는 미국이 9·11 이후 신안보 전략의 일환으로 북을 '악의
축'으로 지목하고 대북봉쇄정책을 강화하고 있다는 점과 관련이 될 것
이다. 재일 조선인 중에서도 특히 '조선적'을 가진 경우 '미국'으로부터
받은 상처가 더 크다고 인식하는 것 역시 남북한의 분단체제와 깊은 관
련이 있다.[17] 그런데 일제의 식민지 지배는 한반도의 분단 요인으로 작
용하였다.[18] 그러니까 분단으로 인한 트라우마는 식민으로 인한 트라우

---

15) '고려인들의 집단 강제 이주 정책은 일본 침략에 대한 소련의 대응 전략의 일
환이었다. 1) 일본이 러시아 극동지역 침략전략으로 조선인을 이용하고자 했
기 때문이며, 2) 소련과 일본과의 전쟁이 발생할 경우 상당수 조선인들이 일
본에 협력할 가능성이 크고, 3) 이미 조선인 일본 스파이가 활동하고 있다는
판단에서였다(홍용희, 「구소련 고려인 디아스포라 시 연구 : 영원식의 시 세
계를 중심으로」, 『한국근대문학연구』 제22호, 한국근대문학회, 2010, 490쪽).

16)

	한국적	조선적	일본적
일본	65.6%	48.0%	60.0%
미국	13.8%	24.0%	11.4%
소련	3.2%		11.4%
중국	3.2%		5.7%

17) '1965년 6월에 한국과 일본 간에 맺어진 한일기본조약은 재일 조선인의 법적
지위에 큰 영향을 미치게 되었다. 그런데 이 조약은 재일 조선인 가운데 한국
적을 가진 사람에게만 '협정 영주권'을 주기로 결정하였고, 이로 인해 한국적
과 조선적을 가진 사람간의 사회적 지위에 큰 차별이 생기게 되었다. 1991년
한국적과 조선적 모두 '특별영주'가 허가되었지만, 조선적을 가진 사람의 지
위는 여전히 불안정한 상태에 놓여 있었다.'(건국대학교 통일인문학연구단,
「재일 조선인의 역사적 트라우마의 양상과 치유 방향」, 『코리언의 역사적 트
라우마』, 선인, 2012, 284쪽).

18) '식민지 지주제와 공업화는 '사적 요소의 성장과 共有的 契機가 역동적으로 결
합'되었던 전통 사회질서를 해체시켰다. 즉 '역동적으로 결합되었던 개체주의

마로부터 비롯된 것이다. 따라서 코리언에게 작용하고 있는 역사적 트라우마의 근원에는 일제의 식민지 지배가 자리 잡고 있다고 할 수 있다. 식민 트라우마는 해방 후 현재까지도 코리언의 삶에 막대한 영향을 끼치고 있는 근원적 트라우마인 것이다.

2) '근원적 트라우마'와 '파생된 트라우마'의 착종 양상 비교

앞서 논의한 것처럼 식민 트라우마는 이산과 분단 트라우마 그리고 거주국에서의 경험에 사회·국가폭력 트라우마와 복잡한 양상으로 얽혀 있다. 여기서 식민 트라우마는 코리언의 역사적 트라우마에 있어서 '근원적 트라우마'라면, 이산 트라우마나 분단 트라우마 및 사회·국가폭력 트라우마는 '파생된 트라우마'라고 할 수 있다. 이러한 트라우마들 간의 착종 형태는 코리언이 거주하고 있는 국가 및 지역의 정세와 국제관계에 따라서 차이가 나타날 수밖에 없다.

먼저, 다음의 설문 결과는 한반도에 거주하는 코리언과 해외 거주 코리언의 차이점을 잘 보여주고 있다.

와 공동체주의'를 남과 북에 두개의 지정학적 실체로 분리시켰던 것이다. 이러한 왜곡은 민주주의에 대한 방법론의 대립, 즉 냉전질서의 도래와 결합되면서 남과 북에 각각 공동체적 가치가 결손된 개인주의와 사적 요소가 배제된 집단주의를 등장시키는 데 한 요인으로 작용했던 것이다. 따라서 분단 이후 남과 북에 등장한 시스템은 본질적으로 불구성을 띨 수밖에 없었다. 그리고 이러한 불구성은 북한 사회주의공업화와 남한 자본주의 공업화의 경제성과에 그대로 드러났다.'(최배근, 「식민지경제와 분단 그리고 체제 불구성」, 『통일인문학논총』 53, 건국대학교 인문학연구원, 2012, 288쪽).

〈표 2〉 일제 식민지 지배가 우리 민족에게 남긴 가장 큰 문제는 무엇인가

분류	한국인	탈북자	재중 조선족	재러 고려인	재일 조선인
남북 분단	33.7	36.7	40.7	69.6	51.6
러시아-중국과 미국-일본 등 외세 의존	12.2	4.6	9.1	6.4	7.6
경제적인 가난	5.8	8.3	12.5	1.2	7.6
전통문화의 훼손과 단절	39.3	35.8	11.4	5.2	11.8
한민족(우리민족)의 세계 각지로의 이산	6.0	14.7	26.3	12.6	8.6

'일제 식민지 지배가 우리 민족에게 남긴 가장 큰 문제는 무엇인가'라는 질문에서 한국인과 탈북자는 각각 39.3%, 35.8%가 '전통문화의 훼손과 단절'이라고 답했다. 이는 다른 해외 코리언들에 비해 월등히 높은 수치이다. 일제강점기 일본에 의한 한국의 민족 문화 말살정책은 1920년대와 1930년대에 걸쳐 본격적으로 구체화되었는데, 내선일체 정책, '황국신민의 맹사' 제창, 일본어 사용 강요, 창씨개명과 신사참배의 강요, 황민화 교육, 조선사의 왜곡·말살 등의 민족 문화 말살정책은 우리 민족의 정체성을 위협했다.[19] 일제에 의한 민족 문화 말살정책은 정신뿐만이 아니라 문화재의 심각한 훼손을 통하여도 확인된다. 1907년 창경궁을 헐고 오락시설을 만들었으며, 1925년에는 홍례문을 허물고 조선총독부 건물을 짓는 등 한국의 문화재와 정신문화에 대한 파괴와 훼손이 진행되었다.[20] 최근에는 일제강점기에 도굴과 약탈로 외국으로 빠져나간 경북지역 주요 문화재 실태를 모은 책이 발간되었는데, 1900년대 초

---

19) 여지선, 「일제 강점기의 시대정신과 문학의 전통 계승」, 『우리말글』 34, 우리 말글학회, 2005, 18쪽.
20) 김용국, 「일제강점기 한국의 문화훼손 -수원팔경의 사례를 중심으로-」, 『일본 문화연구』 제42권, 동아시아일본학회, 2012, 87쪽.

일본이 진행한 경북지역 고적조사 경과와 발굴한 문화재의 반출 과정, 주요 문화재들의 훼손 실태 등을 담고 있다.21) 이처럼 현재에도 일제강점기 때 훼손되거나 수탈된 문화재의 복원이나 환수 운동은 사회적으로 중요한 이슈가 되고 있는 만큼, 한반도에서 일제 식민지 지배로 인한 '전통문화의 훼손과 단절'은 여전히 민감한 문제라고 할 수 있다.

이렇게 한국인과 탈북자는 '전통문화 훼손과 단절'을 '남북 분단'만큼이나 일제 식민지 지배의 심각한 폐해로 인식하고 있는 데 비해, 해외 코리언들은 일제 식민지 지배의 가장 큰 폐해를 '남북 분단'이라고 여기고 있다. 재중 조선족은 40.7%가, 재러 고려인은 69.6%가, 재일 조선인은 51.6%가 '남북 분단'을 가장 큰 문제라고 꼽았다. 특히 전체적으로 보면 재러 고려인(69.6%)의 경우 다른 지역 코리언에 비해 '남북 분단'을 택한 비율이 가장 높다. 이는 해외 코리언 가운데 재러 고려인에게서 남과 북의 통일이 해외 동포들의 삶을 보다 윤택하게 만들어 줄 것이라는 기대감이 가장 높게 나타난다는 설문 결과와 연결 지어 생각해 볼 수 있을 것이다.22) 재러 고려인 다음으로는 재일 조선인이 '남북 분단'을 택한 비율이 높았는데, 특히 조선적 응답자(68.0%)가 다른 국적의 응답자(한국적-50.6%, 일본적-45.7%)에 비해 '남북 분단'을 선택한 비율이 더 높았다. 조선적의 응답자는 일본과 남한으로부터 국적에 따른 차별적 대우를 받고 있기 때문에, '남북 분단'으로 인해 받은 상처를 더 강

---

21) (사)우리문화재찾기운동본부는 경상북도와 함께 지역에 있던 주요 문화재들의 훼손과정과 국외 반출 경위를 조사해 '경북지역의 문화재 수난과 국외반출사'란 제목의 책을 2년여의 작업 끝에 이번에 출간했다. 1,150페이지에 이르는 방대한 분량의 우리지역 문화재의 국외반출사는 1900년대 초 일본에 의한 고적조사 경과와 함께 고분 등에서 나온 수많은 발굴유물들의 일본으로의 반출 과정과 실상 등을 자세히 기술하고 있다(http://www.nocutnews.co.kr/news/1160691).

22) 남과 북의 통일이 해외 동포들의 삶을 보다 윤택하게 만들 것이라고 생각하느냐는 질문에, 재러 고려인은 88.7%가, 재일 조선인은 78.3%가, 재중 조선족은 83.5%가 '그렇다'고 답하였다.

하게 인식할 것이다.[23]

다음으로 주목할 만한 점은, 재중 조선족(26.3%)의 경우 다른 코리언들에 비해 '한민족(우리민족)의 세계 각지로의 이산'을 선택한 비율이 가장 높다는 것이다.[24] 이러한 설문 결과를 통해 재중 조선족에게서는 식민 트라우마로 인해 발생하게 된 트라우마 중 '이산 트라우마'가 다른 지역 코리언에 비해 강하게 나타날 것이라고 예상할 수 있다. 그렇다면 다른 코리언에 비해 재중 조선족에게서 이산 트라우마가 더 강하게 나타나는 이유는 무엇일까. 가장 먼저 생각해 볼 수 있는 것은 재중 조선족에게는 '이산'이 현재 진행형의 문제이기 때문이라고 짐작해 볼 수 있겠다. 중국의 개혁개방정책에 따른 급속한 경제성장과 정치 환경의 변화에 따라 조선족 사회에도 큰 변화가 일어나게 되었는데, 조선족 사회 안에서 인구 유동이 크게 일어나면서 조선족 사회 자체가 붕괴될 수 있는 위기에 처해있다고 보는 견해들이 많다. 조선족 집거지의 '경제적인 낙후성'에서 조선족사회가 인구유동의 소용돌이에 빠져 들어가게 된 원인을 찾고 있는 논의[25]도 있는데, 경제적으로 부유한 모국으로의 진출, 그리고 한국 기업의 중국으로의 진출 등으로 인해 조선족들의 인구유동은 가속화 될 수밖에 없었다고 지적한다. 이처럼 재중 조선족 사회에서는

---

23) 건국대학교 통일인문학연구단, 「코리언의 역사적 트라우마」, 선인, 2012, 293~294쪽.

24) 이와 관련한 다른 설문 결과를 소개하면 다음과 같다. 재중 조선족은 '거주 지역 내 기타 민족과 다르다는 것을 느끼는가'라는 질문에서 40.1%나 '항상 느낀다'라고 답하였는데, 재러 고려인은 7.4%, 재일 조선인은 22.3%만이 '항상 느낀다'라고 답한 것과 비교하면 엄청난 수치라고 할 수 있다. '거주국이 자국민 중심의 민족주의가 강하다고 생각하는가'라는 질문에는 '37.4%'가 '그렇다'라고 답하였는데, 이 또한 재러 고려인(15.0%), 재일 조선인(22.3%)과 비교해보면 가장 높은 수치를 나타내고 있다.

25) 진창이, 「개혁·개방기의 조선족 사회 변화와 과제」, 『전남대학교 세계한상문화연구단 국제학술회의』 2, 전남대학교 세계한상문화연구단, 2011.

여전히 '이산'이 진행되고 있기 때문에 다른 코리언들에 비해 '이산'의 문제를 심각하게 받아들일 가능성이 높다.

　이러한 설문 결과를 통해 확인할 수 있는 것은, 한반도에 거주하는 코리언과 해외에 거주하는 코리언 간에 중요한 차이점이 나타난다는 것이다. 근원적 트라우마인 '식민 트라우마'는 한반도에 거주하는 코리언과 해외 거주 코리언 모두에게 나타나지만, 파생된 트라우마인 '이산 트라우마'는 상대적으로 해외 거주 코리언에게서 더 강하게 나타난다는 것이다. 이산 트라우마는 국가를 잃어버린 민족이 제국주의적 약탈정책과 식민화정책에 의해 다른 나라로 이주하여 다른 민족과 함께 살면서 겪을 수밖에 없었던 차별, 억압으로부터 발생한다고 할 수 있다. 따라서 이산의 트라우마는 거주국이 행사하는 '국가폭력 트라우마'와 함께 나타나기가 쉽다. 특히 재일 조선인의 경우에는 이주해간 곳이 곧 식민 종주국이기 때문에, 다른 코리언들에 비해 국가폭력 트라우마를 가장 강도 높게 경험할 것이라고 예상할 수 있다.

　다음의 설문 결과는 '남북 분단' 문제를 일제 식민지의 가장 심각한 잔재라고 여기는 코리언의 인식을 엿볼 수 있다.

〈표 3〉 일제 식민지 지배를 청산하기 위해 할 가장 중요한 과제는 무엇인가

분류	한국인	탈북자	재중 조선족	재러 고려인	재일 조선인
분단 극복과 통일	24.8	45.0	51.5	63.5	43.3
자주적 외교	17.4	17.4	14.1	7.7	8.9
한국 내의 친일파 청산	23.6	12.8	9.1	2.5	2.5
북-일, 북-미 수교	1.6	6.4	8.1	12.9	20.7
민족적 자존감의 회복	29.5	17.4	17.2	7.7	10.2

전반적으로 '일제 식민지 지배를 청산하기 위해 할 가장 중요한 과제
는 무엇인가'라는 질문에, 대부분의 코리언들은 '분단 극복과 통일'을 가
장 중요한 과제로 꼽고 있다. 여기서 코리언들이 '남북 분단' 문제를 일
제 식민지 잔재라고 여기고 있음을 확인할 수 있다. 일제의 식민지 지배
청산은 식민 트라우마를 치유하기 위한 가장 근본적인 방안이기도 하
다. 그런데 대부분의 코리언들이 식민지 지배를 청산하기 위해서 가장
시급한 것이 '분단 극복과 통일'이라고 답하였다. 이는 식민 트라우마가
치유되기 위해서는 분단 트라우마 문제를 치유하는 것이 함께 이루어져
야 함을 시사해준다. 여기서 한국인의 경우에는 '분단 극복과 통일'을 선
택한 비율이 다른 코리언들에 비해 낮은 편이다. 다른 코리언들은 모두
40% 이상이 '분단 극복과 통일'을 일제 식민지 지배를 청산하기 위해 해
야 할 가장 중요한 과제로 꼽은 반면, 한국인은 24.8%가 '분단 극복과 통
일'을 선택하였다. 이는 한국인이 남북 분단 문제를 덜 심각하게 느끼기
때문이 아니라, 다른 코리언들에 비해 '한국 내의 친일파 청산'(23.6%)이
나 '민족적 자존감의 회복'(29.5%)을 보다 시급한 과제로 꼽고 있기 때문
이다.

다음의 설문 결과는 '남북 분단'을 비롯하여 한반도에는 여전히 일제
식민지 잔재가 많이 남아 있다고 여기는 코리언의 인식을 보여주고 있다.

〈표 4〉 한반도에서 일제 식민지 잔재가 청산되었다고 생각하는가

분류	한국인	탈북자	재중 조선족	재러 고려인	재일 조선인
전혀 청산되지 않았다.	19.0	10.1	11.4	3.4	22.6
아직도 많이 남아 있다.	64.3	57.8	54.2	38.3	62.4
거의 다 청산되었다.	14.6	29.4	28.6	47.2	10.5
완전히 청산되었다.	1.4	2.8	5.7	8.0	1.6

'한반도에서 일제 식민지 잔재가 청산되었다고 생각하는가'라는 질문
에 대부분의 코리언들이 '아직도 많이 남아 있다'라고 답했다. 특히 한국
인과 재일 조선인의 경우에는 '전혀 청산되지 않았다'와 '아직도 많이 남
아 있다'를 선택한 비율이 다른 코리언들에 비해 높은 편이다. 먼저 한
국인의 경우를 보면, '남북 분단'이야말로 가장 심각한 일제 식민지의 잔
재이기 때문에 일제 식민지 잔재가 청산되지 않았다고 답한 비율이 높
을 수밖에 없을 것이다. 또한, 한국 사회에는 일제의 인적·제도적 잔재
가 해방 후에도 군대, 경찰, 관료, 사법부, 교육계 등 전반에 널리 퍼져
있으며, 문화적 잔재 또한 한국인의 언어·사고·신앙·풍속·취미 등
에 여전히 강력한 영향력을 행사하고 있다. 따라서 다른 코리언들에 비
해 한국인 응답자 중에서 일제 식민지 잔재가 '청산되지 않았다'고 답한
비율이 높게 나올 수밖에 없다. 한국에서는 일제 식민지 잔재를 청산하
기 위한 움직임이 끊임없이 일어나고 있는데, 얼마 전 '식민사관 해체
국민운동본부'가 발대식[26]을 가진 것이나, 대한지적공사가 지적재조사
사업을 진행[27]하는 것 등이 모두 일제 식민지 잔재의 청산을 위한 움직

---

26) http://media.daum.net/press/newsview?newsid=20140312073708964

27) '대한지적공사는 지적(地籍) 업무를 수행하는 곳으로, 지적은 국토의 모든 정
   보를 기록해놓은 땅의 주민등록이라 할 수 있다. … 현재 우리나라에서 운영
   하는 지적은 일제 강점기 시대에 토지수탈 및 토지세 징수를 목적으로 작성
   된 종이도면이다. 이 대장과 도면을 현재까지 사용해오고 있다. 100년이란 시
   간이 지나면서 도면의 변형은 물론 잦은 토지이동으로 인해 분할되고 훼손돼
   실제 경계와 도면 경계가 불일치하는 경우가 대부분이다. 전국 토지 전체의
   15%가량(전체 3천 700만 필지 중 554만 필지, 6천 130㎢)이나 되는데, 이는 재
   산권행사 등 이웃 간 분쟁의 주원인이 되고 있다. 공사는 이 같은 문제해결을
   위해 지적재조사사업을 2030년까지 실시할 계획이다. 최첨단 측량장비로 토
   지에 관한 정보를 조사 측량해 실제 토지현황과 불일치하는 경계를 바로 잡
   고 종이 도면을 수치화함으로써 디지털 지적시스템을 구축해 나갈 예정이다.
   즉, 한국형 스마트 지적을 완성하는 국책사업인 이번 사업은 국토를 효율적
   으로 관리하는 데 목적이 있다.'
   (출처 : http://www.jbnews.com/news/articleView.html?idxno=573003).

임이라고 할 수 있다.

재일 조선인의 경우에는 한반도에서 일제 식민지 잔재가 '전혀 청산 되지 않았다'고 답한 비율(22.6%)이 한국인의 경우보다도 높게 나왔다. 재일 조선인은 한반도의 정치적·사회적 상황을 가장 예민하게 반영하고 있는 집단이라고 할 수 있다. 특히 남북 분단의 고착화와 일본의 외교 정책에 따른 '조선적'과 '한국적'의 구분은, 재일 조선인에게 '경계인'으로서의 삶을 강요해왔다. 재일 조선인 중에서도 특히 '조선적'을 가진 응답자 중 48%가 '전혀 청산되지 않았다'라고 답했으며, 52%가 '아직도 많이 남아 있다'[28]라고 답하였다. 한국이나 일본에서 모두 '조선적은 곧 북한적'이라는 인식이 강하게 자리 잡고 있다. 이에 따라 상대적으로 '조선적'을 지닌 재일 조선인에게는 일제 식민지 잔재로서의 '남북 분단' 문제가 더욱 심각하게 느껴질 것이다.

이러한 설문 결과를 통해 한국인과 재일 조선인에게는 근원적 트라우마에서 파생된 트라우마 중 특히 '분단 트라우마'가 다른 코리언에 비해 강하게 나타나고 있음을 확인할 수 있다. 특히 재일 조선인의 경우에는 '분단 트라우마'가 일본과 한반도 양쪽에서 가해지는 '국가폭력 트라우마'와 착종되어 나타나고 있다.[29] '남한의 정권이 자신들의 이해관계에 따라 해외동포들을 이용하고 있다고 생각하십니까?'라는 설문 항목의 결과를 보면, 조선적의 응답자에게서 '남한'의 정권이 해외동포를 이용한다고 여기는 성향이 강하게 나타나고 있음을 확인 할 수 있다.[30] '재일 조선인은 식민지 지배 기간에는 대일본제국에 의해 '일본 국민화'의 폭력에 노출되어 있었고, 일본 지배에서 해방된 뒤에는 분단국가의 반

---

28)

	한국적	조선적	일본적
전혀 청산 되지 않았다	20.2%	48.0%	20.0%
아직도 많이 남아 있다	64.4%	52.0%	57.1%
거의 다 청산 되었다	11.1%		14.3%
완전히 청산되었다	1.2%		5.7%

공 이데올로기에 의한 '대한민국 국민화'의 폭력에 노출되어 있었다'[31) 라는 말은 조선적을 가진 재일 조선인이 일본과 남한 정권으로부터 받 은 국가폭력 트라우마를 짐작하게 해준다.

3. 코리언의 식민 트라우마 강도

식민 트라우마는 식민지를 경험하지 않은 이후 세대에게까지도 전이 되고 있는, 코리언의 가장 근원적인 역사적 트라우마이다. 식민 트라우 마는 오늘날에도 끊임없이 재생산되고 있는 코리언의 현재적 문제인 것 이다. 이러한 식민 트라우마는 일본과 관련되는 것이라면 무조건 반감 이 형성되는 복수 또는 원한의 감정으로 표출되기도 한다. 예를 들면, 한국에서 일본인들을 지칭하는 단어로 종종 사용되고 있는 '쪽발이'에는 일본인을 향한 적개심이 심어져 있는데, 중요한 것은 이 단어가 '일제

29)

순위	일본에서 차별 당한 경험 중에 내게 가장 많은 상처를 준 것	남한으로부터 차별, 소외, 무관심을 경험한 적이 있는 경우 그 내용	북한으로부터 차별, 소외, 무관심을 경험한 적이 있는 경우 그 내용
1위	민족적 편견과 무시 (52.7%)	같은 민족으로 취급하지 않는 태도 (37.4)	편견과 선입관을 가진 태도 (46.7%)
2위	취업과 임금 등 경제적 차별 (21.2%)	편견과 선입관을 가진 태도 (30.9%)	같은 민족으로 취급하지 않는 태도 (33.3%)
3위	정치적 권리의 제약 (10.4%)	무관심 (9.8%)	무관심 (13.3%)

30)

	한국적	조선적	일본적
그렇다	29.2	36.0	17.1
그렇지 않다	28.1	32.0	28.6
모르겠다	41.1	32.0	54.3

31) 서경식, 권혁태 옮김, 『언어의 감옥에서-어느 재일 조선인의 초상』, 돌베개, 2011, 54쪽.

식민 지배로부터 해방되고 또 시간이 많이 지났음에도 불구하고 신체의 자동적인 반응인 것처럼 생경한 감정을 폭발[32]시킨다는 데에 있다. 한국인에게서 나타나는 일본 제품에 대한 소비자적개심을 살펴본 어느 연구에서는, 실험을 통하여 역사적 적개심이 일본산 제품의 구매의도에 부정적 영향을 미치고 있음을 논증하고,[33] 이러한 적개심은 상황적 적개심이 아닌 고정적 적개심의 관점에서 살펴볼 수 있음을 논하였다. 이와 같은 연구들을 통해서도 식민 트라우마가 여전히 오늘날 우리들의 일상적인 생활에 중요한 영향력을 행사하고 있음을 확인할 수 있다.

식민 트라우마로 인한 '증상'은 합리적으로는 설명하기 어려운, 마치 '신체가 어떠한 작용에 대해 자동적으로 반작용하듯 표출'[34]되는 것이다.

---

32) '일본에 대한 적대적 감정이 최고조에 이르는 것은 역사적이고 정치외교적인 문제에서이다. 종군위안부, 독도 영유권 주장에서는 일본인 일반을 '쪽발이'라는 단어로 가두고 경멸한다. '쪽발이'는 일본인들이 게다(나막신)를 신고 있는 발의 모습이 돼지의 '족발'을 닮아진 이름이라고 한다. 그만큼 이 단어에는 일본인을 향한 적개심이 심어져 있다. 하지만 여기서 이 단어의 의미를 아느냐 모르느냐가 중요한 것은 아니다. 중요한 것은 그것이 일제 식민 지배로부터 해방되고 또 시간이 많이 지났음에도 불구하고 신체의 자동적인 반응인 것처럼 생경한 감정을 폭발시킨다는 것이다.'(김종곤, 「역사적 트라우마에 대한 철학적 재구성」, 건국대학교 박사학위논문, 2014, 92~93쪽).

33) 박명호 · 장영혜, 「소비자적개심이 일본산제품구매의도에 미치는 영향 : 전반적국가이미지, 소비자자민족중심주의 및 제품판단의 매개적 역할」, 『소비문화연구』 제15권 제2호, 한국소비문화학회, 2012.

34) '이러한 기이함들은 단지 국가이데올로기와 같이 위로부터 강제된 것으로만 설명될 수 없다. 그것은 앞선 예에서 보았듯이 어떠한 이성적 사고 판단에 근거하거나 특정한 이해관계에 따른 목적성을 가진 것이라기보다는 신체가 어떠한 작용에 대해 자동적으로 반작용하듯이 표출되며, 또 그러한 의미에서 마치 기계적인 반응체계를 가지고 있는 것처럼 보이기 때문이다. 어떻게 이것이 가능할 수 있을까? 그것은 합리적으로 설명될 수 없다. 그것은 마치 '외상 후 스트레스 장애'(post traumatic stress disorder, PTSD)를 앓고 있는 사람들처럼 자신의 의식적 통제를 벗어나서 기계적이고 발작적이며 충동적으로 표현되고 있기 때문이다. 따라서 이 문제를 해명하려고 한다면 우리는 적어도 의식-합리성의 차원에서 접근할 수 있는 문제가 아니라 '비의식=비합리적' 차원에서 접근해야 한다.'(김종곤, 「역사적 트라우마에 대한 철학적 재구성」, 건

그리고 이러한 식민 트라우마의 강도는 일본에 대한 적개심의 강도와도 맞물려 있다고 할 수 있다. 적개심은 현재 진행 중인 또는 이전에 일어난 군사적, 정치적 또는 경제적 사건에 관련된 반감의 잔존이기도 하며, 다른 사람을 좋아하지 않는 것과 그들을 부정적으로 평가하는 것을 포함한 태도, 분노의 감정을 포함하지만 어떤 대상이나 타인에 대한 공격 행동을 동기화시키는 복합적인 태도로 정의되고 있다.[35] 코리언이 일본에 대해 가지고 있는 적개심이 고정적인 것이며, 그것이 끊임없이 어떠한 자극에 의해 신체화 반응으로 나타난다는 것은, 식민 트라우마의 치유 문제가 오늘날 우리들의 삶과도 깊은 관련이 있는 절실한 문제임을 일깨워 준다.

그런데 식민 트라우마로 인한 '증상'들을 어쩔 수 없는 당연한 것이라고 여기면서 가만히 있는 다면, 증상은 더욱 악화될 수 있다. 식민 트라우마가 일본에 대한 고정적인 적개심과 관련이 된다는 것은, 일본을 향한 '분노'의 감정 또한 지속적으로 계속 남아서 우리들의 일상에 영향을 미치고 있다는 뜻이기도 하다. 미국정신의학회(American Psychiatric Association; APA, 1994)에 의하면 분노는 다양한 신체적·심리적·행동적 문제뿐만 아니라 편집증적 성격 이외에 우울과 양극성 장애, 반사회적 성격, 신체화, 적개심 등 많은 임상 특성과 관련되어 있다고 보고되었다. 분노는 인간이 가지고 있는 기본적인 감정으로서 적개심에 의해 공격적인 행동으로 표출 될 수도 있으며 우울 증상이나 신체화 등의 또 다른 심리적인 문제를 유발할 수 있다. 따라서 식민 트라우마에 포함되어 있는 일본을 향한 적개심 또는 분노 문제에 대해 연구하는 것은 식민 트라우마의 치

국대학교 박사학위논문, 2014, 2쪽).

35) 남상민, 「일본(日本)에 대한 심리적(心理的) 거리(距離), 적개심(敵愾心)이 일본제품(日本製品) 이미지 및 구매의도(購買意圖)에 미치는 영향」, 『일본근대학연구』, 한국일본근대학회, 2011, 581쪽.

유를 위해서 반드시 선행되어야 할 작업이라고 할 수 있을 것이다.

우선 이 장에서는 일본을 향한 코리언의 복수 또는 원한의 감정, 즉 적개심에 초점을 맞추어 식민 트라우마의 강도를 비교해 보려고 한다. 전반적으로 코리언에게서 식민 트라우마의 강도는 강하게 나타날 것이라고 예상할 수 있지만, 거주 지역이나 주변 환경의 특수성에 따라서 조금씩 차이가 날 수 있다. 코리언들이 가지고 있는 식민 트라우마의 강도가 어느 정도인지를 파악하는 것은 장차 일본을 향한 적개심 또는 분노의 문제를 본격적으로 연구하고자 할 때 중요한 토대가 될 수 있으며, 나아가 식민 트라우마의 치유 방향을 모색하는 데에도 도움이 될 것이다.

먼저 코리언들의 복수 또는 원한의 감정을 확인할 수 있는 설문 항목들을 소개하면 다음과 같다.

〈표 5〉 다른 민족들에 비해 일본인들이 더 싫다

분류	한국인	탈북자	재중 조선족	재러 고려인	재일 조선인
매우 그렇다	27.7	24.8	27.6	3.4	11.5
약간 그렇다	46.5	45.0	49.8	9.5	32.8
그렇지 않다	19.0	27.5	18.2	39.6	33.4
전혀 그렇지 않다	6.0	2.8	4.4	46.9	19.7

〈표 6〉 일본인들에게 당한 것을 생각하면 되갚아주고 싶다

분류	한국인	탈북자	재중 조선족	재러 고려인	재일 조선인
매우 그렇다	21.8	23.9	22.2	4.6	4.1
약간 그렇다	45.9	45.0	39.4	12.3	13.1
그렇지 않다	23.2	22.0	27.3	54.3	42.7
전혀 그렇지 않다	8.6	9.2	11.1	28.5	38.5

〈표 7〉 일본인 때문에 고생했던 역사에 대해 어떻게 생각하는가

분류	한국인	탈북자	재중 조선족	재러 고려인	재일 조선인
결코 용서할 수 없다	19.6	22.0	28.0	2.8	11.5
진정으로 사죄한다면 용서할 수 있다	27.5	**40.4**	26.4	8.3	16.2
용서하더라도 잊어서는 안 된다	**48.5**	31.2	**41.9**	25.2	**62.1**
불행한 과거이므로 잊자	3.8	6.4	3.7	**62.3**	5.4

위에 제시된 세 가지 설문 항목, '다른 민족들에 비해 일본인들이 더 싫다', '일본인들에게 당한 것을 생각하면 되갚아주고 싶다', '일본인 때문에 고생했던 역사에 대해 어떻게 생각하는가'라는 질문은 일본에 대한 복수 또는 원한의 감정을 묻는 내용들이다. 그런데 설문 결과를 살펴보면 답변 성향에 따라 크게 두 집단으로 나누어지고 있음을 확인할 수 있다. 먼저 한국인, 탈북자, 재중 조선족은 일본인에 대한 복수 또는 원한의 감정이 전반적으로 강하게 나타나는 편이었고, 재러 고려인, 재일 조선인은 상대적으로 약하게 나타나는 편이었다. 일본에 대한 적개심이 상대적으로 가장 낮게 나타나는 집단은 재러 고려인으로, 다른 코리언에 비해 일본에 대한 감정은 극단적이지 않다고 볼 수 있다. 이러한 현상은 고려인이 눈앞의 현실 문제에 대해서만 몰입할 수밖에 없었던 특별한 상황에 놓여있었다는 점과 한반도보다 일본과의 접촉이 먼저 이루어졌다는 점에서 기인되었다고 볼 수 있다.[36]

---

36) '고려인이 가진 일본에 대한 감정은 극단적이지 않다고 볼 수 있는데, 일본이 주도한 한민족의 근현대사적 사건들로 치명적인 피해를 입은 것에 비하여 일본에 대한 반감은 상당히 둔감한 편이었다. 이러한 현상은 고려인이 눈앞의 현실 문제에 대해서만 몰입할 수밖에 없었던 특별한 상황에 놓여있었다는 점과 한반도보다 일본과의 접촉이 먼저 이루어졌다는 점에서 기인되었다고 볼 수 있다. 연해주와 중앙아시아 출신의 경우, 항일 독립운동가들의 망명 이주와 일제 강점기에 조선의 기근을 피해 이주한 경우가 대부분이었다. 이들 중

여기서 가장 주목되는 집단은 재일 조선인이라고 할 수 있다.

〈표 8〉 최근 일본에서 실시하는 민족정책에 만족하십니까?

	총계	국적		
		한국	조선	일본
매우 만족	2.2	2.4		2.9
만족	8.9	7.1		28.6
불만족	51.9	55.3	32.0	42.9
매우 불만족	34.1	32.4	68.0	20.0

〈표 9〉 일본에서 조선인이라는 이유로 차별받아 본 적이 있습니까?

	총계	국적		
		한국	조선	일본
있다	70.7	73.5	88.0	37.1
없다	27.7	24.9	12.0	60.0

29%가 1910년에 시민권을 획득하였는데, 그중 상당수가 망명한 독립운동가들이었고, 농민들은 여전히 척박한 환경에서 적응해야만 했었다. 이후 1931년 일본이 만주를 공격하자 러시아 극동지역의 긴장감은 높아졌고, 그에 대한 대안으로 고려인은 강제이주 처리되었다. 그리고 소수민족에 대한 차별정책은 계속되었다. 1991년 소련의 붕괴 이후 중앙아시아 5개국에서는 민족주의가 부활되었고, 이민족에 대한 차별 정책은 더욱 강화되었다. 소련에 적응하기에 바빴던 고려인들은 중앙아시아의 토착어를 배울 기회가 없었기 때문에 사회적 불이익은 물론 생명까지 위협당하는 상황에 처하게 되었다. 또 이들은 어쩔 수 없이 자신들의 생명과 재산을 지킬 수 있는 곳으로 재이주하게 되었다. 현재까지 이들에게서 가장 시급한 문제는 생존 문제였다. 그들에 대한 처우가 급변하는 공간에서 적응하며 살아가기에 급급했던 그들에게 일본에 대한 감정이나 판단은 현실적인 효용성을 느낄 수 없는 문제였을 수도 있다.'(건국대학교 통일인문학연구단, 「코리언의 역사적 트라우마」, 선인, 2012, 250쪽).

〈표 10〉 다른 민족들에 비해 일본인들이 더 싫다

	총계	국적		
		한국	조선	일본
매우 그렇다	11.5	10.7	32.0	
약간 그렇다	32.8	34.0	40.0	20.0
그렇지 않다	33.4	35.6	16.0	31.4
전혀 그렇지 않다	19.7	17.8	8.0	42.9

재일 조선인의 경우 대부분이 일본의 민족정책에 대해서 '불만족'하며, 일본에서 조선인이라고 차별받아 본 경험이 '있다'고 답했던 것에 비해, '일본인'에 대한 복수 또는 원한의 감정이 강하게 나타나고 있지 않기 때문이다. 재일 조선인의 경우, '다른 민족들에 비해 일본인들이 더 싫다'는 질문에 '그렇다'고 답한 응답자('매우 그렇다' : 11.5%, '약간 그렇다' : 32.8%)와 '그렇지 않다'라고 답한 응답자('그렇지 않다' : 33.4%, '전혀 그렇지 않다' : 19.7%)의 비율이 거의 비슷하게 나오고 있다. 재일 조선인의 경우 '일본인'에 대한 복수 또는 원한의 감정이 다른 코리언보다 낮게 나오고 있다. 한국인과 탈북자, 재중 조선족의 경우에는 '다른 민족들에 비해 일본인들이 더 싫다'는 질문에 '그렇다'라고 답한 비율이 월등이 높게 나타나고 있는 것과 비교해보면 상당히 낮은 수치라고 할 수 있다.

재일 조선인은 '강압적으로 유폐되었던 식민지 상황이 해방 이후에도 암묵적으로 통용되는 일본 사회 안에서 역사적 타자로, 내부적 식민지의 구성원으로 존재'[37]하면서 해방 이후에도 지속적으로 식민의 삶을

---

37) '재일 조선인은 일본 사회 안에서 동일화와 타자화를 끊임없이 강요받아온 '양가적 존재'이다. 즉 이들은 '화(和)'와 배외(排外), 차별과 동화(同化), 복종성과 공격성의 원리, 그리고 천황제 서열체계를 중심으로 집단적인 동질성 이데올로기를 강조하는 '천황제 민족질서'의 자장 아래, 해방 이후에도 지속적

강요받아왔다고 할 수 있다. 그럼에도 불구하고 일본에 대한 적개심이 낮게 나타난다는 것은 다른 코리언과는 구별되는 재일 조선인 사회의 특수성이 반영된 결과라고 할 수 있다. 현재 대부분의 재일 조선인들은 일본에서 태어났으며, 매년 일본적을 취득하거나 일본인과 결혼하는 재일 조선인의 수가 증가하고 있다는 점 등을 미루어 보면, 재일 조선인 사회 내에서 일본인에 가까운 정체성을 가지고 있는 사람들이 점차 늘어나고 있다고 해석할 수 있을 것이다.

하지만 재일 조선인의 답변에서 간과할 수 없는 것은, 국적에 따라 답변 성향에 큰 차이가 나타난다는 것이다. 먼저 한국적을 가진 응답자의 경우 일본인에 대해 부정적 감정을 느낀다는 답변도 적지는 않았지만('매우 그렇다' : 10.7%, '약간 그렇다' : 34.0%), 부정적 감정을 느끼지 않는다고 답한 비율('그렇지 않다' : 35.6%, '전혀 그렇지 않다' : 17.8%)이 조금 더 높게 나타났다. 반면, 조선적을 가진 응답자의 경우에는, 무려 32.0%가 '매우 그렇다'라고 답했으며, 40.0%가 '약간 그렇다'라고 답하였다. 그러니까 조선적의 응답자 대다수가 일본인에게 부정적인 감정을 느끼고 있다고 답한 것이다. 이와는 대조적으로 일본적을 가진 응답자 42.9%는 '전혀 그렇지 않다', 31.4%는 '그렇지 않다'고 답하였다. 유일하게 일본적의 응답자 가운데서만 '매우 그렇다'를 택한 사람이 아무도 없었다.

다음으로 '일본인들에게 당한 것을 생각하면 되갚아주고 싶은가'라는 질문에 재일 조선인의 경우 42.7%는 '그렇지 않다'고 답했으며, 38.5%는 '전혀 그렇지 않다'고 답했다. 다른 지역의 코리언들은 대부분이 되갚아주고 싶다고 답한 것과 비교해보면, 재일 조선인에게서는 복수의 감정

으로 식민의 삶을 강요받아온 역사적 '영락물'이다.'(윤송아, 「재일 조선인 문학의 주체 서사 연구-가족·신체·민족의 상관성을 중심으로-」, 경희대학교 대학원 박사학위논문, 2011, 39쪽).

이 거의 나타나지 않는다고 볼 수 있다. 재일 조선인 응답자의 대부분은 일본인에게 부정적인 감정이 있다 하더라도 그것을 복수하고자 하는 감정으로까지는 확장시키지 않는 것이다. 그러나 여기에서도 국적별 응답자간의 차이는 나타난다. 조선적 응답자들 가운데 12%는 '매우 그렇다', 32%는 '약간 그렇다'라고 답하였지만, 일본적 응답자 가운데 '매우 그렇다'에 답한 사람은 아무도 없었으며, 42.9%가 '그렇지 않다', 51.4%가 '전혀 그렇지 않다'라고 답하였다. 이처럼 '국적'에 따른 응답자간의 성향 차이가 확연히 드러나는 것은, 재일 조선인 사회가 한반도의 분단으로 인해 다시 한 번 분단되었음을 확인시켜 주고 있다.

마지막으로 '일본인 때문에 고생했던 역사에 대해 어떻게 생각하는가'라는 질문에 대해서 전반적으로 '용서하더라도 잊어서는 안 된다'는 답변(한국인 : 48.5%, 탈북자 : 31.2%, 재중 조선족 : 41.9%, 재러 고려인 : 25.2%, 재일 조선인 : 62.1%)이 가장 많이 나왔고, 다음으로 '진정 사죄한다면 용서할 수 있다'는 답변(한국인 : 27.5%, 탈북자 : 40.4%, 재중 조선족 : 26.4%, 재러 고려인 : 8.3%, 재일 조선인 : 16.2%)이 많이 나온 편이었다. 그런데 일본이 아직까지도 '진정한 사죄'를 했다고 보기 어려운 현재의 상황에서는, 대부분의 코리언이 일본을 용서하지 못하고 있다는 것으로도 해석할 수 있을 것이다. 그러니까 일본의 태도가 바뀌지 않는 한 일본을 용서하는 일은 없을 것이라는 것이다.

대부분의 코리언은 일본의 잘못을 용서할 수 있는 여지는 있지만, 그것은 어디까지나 일본이 진정한 사죄를 할 때 가능한 것이고, 설령 용서를 한다 하더라도 일본이 행한 일은 결코 잊을 수 없다고 대답하였다. 이러한 설문 결과는 일본이 '가해자'라고 하는 것을 코리언이 항상 인식하고 있다는 뜻으로 해석할 수 있으며, 코리언에게 식민지 역사는 과거의 문제가 아니라 여전히 지속되고 있는 현재진행형의 문제임을 확인시켜 준다. '식민지 지배의 역사를 올곧게 직시하지도 않고 자기성찰을 하지도 않으며 극복할 수도 없는 일본인 다수자'[38]가 남아 있는 한, 코리언의 식민 트라우마는 진정으로 치유되기가 어려운 것이다.

4. 식민 트라우마의 치유 방향

앞서 코리언의 식민 트라우마 강도를 살펴본 결과에서도 알 수 있듯, 코리언들은 일본이 식민지 지배의 역사를 올곧게 직시하고 자기성찰을 하지 않는 한, 그래서 진정한 사죄를 하지 않는 한, 식민 트라우마로 인한 상처와 고통으로부터 벗어날 수 없을 것이다. 이 장에서는 앞선 연구 결과를 바탕으로 하여 식민 트라우마의 치유 방향을 모색해 보고자 한다.

1) 일본의 반성과 보상

맺힌 울혈을 풀지 못하면 속병 또는 화병이 들기 마련이다. 식민 트라우마는 코리언의 오랜 화병과도 같다. 상식적으로 생각해도 치유를 위해 우선적으로 요구되는 것은 가해자의 반성과 책임 있는 보상일 것이다. '일본인 때문에 고생했던 역사에 대해 어떻게 생각하는가'(표 7)라는 질문에 대해 '진정으로 사죄한다면 용서할 수 있다'는 답변이 높게 나왔다. 식민 트라우마를 극복하기 위해서는 우선적으로 일본의 반성과 보상이 요구된다는 것을 확인할 수 있는 결과이다.

---

38) 서경식, 권혁태 옮김, 『언어의 감옥에서-어느 재일 조선인의 초상』, 돌베개, 2011, 66쪽.

그런데 가해자의 반성이나 보상이 없으면 상처는 더욱 깊어지기 마련
이다. 아직도 코리언에게 식민 트라우마가 강력하게 남아 있다는 것은
그만큼 일본의 반성과 보상이 제대로 이루어지지 않았다는 것을 말해준
다. 한 연구에서는 일본이 태평양 전쟁에서 자신들이 피해자였다고 인
식하기 때문에 일본이 침략하고 점령했던 아시아 지역에서 다른 아시아
인들이 겪은 고통에 대해 반성할 여지가 없다고 지적하였다. 일본의 자
기중심적 반성이 일본의 전쟁 책임에 대한 이해를 모호하게 만든다는
것이다.[39]

서울신문과 에이스리서치가 한·일 수교 50주년을 맞아 실시한 여론
조사 결과 한국인 중 일본에 '호감이 있고 관심도 갖고 있다'고 대답한
이는 13.0%에 그쳤다. 반면 호감이 없다고 응답한 비율은 전체 69.5%나
됐다. 일본에 대해 호감이 없는 이유를 묻는 질문에는 '과거 한국에 대
한 일본의 식민지 지배 때문에'(33.1%)라는 답변보다 '일본 사회 일부에
서의 우경화 움직임 때문에'(46.2%)라고 답한 사람들이 더 많았다.[40] 여
기서 다시 한 번 역사적 트라우마는 오늘날에도 여전히 끊임없이 환기
되고 재생산되고 있다는 것을 짐작할 수 있다. 과거 식민지 지배 경험을
하지 않은 세대들조차 일본에 대한 반감을 가지게 되는 데에는 지금의
일본이 보여주는 태도가 더욱 중요한 영향을 미친다는 것이다.

일본의 반성과 보상이 제대로 이루어지기 위해서는 전쟁 중에 일본이
다른 아시아인들에게 정확히 무슨 짓을 저질렀는가에 대한 객관적인 조
사가 먼저 이루어져야 한다. 하지만 이러한 작업은 그리 쉽게 이루어지
기 어려울 것이다. 식민 트라우마를 극복하기 위해서 마냥 일본이 역사

---

39) 쿠마가이 나오코, 「아시아-태평양 전쟁에 대한 일본의 자기중심적 반성」, 『정
치와 평론』 9, 한국정치평론학회, 2011, 45쪽.

40) http://www.seoul.co.kr/news/newsView.php?id=20150102001016

와 정직하게 대면하기를 기다리기만 할 수는 없을 것이다. 우선은 아물지 않은 상처가 오늘날 우리 사회에 던지는 의미를 성찰할 필요가 있을 것이다. 또한 우리 스스로도 역사에 대해 바르게 알고 이해하는 일이 절실하다. 일례로 한국일보가 수도권 지역 중고생 613명을 대상으로 일본군 위안부에 대한 인식을 문제풀이 방식으로 평가한 결과 대부분 위안부 문제의 현실에 무관심하다는 결과가 나왔다.[41] 일본뿐만 아니라 우리 사회도 감당해야 할 역할이 적지 않은 것이다.

2) 식민 지배가 반인류적 범죄라는 국제 합의 필요

아직도 노예제도와 달리 식민 지배가 반인륜범죄라는 국제적 합의가 없는 상황이다. 일본뿐 아니라 세계적으로도 과거 식민지를 지배한 국가들의 사죄 보상을 찾기가 어렵다. 2차 세계대전 종전 후 일본의 주요 전범을 심판한 극동국제군사재판(1946.5~1948.11: 동경재판)에서 일본에게 식민지 지배의 범죄성을 묻지 않은 배경에는 재판을 주도한 연합국들 또한 식민지 지배를 했던 국가들이었다는 사실이 연관되어 있다.[42] 여기에는 식민 지배에 대해 '도의적 책임'은 있으나 '법적 책임'은 없다는 논리가 개입된다. 예컨대 을사조약(1905), 병합조약(1910) 등 조약 형식

---

41) http://www.hankookilbo.com/v/2c933aa8b06446f0b2c0854a0bdf67ec
42) 이와 관련된 논의를 참고하면 다음과 같다.
'기본적으로 아시아에서의 제2차 세계대전 역시 서양이 중심적으로 수행했기 때문에 이들 국가들이 전후 처리에 결정적인 역할을 했던 것이 사실이다. 특히 미국은 다른 연합국들과 비교할 수 없을 정도로 일본의 운명과 장래에 큰 영향력을 끼쳤다. 동경재판을 비롯한 전범재판과 일본의 점령정책이 미국에 의해 이루어졌던 것은 주지의 사실이다. 그러나 냉전체제하에서 일본을 대공산권 전진기지로 활용하고자 했던 미국이 일본과 그 지도자들에 대하여 더 이상 전쟁 책임을 물을 수 없었다.'(박원순, 「동경전범재판, 그 능욕과 망각의 역사」, 『역사비평』 26, 역사문제연구소, 1994, 235쪽).

을 통해 한일강제병합은 도의적으로는 부당하나 법적으로는 정당하다
는 논리가 성립될 수 있다. 대부분의 위안부 할머니들이 아시아여성기
금을 거부하는 이유도 그 기금이 민간기금이며 국가 보상금이 아니기
때문이다.[43] 일본이 법적 책임을 부인하기 때문이다.

하지만 일본 안에서도 반성과 대책 마련을 위한 움직임은 끊임없이 있
어왔으며, 이러한 일본 단체와의 연대는 식민 트라우마의 치유를 위해서
도 반드시 필요한 일이다. 이러한 맥락에서 2010년 한일지식인 1,139명이
천명한 '1910년 한일병합조약 원천무효' 공동성명은 '식민주의의 완전한
종식'을 역사적 과제로 선언한 2001년 더반선언의 동아시아버전으로서,
1910년 한일강제병합이 당시의 국제법상 합법적인 조약의 체결로 성립
되었으므로 일제 식민 지배가 합법이라는 규범인식과 그러한 전제에서
식민지책임 자체를 부정하는 일본 정부에 대해 역사정의에 입각한 문제
제기로 평가할 수 있다. 식민 지배와 침략전쟁에 대한 사죄와 배상을 전
제로 하는 국제법상의 기본적인 소극적 평화(negative peace)에서 나아
가 오늘날 인류보편적 가치로서의 인간의 존엄성과 인권의 존중을 전제
로 하는 적극적 평화 (positive peace)를 도모함으로써 2015년 한일협정
반세기는 동아시아명회공동체를 함께 실현해가는 진정한 출발점으로서
기여할 수 있어야 한다.[44]

---

43) '일본 정부는 1993년 군위안부 강제동원을 인정하고 '사죄와 반성'을 표명한 고노
(河野) 담화를 발표한 데 이어 무라야마 총리 재임 때인 1995년 7월 민간 모금액을
기반으로 아시아여성기금을 만들었다. 일본 나름대로 내 놓은 군위안부 문제에
대한 해결책이었다. 이 기금으로 피해자들에게 1인당 200만 엔(1천 899만 원)의
위로금과 의료복지비를 전달하고 총리의 사죄편지를 발송했지만, 한국의 피해자
들과 지원단체로부터 "법적 책임을 지지 않으려는 일본 정부의 책임회피 수단에
불과하다"는 비판이 제기됐다. 결국 위로금 수령 거부 운동이 벌어진 한국에서는
피해자 다수가 위로금을 받지 않은 상태에서 기금이 해산됐다. 한국인 수령자는
약 60명에 그쳤다.'(출처: http://www.yonhapnews.co.kr/bulletin/ 2014/11/9).
44) '2010년 한일강제병합 100년의 시점에서 한일지식인이 천명한 공동성명은 '식

3) 우리 사회의 '내적 일본' 청산＝일제 잔재 청산

앞서 한반도에서 일제 식민잔재 청산을 묻는 문항(표4)에 대다수의 코리언이 아직도 많이 남아 있다고 답하였다. 왜 일본정치가들이 지속적으로 식민 트라우마를 환기시키고 있는가? 그것은 식민 통치가 '유익하다'고 서슴없이 말할 수 있는 빌미를 우리 스스로가 제공했기 때문이다. 즉 우리 내부의 일제잔재 문제인 것이다. 지금까지 일제강점하의 친일행위와 일제의 강제동원에 관련된 일을 규명하려는 시도는 끊임없이 있었다. 매국행위와 식민지 지배에 대한 협력행위 그리고 일제의 침략전쟁에 협력·선동한 행위에 대한 진실을 밝히고 그 죄의 역사적 책임을 묻는 것이다. 과거사 청산의 중요한 목적중의 하나는 고통의 치유로 역사의 상흔으로 인한 트라우마의 치유가 이루어져야 함을 명시하고 있는 것이다. 그러나 지금까지의 일제하 잔재 청산 작업은 진상규명과 일부 기념사업 그리고 약간의 경제적 보상이 이루어지는 데 그치고 있다. 피해자들의 고통의 문제를 해결하기 위한 치유의 작업은 거의 이루어지고 있지 않은 것이다.[45)]

민주의의 역사적 종식'을 담은 2001년 더반선언의 동아시아버전으로서 올바른 역사의 정립을 통한 기반위에서 진정한 역사화해를 모색해 나가야 한다는 것이었다. 그것은 식민 지배와 침략전쟁에 대한 사죄와 배상을 전제로 하는 국제법상의 기본적인 소극적 평화(negative peace)에서 나아가 오늘날 인류보편적 가치로서의 인간의 존엄성과 인권의 존중을 전제로 하는 적극적 평화(positive peace)를 도모함으로써 2015년 한일협정 반세기는 동아시아명회공동체를 함께 실현해기는 진정한 출발점으로서 기여할 수 있어야 한다는 것이다.'(도시환, 「식민지책임판결과 한일협정체제의 국제법적 검토」,『외법논집』 38권 1호, 한국외국어대학교 외국학종합연구센터 법학연구소, 2014, 317쪽).

45) '일제강점하 자행되었던 일제의 잔재를 청산하기 위한 일련의 법률이 제정되었고, 그에 따른 각 위원회가 출범하여 피해자 조사와 진상규명, 보상과 기념사업 등의 활동을 하였다. … 이들 법률에 의하면 일제 잔재 청산의 문제는 진상을 규명하여 역사의 진실과 민족정기를 바로세우는 일과 기념사업과 보

한편, 강준만[46]은 공직을 민중에 군림하면서 출세를 위한 도구로 인식하는 의식과 문화는 일제 35년간에 걸쳐 지속되는 동시에 식민 체제의 성격으로 인해 더욱 악화되었다고 분석하였다. 그러니까 우리 사회에 깊이 뿌리를 내린 착취구조의 갑을관계 문화의 배경에 일제 잔재의 영향도 있다고 지적한 것이다. 일본이 식민 지배 기간 동안 포섭 전략의 일환으로 조선왕조 상층부 관직 점유의 지속성을 보장하였는데, 이는 조선 내부의 저항을 원천 봉쇄하기 위한 내부 분열책이었다. 그는 일제 잔재가 '일제 35년의 유산'이 아니라, 잔재 수준을 넘어선 '현재를 재생산하는 실질적 원리'로서 여전히 해방 후의 삶에도 막대한 영향을 끼치고 있는 것은 아닌가라는 문제를 제기하고 있다.

이처럼 일제 잔재를 청산하는 문제는 과거사의 문제로 인하여 오랫동안 내면의 고통으로 고착화된 트라우마를 치유하는 일이기도 하고, 우리 사회가 보다 건강한 사회로 거듭날 수 있는 길이기도 하다.

상을 통한 희생자 내지 피해자들과 그 유가족들의 명예를 회복하고 고통을 치유하는 것을 목적으로 하고 있음을 알 수 있다. 곧 과거사 청산의 중요한 목적중의 하나는 고통의 치유로 역사의 상흔으로 인한 트라우마의 치유가 이루어져야 함을 명시하고 있는 것이다. 그러나 지금까지의 일제하 잔재 청산 작업은 진상규명과 일부 기념사업 그리고 약간의 경제적 보상이 이루어지는 데 그치고 있다. 피해자들의 고통의 문제를 해결하기 위한 치유의 작업은 거의 이루어지고 있지 않은 것이다.'(엄찬호, 「과거사 청산과 역사의 치유」, 『인문과학연구』 33, 강원대학교 인문과학연구소, 2012, 269~270쪽).

46) 강준만, 「갑과 을의 나라-갑을관계는 대한민국을 어떻게 지배해왔는가」, 인물과사상사, 2013.

참고문헌

강준만, 「갑과 을의 나라-갑을관계는 대한민국을 어떻게 지배해왔는가」, 인물
　　과사상사, 2013.
건국대학교 통일인문학연구단, 「재일 조선인의 역사적 트라우마의 양상과 치
　　유 방향」, 『코리언의 역사적 트라우마』, 선인, 2012.
서경식, 권혁태 옮김, 『언어의 감옥에서-어느 재일 조선인의 초상』, 돌베개,
　　2011.
이승률, 『동북아시대와 조선족』, 박영사, 2007.

박명호·장영혜, 「소비자적개심이 일본산제품구매의도에 미치는 영향 : 전반
　　적국가이미지, 소비자자민족중심주의 및 제품판단의 매개적 역할」, 『소
　　비문화연구』 제15권 제2호, 한국소비문화학회, 2012.
김석우, 「재중 탈북자문제와 중국의 책임」, 『신아세아』 19권 1호, 신아시아연
　　구소, 2012.
김영호, 「일본 아베정권의 영토정책과 역사정책」, 『독도연구』 14, 영남대학교
　　독도연구소, 2013.
김용국, 「일제강점기 한국의 문화훼손 -수원팔경의 사례를 중심으로-」, 『일본
　　문화연구』 제42권, 동아시아일본학회, 2012.
김용복, 「일본 우경화, 한일관계 그리고 동아시아」, 『경제와 사회』 99, 비판사
　　회학회, 2013.
김종곤, 「역사적 트라우마에 대한 철학적 재구성」, 건국대학교 박사학위논문,
　　2014.
남상민, 「일본(日本)에 대한 심리적(心理的) 거리(距離), 적개심(敵愾心)이 일
　　본제품(日本製品) 이미지 및 구매의도(購買意圖)에 미치는 영향」, 『일본
　　근대학연구』, 한국일본근대학회, 2011.
도시환, 「식민지책임판결과 한일협정체제의 국제법적 검토」, 『외법논집』 38권

1호, 한국외국어대학교 외국학종합연구센터 법학연구소, 2014.

박원순, 「동경전범재판, 그 능욕과 망각의 역사」, 『역사비평』 26, 역사문제연구소, 1994.

엄찬호, 「과거사 청산과 역사의 치유」, 『인문과학연구』 33, 강원대학교 인문과학연구소, 2012.

여지선, 「일제 강점기의 시대정신과 문학의 전통 계승」, 『우리말글』 34, 우리말글학회, 2005.

윤송아, 「재일 조선인 문학의 주체 서사 연구-가족·신체·민족의 상관성을 중심으로-」, 경희대학교대학원 박사학위논문, 2011.

이재혁, 「일제강점기 사할린의 한국인 이주」, 『한국시베리아연구』 제15권 1호, 2011.

조경근, 「박근혜 정부의 대일 외교정책」, 『통일전략』 vol. 13 no.2, 한국통일전략학회, 2013.

진창이, 「개혁·개방기의 조선족 사회 변화와 과제」, 『전남대학교 세계한상문화연구단 국제학술회의』 2, 전남대학교 세계한상문화연구단, 2011.

최배근, 「식민지경제와 분단 그리고 체제 불구성」, 『통일인문학논총』 53, 건국대학교 인문학연구원, 2012.

쿠마가이 나오코, 「아시아-태평양 전쟁에 대한 일본의 자기중심적 반성」, 『정치와 평론』 9, 한국정치평론학회, 2011.

홍용희, 「구소련 고려인 디아스포라 시 연구 : 영원식의 시 세계를 중심으로」, 『한국근대문학연구』 제22호, 한국근대문학회, 2010.

http://weekly.chosun.com/client/news/viw.asp?nNewsNumb=002293100005&ctcd=C02

http://mbn.mk.co.kr/pages/news/newsView.php?category=mbn00008&news_seq_no=1750304

http://news.hankooki.com/lpage/world/201304/h2013040521085022450.htm

http://www.nocutnews.co.kr/news/1160691

http://media.daum.net/press/newsview?newsid=20140312073708964

http://www.jbnews.com/news/articleView.html?idxno=573003
http://www.seoul.co.kr/news/newsView.php?id=20150102001016
http://www.hankookilbo.com/v/2c933aa8b06446f0b2c0854a0bdf67ec
http://www.yonhapnews.co.kr/bulletin/2014/11/09

제2장 코리언 디아스포라의 삶과 이산 트라우마

박재인*

1. 한민족의 이산 역사와 이산 트라우마

우리 재외동포는 750만 명으로 추산되고 있으며, 이들 중 중국, 일본, 구소련 국가들에 거주하는 동포는 약 57%에 이른다. 이들 가운데 상당수는 각지로 떠도는 사람들이 겪는 차별과 억압의 의미를 포괄하고 있는 디아스포라라고 칭할 만한 존재들이며, 한반도의 근현대사가 남긴 상처에서 그들의 이산 역사를 떠나서는 논할 수 없다. 코리언 디아스포라는 대부분 일제 식민지 역사와 무관하지 않으며, 일제 식민 통치 시기에 정치적 탄압을 피해 망명한 경우, 1920년대 일제의 수탈로 생존권을 박탈당하고 이주한 경우, 1930년대 '국가총동원법'과 같은 일제의 팽창

---

* 건국대학교 통일인문학연구단 HK연구원

정책으로 강제이주 당한 경우들에 속한다.[1] 조국의 전쟁과 분단으로 귀향하지 못한 그들이 그곳에서 뿌리를 내리고 살아가기 시작하면서, 그들은 여전히 코리언의 디아스포라로 존재하게 된 것이다.

그래서 여기에서 다룰 이산의 상처는 일제강점기라는 역사적 맥락 속에서 한반도 주변으로 이산된 이들의 문제에 한정하려고 한다. 한반도에서 현현하는 이산의 고통이나, 탈북자들에 대한 고찰은 다른 차원으로 접근해야 하기 때문에, 이 글에서는 낯선 이국에서 이민족과 살아가는 코리언 디아스포라의 문제에 한정해 살펴보려고 한다. 역사의 소용돌이에 휘말려 강제 이산된 중국, 일본, 러시아에 뿌리 내린 코리언 디아스포라를 재중 조선족, 재일 조선인, 재러 고려인이라고 명명하고, 그들이 겪은 이산의 상처에 접근해보려는 것이다. 먼저 코리언 디아스포라의 현황과 이산의 역사를 간추려 보면 다음과 같다.

재중 조선족의 경우를 먼저 살펴보면, 중국은 56개의 민족을 포괄한 다민족 국가이며 다수민족으로 한족이 92%를 차지하고 있다. 55개의 소수민족 중 중국에 거주하는 코리언은 2,704,994명, 이중 시민권자는 2,335,968명(2010년 12월 31일 기준)[2]이다.

재중 조선족의 이산 역사는 19세기 중엽에서 시작되었으며 제2차 세계대전 종결까지 중국 동북지방으로 이주해 정착한 것으로 알려져 있다. 1905년 러일전쟁 이후 1909년 '간도에 관한 협약'이 시발점이 되어, 일본은 1931년까지 조선인 41만여 명을 간도로 이주시켰으며 1931~1945년 사이에는 약 100만 명의 조선인이 이주되었고, 이들은 주로 중국의 동북 3성에 정착하였다.

---

1) 김성민 외, 『코리언의 민족정체성』, 선인, 2012, 43쪽.
2) 외교통상부, 「재외동포현황」, 2011, 16쪽(김종곤·허명철, 「제4장 재중 조선족의 역사적 트라우마와 식민 트라우마」, 『코리언의 역사적 트라우마』, 선인, 2012, 169쪽 재인용).

이들의 이주는 일본의 제국주의와 관련되어 있다.[3] 이주된 조선인은 대다수 조선 총독부의 토지조사 사업으로 땅을 잃은 농민들이었다. 외형상 본국의 과잉노동인력 해소방안으로 포장되어 있었지만, 실상은 만주침략을 위한 전략 즉 제국주의 팽창정책에 의한 강제이주였다. 이들의 이주 역사는 일제 식민지 지배의 직접적인 피해이자, 이산의 고통이라 할 수 있다. 또한 그들의 거주지역은 '항일무장투쟁'의 본거지였다는 사실 또한 일본의 제국주의와 재중 조선족의 이산 경험이 맞물려 진행된 역사적 사건이라는 판단에 힘을 더해준다.

재일 조선인의 경우 1965년 한일 국교 정상화를 기준으로 뉴커머와 올드커머로 나뉜다. 이들은 코리언 디아스포라 중 12.4%로 세 번째로 큰 비중을 차지하고 있으며, 일본에 거주하는 외국인 가운데 두 번째로 큰 비중을 차지하고 있는 디아스포라이다. 현재 일본 내 거주하는 코리언 수를 국적별로 보면 한국 국적이 약 60만 명, 일본 국적이 약 30만 명, 조선적이 약 4~5만 명으로 파악된다.[4]

한일합방 이전에 일본에 거주하는 조선인은 유학생과 노동자가 주를 이루었다. 이후 조선총독부의 토지조사사업으로 인하여 농토가 수탈되자 국내의 잉여인력은 증가한 반면, 제1차 세계대전에 승전한 일본의 경제 성장으로 인력 수요가 급증하게 되어, 조선인의 일본 입국은 점차 증가하게 된다. 일본은 3·1운동 직후 조선인 여행단속령을 공포하여 이주를 제한하기도 하였지만, 일본 내의 조선인 거주자는 점차 증가하여 20년대에 이르러서는 조선인 거주 지역이 형성되기도 하였다.[5]

---

3) 김종곤·허명철, 「제4장 재중 조선족의 역사적 트라우마와 식민 트라우마」, 『코리언의 역사적 트라우마』, 선인, 2012, 171쪽.

4) 김익현·나지영, 「제6장 재일 조선인의 민족정체성과 경계인」, 『코리언의 민족정체성』, 선인, 2012, 268~269쪽.

5) 정형, 『사진 통계와 함께 읽는 일본 일본인 일본문화』, 다락원, 2011, 1~271쪽.

하지만 재일 조선인의 이산 역사를 두고 자발적 도항으로만 간주하기 어려운 까닭은 재일 조선인 가운데 일제의 제국주의 전략에 의한 강제 징용의 피해자가 대다수이기 때문이다. 1920년대까지의 일본 내 거주하는 조선인은 30만 명에 못 미쳤지만, 30년대 이후로 그 수가 급증한다. 일제는 1931년 9·18만주침략 이후 조선민족말살정책을 강화하면서, 노동력 보충을 목적으로 조선인을 일본 내 노동 현장으로 강제 징용하였다. 1937년 중일전쟁 도발로 인하여 인력부족이 심화되자 강제 징용은 급증하게 되었고, 그 결과 8.15해방 당시 일본 내에 남아있게 된 조선인의 수는 230만 명에 이르렀다.[6]

해방 이후 일본 정부가 비용을 부담하여 조선인의 집단 귀국이 시도되었다. 그러나 우키시마마루(浮島丸, うきしままる)호 침몰의 비극과 재산 및 물품 반출에 대한 일본 당국의 제지, 그리고 한반도의 불안한 정세로 인하여 그들의 귀국은 난항을 겪게 되었다. 결국 1946년 말 조선인의 집단 귀국은 마침표를 찍게 된다.[7] 이때에 일본에 잔류한 조선인이 현재 재일 조선인의 근간이 되었다.

그리고 재러 고려인의 현황은 다음과 같다. 헌법 서문에 "우리, 다민족 국민"으로 시작되는 바와 같이 러시아는 다민족정체성을 표방해온 나라이다. 외교통상부(2011년 기준)에 따르면 러시아에 거주하는 코리언의 수는 20만 명에 달한다. 러시아를 비롯한 독립국가연합 내에 거주하는 코리언을 포괄하면 재러 고려인은 약 50만 명에 이른다.[8]

재러 고려인은 다른 디아스포라와 구별되는 이산의 역사를 경험하였

6) 나지영·김익현, 「제6장 재일 조선인의 역사적 트라우마 양상과 치유 방향」, 『코리언의 역사적 트라우마』, 선인, 2012, 284쪽.
7) 정형, 『사진 통계와 함께 읽는 일본 일본인 일본문화』, 다락원, 2011, 1~271쪽.
8) 박재인·박민철, 「제5장 재러 고려인의 역사적 트라우마와 치유 방향」, 『코리언의 역사적 트라우마』, 선인, 2012, 233~234쪽.

다. 일제의 횡포에 몰려 연해주 등지로 이주해온 고려인과 일제강점기 강제 징용된 사할린 한인이 경험한 이산 역사가 다르다. 재러 고려인의 경우 연해주 및 중앙아시아 출신과 사할린 출신을 구분하여 고찰되어야 하는 까닭도 이 때문이다.

조선의 빈곤과 기아를 피해 온 러시아로 이주한 코리언들은 대다수 연해주 및 중앙아시아 출신의 재러 고려인에 해당된다. 이들의 이산 역사는 1860년대에 시작되었으며, 이후의 이주자들은 일제 식민지 약탈을 피해 온 농업유민과 망명한 항일 독립 운동가들이었다. 이들은 척박한 환경에서 고군분투하며 살아오다가, 1937년 소련의 소수민족정책에 의하여 강제 이주되어 이산의 상처를 이중으로 경험하게 되고, 민족적 차별도 극심해져갔다. 이들에게 또다시 이주의 시련이 더해진 것이 소련 사회 붕괴 이후 중앙아시아에 토착민족주의가 부활되는 시점이다. 이로 인하여 이민족에 대한 정책적 제한 물론 사회적 경계가 강화되어, 이들은 생명과 생계를 보호하기 위해 또다시 재이주를 선택하기도 하였다.

또 다른 러시아에 거주하는 코리언으로 사할린 출신의 한인들을 들 수 있다. 사할린 한인의 경우는 일본의 국가동원령에 의해 사할린으로 강제 징용된 것이며, 당시 조선인 15만 명이 동원되었다. 사할린 지역은 제2차 세계대전 종전으로 소련령으로 귀속이 바뀌었는데, 당시 일본 정부는 일본인 귀한을 추진하면서 노동력으로 동원된 한인들을 그 땅에 방치하였고 이후에도 소련과 수교가 없는 상황을 들어 적극적인 조치를 취하지 않았다. 한반도 역시 내정 보완과 일본, 소련과의 대외관계 및 남북냉전의 문제로 이들의 귀환에 손쓰지 못했기 때문에, 이들은 그 땅에 자리 잡을 수밖에 없었다. 이처럼 재러 고려인[9]은 급변하는 거주국

---

9) 이주 역사의 경위가 구별되므로, 일반 재러 고려인과 사할린 한인의 경우를 분별하여 논하지만, 논의의 편의상 다른 국가와 구별하여 러시아에 거주하는 디아스포라를 거론할 때는 '재러 고려인'으로 통칭할 것이다.

정세의 영향으로 이산의 상처를 반복적으로 경험하였거나, 이주를 강요한 일제와 조국의 방치로 귀환하지 못한 이산의 상처를 감내한 디아스포라이다.

이러한 역사적 경위의 자료만으로도 코리언 디아스포라가 감내한 상처의 크기를 짐작할 수 있으며, 일제, 전쟁, 분단으로 이어지는 한반도의 역사가 남긴 상처에서 디아스포라의 고통이 상당한 비중을 차지하고 있다는 사실도 확인할 수 있다. 역사적 트라우마를 "특정한 역사적 사건들을 공유하는 어떤 집단의 욕망이 좌절·억압되면서 가지게 된 트라우마"[10]로 정의할 때, 코리언 디아스포라인 경우 일제의 침탈과 분단으로 인한 '강요된 이산'이라는 고난이 남긴 이산 트라우마가 그 중심에 있을 수밖에 없다. 그래서 이 글에서는 바로 코리언 디아스포라에게 남겨진 역사적 트라우마 가운데 특히 이산 트라우마에 집중하고자 한 것이다.

코리언 디아스포라의 이산 트라우마가 현재적이고 심각한 문제라는 진단은 다음의 자료를 통해서도 확인된다.

Q. 거주국에서 이민족이라는 이유로 차별 받은 경험 여부 (단위 %)

	재중 조선족	재일 조선인	재러 고려인	
			연해주	사할린
있다	40.7	70.7	41.6	50.0
없다	59.3	27.7	56.8	46.7

위의 자료를 보면, 조사대상의 상당수가 이민족이라는 이유로 차별받은 경험이 있다고 답했다. 재중 조선족과 재러 고려인의 경우는 40~50% 해당하는 대상자가 차별을 경험하였다고 답했으며, 식민지 종주국에서

---

10) 강미정 외, 『코리언의 역사적 트라우마』, 2012, 37쪽.

거주하는 재일 조선인의 경우는 70.7%가 차별을 경험하였다고 했다. 거
주국의 다수 종족과 국가 시스템으로부터의 배제와 억압이 만연한 사회
에 방치되어온 그들의 생존환경을 짐작할 수 있으며, 코리언 디아스포
라에게 이산의 상처는 현재적인 문제라는 심각성을 깨닫게 하는 자료이
다.

코리언 디아스포라의 생존 환경은 자신의 존재가 국가라는 울타리 안
에 소속되고, 정당한 권익을 누리며, 배척과 소외감으로부터 안전하기
를 바라는 생존적 욕망이 쉽사리 좌절될 수밖에 없다는 특성을 지닌다.
역사적 트라우마는 그들이 살아온 역사적 환경과 현재의 조건들에 의해
독특성을 가진다[11]고 전제하면, 거주국의 차별과 억압, 조국으로부터
느끼는 소외감 등에 시달리고 있는 코리언 디아스포라에게 이산 트라우
마는 간접적이고 추체험화된 것이 아니라, 현재까지도 현현하는 심각한
역사적 트라우마이다. 이에 이 연구는 한민족의 역사적 트라우마 가운
데, 코리언 디아스포라의 이산 트라우마에 집중해보려고 한 것이다.

기왕의 재외한인연구는 1960년대부터 시작되어 1990년대에 들어서
본격적으로 심화되었다. 재외한인의 인구수가 증가함에 따라 인구학적,
사회문화적 관심이 고조되어, 2000년대 들어서 '다문화연구 열풍'과 함
께 다문화 주제로 연구 성과들이 양산되었다. 그러면서 한민족 이주의
역사에 대한 관심이 디아스포라의 관점에서 초국가주의 관점으로 옮겨
와, 그들의 독특성이 네트워크, 다문화적 경쟁력으로 인식되기 시작하
였다.[12]

재외한인에 대한 학문적 관심이 증폭되면서 그들의 이산 역사가 다시

---

11) 강미정 외,『코리언의 역사적 트라우마』, 2012, 52쪽.
12) 윤인진,「재외한인연구의 동향과 과제」,『在外韓人硏究』제21집, 在外韓人學會,
   2010, 326~356쪽.

금 우리에게 상기되었고 그들의 현재적 고통이 인식되기 시작하였다. 그 가운데 본 연구와 같이 이산의 상처가 남긴 역사적 트라우마에 관한 연구들이 시도되면서 그들에게 남겨진 상처와 현재적 고통의 심각성을 인정하고, 보다 정밀하고 구체적인 방안이 필요하다는 의식이 학문적 실천으로 이루어졌다.

코리언 디아스포라의 실재적 아픔에 접근하여 역사적 트라우마 연구의 토대가 되었던 연구들로는, 코리언 디아스포라의 이주 역사를 살펴본 연구에서 그들의 특유한 정체성 문제를 고찰한 연구에까지 디아스포라의 근원적 문제를 검토한 연구들이 있다. 또한 거주국에서의 법적 지위 문제, 현재 젊은 세대의 정체성 변화 문제, 노인 문제, 한국과의 문제 등 현재적인 디아스포라의 갈등을 조명한 연구들도 발표되어왔다.[13]

13) 김경일, 『중국조선족문화론』, 료녕민족출판, 1994, 1~379쪽; 송기찬, 「민족교육과 재일동포 젊은 세대의 아이덴티티」, 한양대학교 석사학위논문, 1998, 1~154쪽; 김강일·허명철, 『중국조선족 사회의 문화우세와 발전전략』, 연변인민출판사, 2001, 1~588쪽; 이현정, 「조선족의 종족 정체성 형성 과정에 관한 연구」, 『비교문화연구』 제7집 2호, 서울대 비교문화연구소, 2001, 63~105쪽; 권준희, 「재일 조선인 3세의 '민족'정체성에 관한 연구 : 조선학교 출신 '조선적'을 중심으로」, 연세대학교 석사학위논문, 2002, 1~119쪽; 고선규, 「재일한국인·조선인 문제와 한·일관계의 갈등」, 『분쟁해결연구』 제3집, 단국대학교 분쟁해결연구소, 2005, 97~138쪽; 김게르만, 『한인 이주의 역사』, 박영사, 2005, 1~460쪽; 김선국, 「한국인의 관점에서 본 고려인 차세대」, 『전남대학교 세계한상문화연구단 국제학술회의』 2005년 12호, 전남대학교 세계한상문화연구단, 2005, 259~262쪽; 남혜경 외, 『고려인 인구 이동과 경제 환경』, 집문당, 2005, 1~303쪽; 배지원, 「우토로 재일 조선인 문제」, 『전남대학교 세계한상문화연구단 국내학술회의』 제11집, 전남대 세계한상문화연구단, 2005, 86~90쪽; 이승우, 「재일동포의 법적 지위의 제한과 분쟁해결」, 『한국동북아논총』 제37집, 한국동북아학회, 2005, 307~327쪽; 신상문, 「재러 한인의 현황과 주요과제」, 『재외한인연구』 제17집, 재외한인학회, 2005, 137~179쪽; 엄 넬리 니칼라에브나, 「러시아 차세대 고려인의 정체성과 민족교육」, 『전남대학교 세계한상문화연구단 국제학술회의』 2005년 12호, 전남대학교 세계한상문화연구단, 2005, 212~216쪽; 서경식 저, 임성모 이규수 역, 『난민과 국민 사이』, 돌베개, 2006, 1~327쪽; 서경식 저, 김혜신 역, 『디아스포라 기행-추방당한 자의 시선』, 돌베개, 2006, 1~231쪽; 곽진오, 「전후 일본의 재일동포 국적처리문제

　　이어 이산의 상처와 디아스포라로서의 존재적 규정, 그리고 역사적 트라우마로 바라보는 학문적 조명은 다음과 같은 연구들로 가능하였다.14) 이 연구들은 그간의 재외동포 연구에서 심화되어, 디아스포라로써 이들이 겪은 아픔과 상처를 역사적 트라우마로 바라보며, 보다 인간 고통의 실상을 대면하면서 그 구체적인 대안 마련의 시급성을 강조한 연구들이라 할 수 있다.

　　고찰」,『한일관계사연구』제24집, 한일관계사학회, 2006, 177~210쪽; 김숙자, 「재일 조선인 정체성과 국적」, 동국대학교 석사학위논문, 2007, 31~41쪽; 이병훈, 「한국의 재외동포정책 : 현상과 과제」,『고려법학』제48집, 고려대 법학연구원, 2007, 368쪽; 반병률, 「러시아 한인사회와 정체성의 변화」,『한국사연구』제140집, 한국사연구회, 2008, 99~123쪽; 윤명철, 「고대 한민족의 민족이산과 그 역사가 남긴 흔적들 ; 한민족 역사 속에서 디아스포라의 의미와 성격」,『민족학연구』제7집, 한국민족학회, 2009, 1~27쪽; 이한우, 「단군신화를 통한 고려인 정체성 교육」,『한국사상과 문화』제55집, 한국사상문화학회, 2010, 459~ 482쪽; 장윤수,『코리안 디아스포라와 문화네트워크』, 북코리아, 2010, 1~358쪽; 박영균, 「코리안 디아스포라의 민족공통성 연구방법론」,『시대와철학』제22집 2호, 한국철학사상연구회, 2011, 103~136면; 서경식 저, 권혁태 역,『언어의 감옥에서-어느 재일 조선인의 초상』, 돌베개, 2011, 1~472쪽; 안병삼, 「중국 코리안 디아스포라 노인세대의 민족정체성 연구: 중국 연길시를 중심으로」,『한국동북아논총』제59집, 한국동북아학회, 2011, 145~170쪽; 윤황, 「한국거주 조선족 이주노동자들의 법적·경제적 사회지위 연구」,『디아스포라 연구』제5집, 전남대학교 세계한상문화연구단, 2011, 37~60쪽; 김성민 외,『코리언의 민족정체성』, 선인, 2012, 1~341쪽; 정진성, 「"재일동포"의 호칭의 역사성과 현재성」,『일본비평』제7집, 서울대 일본연구소, 2012, 258~287쪽; 정형,『사진 통계와 함께 읽는 일본 일본인 일본문화』, 다락원, 2011, 1~271쪽; 박금해, 「조선족중소학교에서의 민족정체성교육의 새로운 접근과 대안모색」,『역사문화연구』제41집, 한국외국어대학교 역사문화연구소, 2012, 173~200쪽; 박경용, 「사할린 한인 김옥자의 삶과 디아스포라 생활사」,『디아스포라연구』제7집 1호, 전남대 혜계한상문학연구단, 2013, 163~196쪽.

14) 김태만, 「재중 코리안 디아스포라의 트라우마」,『중국현대문학』제54집, 한국중국현대문학학회, 2010, 237~269쪽; 김성민, 「인문학적 통일담론과 통일인문학: 통일패러다임에 관한 시론적 모색」,『철학연구』제92집, 철학연구회, 2011, 143~172쪽; 강미정 외,『코리언의 역사적 트라우마』, 2012, 1~367쪽; 김종곤, 「"역사적 트라우마" 개념의 재구성」,『시대와철학』제24집 4호, 한국철학사상연구회, 2013, 37~64쪽.

코리언 디아스포라의 이산 트라우마에 대한 접근은 문학계에서 특히 활발히 이루어졌다. 드러내기 어려운 아픔과 상처가 문예적 통로로 표출되고 있음을 전제하고, 트라우마의 실체에 접근하고자 하는 학문적 시도이다.[15] 이러한 학문적 실천은 소설, 시, 수필은 물론, 북한문학에서 영화에 이르기까지 다양한 문학적 텍스트로의 확장이 이루어지고 있었다.

그리고 코리언 디아스포라의 이산 트라우마 문제에 대한 치료적 방안을 모색한 연구들도 활발히 전개되어왔다.[16] 종교학적 영역은 물론, 각

15) 김태만, 「재일 코리안 디아스포라의 트라우마 : 영화 〈우리에겐 원래 국가가 없었다〉, 〈박치기〉, 〈우리학교〉를 중심으로」, 『동북아 문화연구』 제25집, 동북아시아문화학회, 2010, 371~387쪽; 임옥규, 「북한 문학에 반영된 재일 조선인 디아스포라」, 『통일인문학논총』 제50집, 건국대 통일인문학연구단, 2010, 277~302쪽; 최병우, 「중국조선족 소설에 나타난 한국의 이미지 연구」, 『한중인문학연구』 제30집, 한중인문학회, 2010, 29~50쪽; 홍용희, 「구소련 고려인 디아스포라 시 연구 : 양원식의 시 세계를 중심으로」, 『한국근대문학연구』 제22집, 한국근대문학연구, 2010, 489~516쪽; 권성우, 「재일 디아스포라 여성문학에 나타난 탈민족 주의와 트라우마 -유미리의 에세이를 중심으로-」, 『한민족문화연구』 제36집, 한민족문화학회, 2011, 307~331쪽; 엄미옥, 「디아스포라 증언의 서사 디아스포라 증언의 서사 : 이양지 소설에 나타난 트라우마를 중심으로」, 『한국문학이론과비평』 제51집, 한국문학이론과비평학회, 2011, 221~243쪽; 이미림, 「2000년대 소설에 나타난 조선족 이주여성의 타자적 정체성」, 『현대소설연구』 제48집, 한국현대소설학회, 2011, 645~672쪽; 이상갑·정덕준, 「재일 한인문학의 특장과 균열의 틈새 -'문예동' 소설의 전개 양상과 특성을 중심으로」, 『한국언어문학』 제76집, 2011, 230쪽; 장윤수, 「코리안 디아스포라 문학의 정체성 연구」, 『재외한인연구』 제25집, 재외한인학회, 2011, 7~40쪽; 장수현, 「상상된 기억으로서의 디아스포라: 장뤼(張律)의 디아스포라 의식과 그 영화적 재현」, 『한민족문화연구』 제41집, 한민족문화학회, 2012, 481~511쪽; 정금희, 「초창기 재일한인 작품에 나타난 디아스포라 성향 연구」, 『디아스포라연구』 제6집 1호, 전남대 혜계한상문학연구단, 2012, 7~37쪽; 홍용희, 「한민족디아스포라문학의 이중적 정체성과 한류의 역할론」, 『한국시학연구』 제35집, 한국시학회, 2012, 495~516쪽; 송명희, 「이창래의 『생존자』에 재현된 전쟁으로 인한 외상후 스트레스장애와 그 치유」, 『한국문학이론과비평』 제18집, 한국문학이론과비평학회, 2014, 115~145쪽.
16) 양미강, 「역사적 트라우마와 치유」, 『기독교사상』 608호, 대한기독교서회,

종 인문치료 영역에서 디아스포라의 아픔을 치료대상으로 삼으며 사람을 중심에 둔 치료 방법론으로 접근을 시도하고 있었다.

이 글이 지닌 선행연구들과의 변별점은 첫째, 이산의 역사와 현재의 삶을 아우르며 그들의 트라우마에 접근하였다는 점이며, 둘째, 대표적인 코리언 디아스포라인 재중 조선족, 재일 조선인, 재러 고려인의 이산 트라우마의 양상을 비교하는 데에 집중하였다는 것이다. 세 번째는 각 디아스포라의 공시적인 특수성을 고려한 트라우마 양상을 파악하였다는 점이고, 네 번째는 이러한 연구 방법으로 하여금 각 디아스포라에게 요구되는 치료적 조치를 다양하게 마련할 수 있다는 점이다. 이 글을 통해 코리언 디아스포라의 이산 트라우마 연구의 지향점이 마련되면서, 거시적이고 미시적인 차원에서 고루 다룰 수 있는 총체적인 방법론이 구상되기를 기대한다.

2. 코리언 디아스포라의 거주국에서의 삶과 이산 트라우마

1) '민족≠국가', 그 괴리에서 오는 흔들리는 정체성

디아스포라의 연구에서, 그리고 이산 트라우마를 중점적으로 살피는 논의 안에서 정체성의 혼성화 문제는 항상 중심에 있었다. 그들은 특성

2009, 48~61쪽; 유재춘, 「인문치료학에서 역사학의 역할」, 『인문학연구』 제26집, 강원대 인문과학연구소, 2010, 491~524쪽; 이병수, 「분단 트라우마의 유형과 치유 방향 분단 트라우마의 유형과 치유 방향」, 『통일인문학논총』 제52집, 건국대 통일인문학연구단, 2011, 47~70쪽; 하은하, 「역사적 트라우마와 관련된 문학치료연구 현황」, 『문학치료연구』 제27집, 한국문학치료학회, 2013, 89~113쪽; 정운채, 「문학치료학과 역사적 트라우마」, 『통일인문학논총』 제55집, 건국대 통일인문학연구단, 2013, 7~25쪽.

상 민족과 국가가 다른 이중적 정체성을 소유할 수밖에 없으며, 또한 분단된 조국을 뿌리로 두고 있기에 정체성의 분열화를 경험할 수밖에 없었기 때문이다. 그들의 이산 트라우마에 다가가기 위해서는 그들의 정체성이 지닌 특수함이 이산 트라우마의 구성 요인 가운데 어떠한 양상을 띠고 있는지 이해할 필요가 있다.

Q. 조국/모국 선택 (단위 %)

재중 조선족			재일 조선인			재러 고려인		
선택국가	조국	모국	선택국사	조국	모국	선택국가	조국	모국
중국	91.9	24.9	일본	16.9	3.2	러시아	86.8	21.8
북한	4.0	36.0	북한	4.1	2.5	북한	–	9.5
한국	0.3	8.8	한국	22.3	40.4	한국	2.5	15.3
한반도	1.3	23.9	한반도	29.9	43.9	한반도	0.9	36.2
중국과 한반도	2.4	6.4	일본과 한반도	20.4	8.0	러시아와 한반도	7.7	15.0

코리언 디아스포라의 분열된 정체성 양상을 드러내는 자료로 조국/모국을 선택한 결과를 들 수 있다. 다수의 디아스포라들은 출신지, 거주지의 개념으로서 '조국'으로 거주국을 선택, 선조의 뿌리가 있는 곳이라는 개념으로서 '모국'을 선택하였다. '태어나고 자란'이라는 조국과 '선조의 뿌리가 있는 곳'이라는 모국에 대한 인식이 구분되어 있는 자체가 이중 정체성의 실체를 드러낸다.

재중 조선족과 재러 고려인의 경우 현재 자신의 정신과 몸이 담겨져 있는 곳으로 거주국을 선택하고, 민족적 뿌리를 한반도 내지 북한이나 남한을 선택한 경향을 보인다. 이처럼 조국과 모국의 개념이 혼용되어 있는 현실이나, 거주지로서의 국가와 민족적 뿌리의 국가가 분화된 인지 상태 역시 그들의 혼성화된 정체성 양상을 보여준다.

　재일 조선인의 경우는 위와 달리 뚜렷이 양분화된 정체성을 지닌 것도 아니었다. 내 선조의 뿌리가 있는 곳, 내 정신과 문화라는 의미의 조국으로 29.9%가 한반도를 꼽았고, 22.3%가 한국을 선택하였다. 내 선조의 뿌리라는 의미의 모국을 43.9%가 한반도를 선택하였다. 여타 디아스포라와 달리 조국과 모국 개념에 대한 인식이 양분화 되어 있지도 않았으며, 조국과 모국으로서의 한반도를 인지하고 있는 것에 비해 거주국 일본에 대한 의식은 희박한 상태이다. 이들의 국적 문제와 식민종주국에 잔류된 피지배층으로서의 삶을 고려하면, 일본에 대한 국민주의는 약화된 것으로 보이며, 그 반동으로 조국/모국으로서의 한반도에 대한 지향성이 높아진 것으로 보인다.

　이러한 조사 결과를 두고 민족정체성의 혼성화, 분열화 문제를 심도 있게 다룬『코리언의 민족정체성』[17]에 따르면, 재중 조선족은 높은 국민정체성과 민족정체성이라는 '이중 정체성'을 가지고 있으며, 이 양자는 '태어나 살고 있는 곳'이라는 의미와 '선조의 뿌리가 있는 곳'이라는 두 가지 의미 속에서 공존하고 있다고 보았다. 게다가 국민정체성은 중국으로 일원화되어 있으나, 민족정체성은 한국이나 조선과 같은 특정 국가에 대한 정체성으로 환원되지 않으며, '중국국민정체성≠민족, 조상의 나라인 한국국민정체성≠민족, 조선국민정체성≠민족'이라는 삼중의 어긋남으로 구성되어 있다고 하였다. 재러 고려인에 대해서는 거주국과 선조의 뿌리가 있는 국가가 어긋나는 이중적 정체성을 띠고 있으며, 확고한 '국민정체성' 대 탈경계적인 '민족정체성'을 이라는 특징을 지닌다고 하였다. 특히 민족정체성은 특정 국가(북한이나 한국)로 수렴되지 않고, 그들의 기억 속에 존재는 근원적 고향으로서의 '한반도'로 향하고 있

---

17) 김성민 외,『코리언의 민족정체성』, 선인, 2012, 1~341쪽.

다고 보았다. 재일 조선인의 경우는 약한 국민정체성과 강한 민족정체성으로 분화되어 있으며, 한반도의 정세 및 일본 사회의 차별과 배제, 동화의 영향으로 다중적으로 분화되어 있다고 분석하였다.

이로 보면, 재중 조선족과 재러 고려인은 확고한 국가정체성에 반해 민족정체성이 특정 국가로 환원되지 않은 상태이며, 재일 조선인은 국민정체성과 민족정체성 모두 분화되어 있는 경우이다. 정체성이라는 인지 영역에 특정 국가로 향하는 욕망이 전제되어 있다면, 혼성화된 정체성은 코리언 디아스포라에게 하나의 이산 트라우마로 자리 잡혀 있을 가능성이 높다. 특히 분열된 정도가 심각한 재일 조선인의 경우는 거주국에 대한 국민정체성마저 흔들리고 있기에, 디아스포라로서의 삶이 낳은 상처도 의심스러울 뿐만 아니라, 거주국에서의 삶에서 느끼는 위화감도 상당할 것이라 추측된다.

이들의 특수한 자기 인식은 특정국가로 귀속되지 않으면서도, 거주국의 다수민족과 구별시키는 편이다. 거주국 내 소수민족으로서의 존재감에 관한 의식을 짐작할 수 있는 조사 자료로 다음을 들 수 있다.

Q. 타민족 사람과 만날 때 자신이 소수민족이라는 사실을 알리고 싶은가? (단위 %)

	재중 조선족	재일 조선인	재러 고려인	
			연해주	사할린
알리고 싶다	75.8	72.9	72.0	40.0
감추고 싶다	1.7	6.7	0.3	-
상관없다	22.6	18.2	27.7	60.0

'타민족 사람과 만날 때 자신이 소수민족이라는 사실을 알리고 싶은가?'라는 질문에, 재중 조선족은 1.7%가, 재일 조선인은 6.7%가, 재러 고

려인은 0.3%(연해주), 0%(사할린)가 감추고 싶다고 답하였다. 재중 조선족은 감추고 싶은 이유로 '상대방에게 괜한 편견을 가지도록 만들기 때문에'라고 답하였고, 재러 고려인 경우는 고려인임을 감추고 싶은 이유가 '민족적 차별을 당하기 때문에'라고 답하였다.

그 중 재일 조선인의 경우는 조선인임을 감추고 싶다는 비율이 가장 높았다. 그 이유로는 61.9%가 '상대방에게 괜한 편견을 가지도록 만들기 때문에'를 꼽았고, 14.3%가 '민족적 차별을 당하기 때문에', 그리고 '직장생활이나 사업하는 데 불편하기 때문에'라고 답하였다. 결국 28.6%가량이 실생활에서 느끼는 차별과 박해 때문에 자신이 조선인임을 밝히는 데 거부감을 느낀다는 것이다. 조선인에 대한 편견 또한 거주국에서의 차별과 박해가 그 이유가 될 수 있다. 재일 조선인의 경우는 거주국의 차별과 박해가 다른 지역의 디아스포라에 비하여 강한 것으로 앞서 언급한 바 있다. 디아스포라로서 차별받는 각박한 환경이 거주국으로의 동화의식도 저하시키고, 거주국 내의 소수민족으로서의 자존감에도 영향을 미치고 있다는 점이 이러한 자료를 통해서 짐작된다. 결국 거주국의 차별과 억압은 그 자체로도 이산 트라우마를 낳으며, 소수민족으로서의 자부심 또한 저하시키면서 정체성의 분열화를 가중시켜 또 다른 이산 트라우마를 야기할 수 있다.

한편 코리언 디아스포라들에게 한민족으로의 소속감에 관해 질문한 항목도 있었다.

Q. 싫든 좋든 자신이 한민족(조선민족)이라고 느끼는 이유 (단위 %)

	재중 조선족	재일 조선인	재러 고려인	
			연해주	사할린
정서적인 공감대에서	16.5	15.9	1.0	6.7
같은 언어에서	32.3	7.6	6.1	10.0

비슷한 생활풍습에서	21.2	19.1	15.5	6.7
타민족과의 접촉에서 다르다는 것을 느낀다는 점에서	13.8	8.9	26.4	26.7
같은 핏줄에서	14.1	21.0	40.5	43.3
비슷한 사고방식에서	2.0	4.8	3.4	-

이 중에 재중 조선족의 경우는 같은 언어(32.3%)와 비슷한 생활 풍습 (21.1%)를 선택한 비율이 높았다. 재중 조선족은 다른 민족에 비하여 거주국에서 민족어 상용이 수월한 여건에서 살아가고 있으며, 언어와 생활문화가 현재 한민족과 가장 유사한 편인 디아스포라이기에, 보다 확연한 동질감을 인지하고 있는 편이라 볼 수 있다.

한편 재일 조선인은 21.0%, 재러 고려인은 40%를 넘는 숫자가 한민족과의 민족적 동질감을 인지한 요인으로 '같은 핏줄'을 선택하였다. 자신의 뿌리, 존재의 근본에 대한 사고가 한민족으로서의 소속감을 좌우하고 있었던 것이다. 이들은 근원적인 층위에서 민족적 동질감을 확인하고 있으며, 언어와 같은 가시적인 영역에서 느낄 수 있는 동질감은 비교적 낮은 편이라고 진단할 수도 있겠다.

종합해보면, 코리언 디아스포라들은 '국가≠민족'과 같은 분열된 정체성을 지닌 상태로, 거주국의 다수민족과 동화의식을 공유하고 있는 상태도 아니었으며, 언어나 생활문화적인 차원에서의 한민족과의 동질감도 높은 편이라고 확신할 수 없다. 특히 재일 조선인은 고국이나 모국에 대한 인식 자체도 흔들리고 있으며, 거주국에 대한 국민정체성도 희미한 채 살아가고 있었다.

한민족, 한반도로부터 이산된 상황 자체가 가져오는 그들의 특수한 정체성은 특장이 될 수도 있으나, 일면 일원화되고 고정된 정체성의 순

기능이 결핍된 단점을 지닐 수 있다. 근대적 국가주의 틀은 계속 그들에게 분열된 정체성을 자각시킬 것이고, 이산의 상태가 지속되면서 민족적 고향인 한국 및 북한과의 문화적 괴리도 점차 확장되어 유대감이나 민족적 동질감도 감쇄될 것이기에, 이들의 분열된 정체성 문제는 계속해서 이산 트라우마를 가중시키는 요인이 될 수 있다는 것이다.

2) 거주국의 국가폭력에 대한 피해의식

국가폭력에 대한 피해의식은 이산 트라우마를 구성하는 요소 가운데 가장 극적일 수 있다. 국가로부터 보호받고 있지 못하거나, 국가의 정책이 자신에게 불리하게 작용했다는 인식은 언어와 문화가 다른 곳에서 살아가는 삶에서 큰 상처로 남겨질 가능성이 있기 때문이다. 더구나 자의에 의한 이주가 아니었다는 점을 고려하면, 국가폭력에 대한 이민족으로서의 피해의식은 이산 트라우마의 중심에 있다고 할 수 있다.

국가정책에 대한 피해의식의 정도를 파악하기 위하여, 각 디아스포라의 거주국 정책에 대한 만족도를 비교하면 다음과 같다.

Q. 최근 거주국의 (소수)민족 정책에 대한 만족도 (단위 %)

	재중 조선족	재일 조선인	재러 고려인	
			연해주	사할린
매우 만족	14.8	2.2	2.0	–
만족	66.7	8.9	61.1	66.7
불만족	16.8	51.9	32.1	26.7
매우 불만족	1.7	34.1	4.1	3.3
무응답	–	2.9	0.7	–

이 자료를 보면, 국가폭력에 대한 피해의식으로 드러나는 이산 트라우마는 일본이 가장 심각한 것으로 보인다. 재일 조선인 86%가량이 거주국 정책에 대한 불만족을 표하고 있기 때문이다. 이러한 결과는 재일 조선인이 다른 디아스포라와는 달리, '국적' 문제로 오랜 시간 동안 시련을 겪어 온 사실과 관련될 수 있다.

식민지 시대부터 일본국적을 선택하게 하면서 천황에 대한 충성을 강요하는 동화적 귀화제도는 물론이며, 부계혈통주의에 의거하여 일본에서 출생한 자녀에게도 차별적으로 국적을 부여하는 등 국적 문제에 관한 차별은 역사가 오래되었다. 1945년 패전 이후 일본 당국은 재일 조선인을 외지호적의 형태로 호적법을 적용하고 참정권을 정지하는 방식으로 국민의 지위를 박탈한 바 있다. 그리고 1952년 4월 28일 체결된 강화조약 이후 일본정부는 구식민지 국민들의 일본국적을 일방적으로 박탈하였고, 이로 인해 재일 조선인은 체류자격에 관한 법적 문제로 시달려야 했다. 이어 1966년 「협정영주권」 효력이 발휘되면서 재일 조선인은 외국인등록증을 새롭게 등록해야 했는데, 이때 기존의 '조선'으로 표기되었던 상황에서 '조선'이나 '한국'의 국적을 선택하기를 강요받았고, 결국 이 국적 문제로 인하여 재일 조선인 사회에서의 분열이 야기되었다. 1991년에 이르러서야 「특별영주권」이 시행되면서 재일 조선인의 일본 체류자격이 통일되고, 한국적과 조선적의 체류자격이 일원화되었다.[18]

그럼에도 이들의 국적 문제는 정체성이 혼성화되는 시련을 가져오면서, 현재까지도 국적 문제는 이들의 삶을 좌우하고 있다. 국적은 소속한 나라로부터 부여되는 국민으로서의 존재감과 제도적으로 보호를 받고 있다는 안정감의 표상이 될 수 있기 때문에, 이는 국가정책에 대한 피해

---

18) 곽진오, 「전후 일본의 재일동포 국적처리문제고찰」, 『한일관계사연구』 제24집, 한일관계사학회, 2006, 177~210쪽.

의식을 가중시키는 원인이자, 재일 조선인의 이산 트라우마를 양산하는
핵심이라 할 수 있다.

  그리고 재일 조선인 상당수가 민족적 차별(70.7%)을 경험한 바 있다
고 조사되었는데, 이 또한 거주국 정책에 대한 불만족과 관련될 수 있
다. 재중 조선족(40.7%)이나, 재러 고려인(42.3%)에 비해 높은 수치이다.
조선족이나 고려인의 경우 다민족 국가에서 살아가고 있으며, 소수민족
으로서의 자치권을 보장받고, 중요 소수민족으로 대우받는 데 반해, 재
일 조선인은 식민종주국에서 살아온 이민족으로 민족적 차별로부터 더
욱 쉽게 노출되어 있었던 상황이었다. 실제 재일 조선인들은 자신들을
괴롭히는 4대악 제도를 폐지하고, 공무원 및 교원 채용 시 국적 조항을
철폐하고, 참정권을 보장해달라고 당국에 요구하는 등 거주국의 정책적
차별을 극복하기 위해 노력해왔다. 1990년대에 이르러서야 한국정부와
일본정부 사이의 '재일 한국인 법적지위문제'가 현안으로 제기되었고,
1991년 1월 10일「재일한국인 법적 지위 향상 및 처우개선에 대한 합의
사항」이 채결되었다는 점으로 미루어 볼 때, 꽤 오랜 시간 그들이 국가
폭력에 노출되어 있었다는 점을 알 수 있다.

  재일 조선인의 국가폭력에 의한 피해 정도를 가장 극명하게 드러낸
사건은 '우토로 토지 문제'라 할 수 있다. 일제에 의해 강제 이주된 1,300
여 명의 조선인 노무자들이 광복 후 방치되어 우토로에 정착하게 되었
는데, 일본정부가 조선인에게 토지 소유를 불허하고, 1987년에 이르러서
는 일본 부동산 회사에 매각하는 등 생존권을 박탈하는 사건이 있었다.
이에 주민들이 소송을 제기하자, 일본 대법원이 이를 기각하고 강체철
거를 확정하였다. 이 사태로 하여, 일본 정부의 조선인 차별과 배제 문
제가 도마에 올랐으며, 일본 정부는 인종차별이라는 국제법을 위반하였
다는 지탄으로부터 피할 수 없었다. 또한 일각에서는 토지 소유권자의

스폰서가 일본 우익정치가일 가능성이 있다고 주장하면서,[19] 재일 조선인에 대한 배타적 의식이 만연되어 있는 상황을 짐작하게 하였다. 이 사건은 법적 제도 안에서 그들의 생존권을 박탈당한 대표적인 국가폭력의 피해 사례라 할 수 있다.

　일본 사회에서는 제도적 차별은 최근에도 빈번히 발생하고 있다. 2013년 2월, 일본 아베 정부는 일본의 모든 고등학교, 전수학교, 외국인학교 학생들이 경제적인 이유로 교육의 기회를 박탈당하지 않도록 수업료를 지원하는 '고교무상화' 제도에서 조선학교를 제외하기로 결정하였다.[20] 이러한 사례를 통해 국가적 힘에 의한 차별과 억압이 재일 조선인에게 어떻게 가해지고 있으며, 현재까지도 진행되는 이산 트라우마로서 그 심각성을 드러낸다고 할 수 있다.

　재러 고려인의 경우, 3분의 1가량(연해주 36.2%, 사할린 30%)이 러시아의 소수민족정책에 불만족하다고 답하였는데, 이는 소수민족에 대한 당국의 정책이 급변해 왔다는 것을 원인으로 볼 수 있다. 연해주 지역의 고려인들은 스탈린 정책으로 인하여 강제 이주를 재경험한 바 있으며, 구소련 붕괴와 토착민족주의 부흥으로 재이주를 선택한 경우도 많았으며, 중심 세력 교체에 따라 이들에 대한 정책적 처우 또한 급변하는 등 혼란 속에서 고군분투하며 살아왔다. 사할린 지역의 고려인들 역시 그러했다. 사할린 땅으로 강제 징용 시킨 일본이 종전 후 그들을 방치하고 떠나 버렸고, 당시 사할린 땅을 되찾은 당국은 노동력 확보를 위해 그들의 한반도 복귀를 반대하는 등 그들이 겪은 국가폭력의 피해는 상당하다. 재러 고려인의 이산 트라우마는 국가폭력의 역사를 제하고 논할 수

19) 배지원, 「우토로 재일 조선인 문제」, 『전남대학교 세계한상문화연구단 국내 학술회의』 제11집, 전남대 세계한상문화연구단, 2005, 86~90쪽.
20) 이 문제로 하여 지구촌동포연대에서는 각 언론사에 보도 협조를 요청하였으며, 그 자료는 www.kin.or.kr에서 확인할 수 있다.

없을 정도이다.

그러나 과반수가 러시아의 소수민족정책에 만족한다고 답한 결과에서 알 수 있듯이, 실제 그들이 감내해온 역사적 상처의 강도에 비하여 국가폭력과 관련된 이산 트라우마 정도는 상대적으로 낮았다. 러시아는 다민족정체성을 표방하고 있으며, 민족적 특권과 차별에 대한 지양을 헌법에서 규정하고 있고, 어느 정도 고려인들의 자치권을 보장해주는 등 최근의 상황이 호전됨에 따라 상대적으로 만족감을 느꼈을 가능성이 있다. 게다가 이들은 급변하는 정세 속에서도 강한 적응력을 보이며 당국으로부터 인정받는 소수민족으로 자리 잡았기 때문에, 현재 상태에 대한 만족도가 높을 것으로 보인다. 즉 당국의 제도적 개선 과정이 가시적으로 드러나고, 디아스포라의 자발적 적응 의지가 뚜렷하면 국가폭력에 대한 피해의식이 감쇄된다는 점이 재러 고려인을 통해 확인된 것이다.

중국의 경우를 살펴보면, 소수민족정책에 대한 만족도가 가장 높았다.(81.5%) 중국은 다민족 국가로, '민족 자치 구역 정책', '소수 민족 간부 배양 정책' 등 민족의 자치권을 보장한다. 조선족은 중국 내 성공한 소수민족이자, 현재 중국이라는 나라가 건립되는 데 공헌한 자들로 인정받아 왔다. 또한 과거 중국공산당의 토지개혁으로 정책적 수혜를 경험한 바 있으며,[21] 당국은 경제적 자원으로 활용하고자 그들의 수전(水田)경작 능력을 독려하는[22] 등 거주국 내에서 조선족의 지위는 정책적

---

21) 8.15광복 이후 한반도로 귀국하지 않고 여기에 살게 된 이유를 묻는 항목에서 31.0%가 '중국공산당의 토지개혁으로 땅을 분배받았기 때문에'라고 답했다. 이를 보면, 토지개혁과 같은 정책적 수혜는 그들이 그 땅에 자리 잡은 이유로 꼽힐 정도로 각인되어 있다고 할 수 있으며, 이것이 거주국의 정책에 대한 만족도에 영향을 미친 것으로 보인다.
22) 이현정, 「조선족의 종족 정체성 형성 과정에 관한 연구」, 『비교문화연구』 제7집 2호, 서울대 비교문화연구소, 2001, 63~105쪽.

으로 보장되어 왔던 환경이었다. 이러한 이유들로 인하여 중국 내 거주하는 조선족의 국가 정책에 대한 만족도가 높은 것으로 보인다.

그렇다고 국가정책과 관련된 재중 조선족의 이산 트라우마에 대해 안심할 수 없다. 조선족의 자치와 권익을 적극 존중해주던 공산당은 1966년 문화대혁명을 전개하면서 소수민족에게 이데올로기적인 동화를 강요하고, 소수민족의 자율성을 부정하면서 조선족 출신 고위간부들을 비판하거나 제거하는 등 정책적으로 억압하기도 한 바 있다. 즉 당국은 정치적 변동에 맞추어 조선족에게 일관되지 않은 정책을 펴왔기 때문에, 재중 조선족은 안주할 수 없었다.[23] 게다가 재중 조선족은 북·중 관계 악화로 인하여 국가와 자신들 간의 관계 변화를 체감했기 때문에, 정책과 자기 삶의 상관관계를 예민하게 고려할 수밖에 없는 환경에 놓여있다.

다른 디아스포라에 비하여 국가정책에 예민한 각을 세우고 있다는 점은 조사 결과로도 드러난다. 재중 조선족들은 '직업을 선택할 때 가장 큰 영향을 미치는 사람(집단)은?'이라는 질문에 42.1%가 '국가정책'이라고 답하였다. 부모(35.4%)나 선생님(8.8%)과 같은 존재보다도 더 큰 영향력을 미치는 대상으로 여기고 있는 것이다. 이는 거주국의 민족정책에 대한 불만이 상대적으로 높은 재러 고려인(8.6%), 재일 조선인(8.3%)에 비해서도 월등히 높은 수치이다. 이는 현시점에서 만족한다 할지라도 그 이면에는 불안감이 존재한다는 가능성을 시사하며, 잠재된 이산 트라우마로 해석될 수 있다.

이로 보면, 거주국 국가정책으로 인한 이산 트라우마 정도는 국적 문제나 일본 내 차별 문제로 오랫동안 괴로움 속에서 살아왔던 일본이 가

23) 이현정, 「조선족의 종족 정체성 형성 과정에 관한 연구」, 『비교문화연구』 제7집 2호, 서울대 비교문화연구소, 2001, 63~105쪽.

장 심각하다고 볼 수 있으며, 재러 고려인의 경우는 급변하는 시국 속에
서 거주국으로 향한 적응의지와 성공 경험이 뒷받침 되어 보다 국가정
책으로 인한 이산 트라우마로부터 비교적 자유로운 상태라고 할 수 있
다. 상대적으로 재중 조선족의 경우는 거주국 국가정책으로 인한 이산
트라우마에 대한 심각성이 낮은 편이었으나, 국가정책에 대한 예민한
각을 세우고 있는 상태로 미루어 보았을 때 완전히 자유로운 상태라고
판단할 수 없다.

3) 일상에서 겪는 소외감과 이질감

국가 정책에 관한 피해의식과 더불어 코리언 디아스포라의 이산 트라
우마는 일상생활에서도 현존할 가능성이 높다. 사회적 관계에서 오는
소외감은 물론이며, 거주국의 다수민족으로 스며들지 못하는 위화감까
지 일상에서 느끼는 감정들은 이산 트라우마의 실재에 가까울 것이다.
앞서 40% 이상의 코리언 디아스포라가 민족적 차별을 경험하였다고
밝혔던 바와 같이 그들이 일상생활에서 인지하는 차별에 대한 피해의식
은 만연하다. 그리고 다음 자료를 통해서는 코리언 디아스포라가 겪는
사회적 관계에서 오는 소외감을 확인할 수 있다.

Q. '너희 나라로 돌아가'와 유사한 소리를 한 번쯤 들어본 적 있다   (단위 %)

	재중 조선족	재일 조선인	재러 고려인	
			연해주	사할린
그렇다	30.3	65.6	39.9	40.0
아니다	69.7	34.1	59.8	56.7
무응답	–	0.3	0.3	3.3

여기에서 알 수 있듯이 조사 대상의 30% 이상이 '너희 나라로 돌아가'와 유사한 언어폭력을 경험한 바 있다. 그 가운데 재일 조선인은 과반수가 피해를 경험한 바 있다고 하여, 일본 사회 제노포비아의 심각성을 이해할 수 있다. 거주국의 다수민족과 신체적·문화적 이질감이 뚜렷한 재러 고려인의 경우 역시 40%가량이 경험한 바 있다고 답하여, 소외감과 이질감이 점철된 그들의 이산 트라우마를 짐작할 수 있었다. 우수한 소수민족으로서 중국사회에 성공적으로 입지를 다진 재중 조선족은 가장 낮은 비율로 답하였지만, 언어폭력을 경험한 바가 있다고 답한 수치 역시 안심할 수 있는 정도는 아니었다. 이처럼 다수의 디아스포라는 거주국의 사회적 관계 내에서 배척과 소외를 경험하고 있으며, 일상생활에서도 이산 트라우마를 가중시키는 자극이 만연한 상황인 것이다.

배척을 직접적으로 경험했다는 답변을 통해서도 그들의 이산 트라우마를 짐작할 수 있지만, 그들 내면에 자리 잡은 이질감 내지 위화감 역시 심각한 이산 트라우마의 한 모습이라 할 수 있다. 디아스포라는 특성상 그들은 거주국에서 필연적으로 이질감을 감지할 수 있는데, 그에 관한 정보를 짐작하게 하는 설문조사 결과는 다음과 같다.

Q. 거주국 내에 기타 민족과 다르다는 것을 느낍니까? (단위 %)

	재중 조선족	재일 조선인	재러 고려인	
			연해주	사할린
항상 느낀다	40.1	22.3	8.1	–
가끔 느낀다	44.4	61.1	51.0	43.3
느끼지 못한다	15.5	16.2	40.9	56.7
무응답	–	0.3	–	–

　조사대상 가운데 과반수가 거주국 내의 이질감을 느낀다고 답을 하였다. 재중 조선족은 통합 84.5%가, 재일 조선인은 83.4%가 다른 민족과의 차이를 인지하고 있었다. 반면 신체적으로 가장 차이가 있는 민족들과 공존하는 재러 고려인의 경우는 비교적 낮은 비율로 답하였으며, 사할린의 경우는 과반수(56.7%)가 이질감을 느끼지 않는다고 답했다.

　민족 간의 이질감에 대해서 가장 높은 수치로 답한 재중 조선족은 일본과 러시아에 비하여 소수민족으로서의 지위가 호전된 경우에 해당하지만, 중국의 제노포비아도 그 역사적 연원이 깊고 특별하기에 이러한 이질감에 반영된 거주국 민족에 대한 반감 또한 무시할 수 없다. 만주 지역 사례를 들어 보자면, 일제에 의해 만주로 이주한 조선인은 그들의 정치적 계략으로 인하여 중국인에 비해 월등한 2등의 지위를 획득하였고, 일제는 조선인에게 수확량이 높은 수전(水田)의 기회를 부여했다. 1945년 2차 대전이 종료되어 일제가 떠나자 그간에 반감을 품고 있던 중국인들은 보복으로 조선인을 대하기 시작하였다. 무정부 혼란기에 특히 생활수준이 떨어졌던 중국 소작농들은 조선인 가구를 대상으로 약탈, 방화에 살인을 저지르기도 하였다. 이러한 상황이 만주 내의 조선인들을 더욱 밀집하게 만들었고, 주변화 되는 상황이나 불평등한 차별을 다수민족과의 경쟁에서 획득되는 우월감으로 승화시켜서 그들만의 독특한 종족정체성을 형성하였던 것이다.[24] 결국 이들의 84.5%가 답한 이질감은 거주국의 중심에게 표출되고 있는 반감이자, 위협으로부터 자신들을 보호하는 방어기제였던 것이다.

　1949년 중화인민공화국 성립 이후 중국 당국은 민족식별사업을 벌였

---

24) 이현정, 「조선족의 종족 정체성 형성 과정에 관한 연구」, 『비교문화연구』 제7집 2호, 서울대 비교문화연구소, 2001, 63~105쪽.

으며, 1952년 「중화인민공화국 민족구역자치 실시강요」를 제정·반포하여, 정신적 경계를 넘어 구체적인 지역적 경계를 제공한다. 그 가운데 재중 조선족 역시 종족정체성의 벽을 세워갔고, 1957년 이후 중국 공산당의 이데올로기적인 동화 강요에도 불구하고, 그들은 공산주의 혁명에 대한 기여도와 뛰어난 농사기술로 비교적 우수성을 인정받아 지위를 확고히 해갔다.[25] 즉 중심으로의 동화가 아닌 우수성을 인정받는 방식으로 지위를 보장받았기 때문에, 위의 자료가 말해주듯 민족적 이질감을 해소하지 못했던 것이다. 이러한 타의적·자의적인 이유로 형성된 배타성은 거주국 민족과의 경쟁심이 더해진 형태의 이산 트라우마로 볼 수 있으며, 경제적으로 성공한 한국내로의 이주율이 증폭되는 현재 상황에 비추어 볼 때 결코 과거의 일로만 단정할 수 없다는 심각성을 드러낸다.

재일 조선인의 경우 일본 사회의 제노포비아에 시달려왔다는 것은 명백한 사실이다. 식민종주국에서 살아온 역경과 국적 차이로 인한 차별을 감내해온 그들은 제도적 장치가 수정되었음에도 불구하고 일본에서 태어난 자손들조차 모국의 국적을 고수하거나,[26] 조선학교를 유지하면서 민족정체성을 지속하고 전승하여 왔다. 이와 같이 자의와 타의에 의해서 씌워진 경계를 인지하고 고수하는 점은 소수민족으로서의 자부심을 견지하는 것으로도 볼 수 있지만, 거주국 내에서 느끼는 불편한 감정을 자기방어적인 태도로 표현한 것으로도 해석될 여지가 있다.

한 자료에 따르면 3, 4세에 해당하는 재일 조선인들은 "남이든 북이든 민족을 나타내는 국적이라면 상관없다. 그러나 일본 국적은 싫다", "일본이 식민지 역사를 사죄하고 국적을 자유선택하게 되었을 때 (귀하를)

---

25) 이현정, 「조선족의 종족 정체성 형성 과정에 관한 연구」, 『비교문화연구』 제7집 2호, 서울대 비교문화연구소, 2001, 63~105쪽.

26) 이상갑·정덕준, 「재일 한인문학의 특장과 균열의 틈새 -'문예동' 소설의 전개 양상과 특성을 중심으로」, 『한국언어문학』 제76집, 2011, 230쪽.

생각해 보겠다"27)라고 밝혔는데, 이는 일본에 대한 반감으로 인하여 그
들과의 동화를 거부한 사례라고 할 수 있다. 차별이 심한 일본 사회에
대한 거부감으로 인해 정체성 고수에 대한 심리적 동기가 강화28)된 경
향이 실재적으로 이루어지고 있음을 확인할 수 있다.

그리고 이들은 다른 디아스포라에 비하여 거주국을 향한 내셔널리즘
도 약한 것으로 보이는데,29) 이 역시 이들의 이산 트라우마가 지닌 특징
과 관련된다고 할 수 있다. 그리고 조사대상 가운데 62.4%가 일본은 일
본인 중심의 민족주의가 강한 편이라고 답하였고, 44.3%가 일본인에 대
한 반감이 있다고 답하였다. 이를 보면, 중국과 마찬가지로 일본의 경우
도 반감의 대상이 주를 이루는 공간에서 감지된 이질감이 인종적 · 문화
적 유사성을 뛰어넘고 있는 상황이며, 재중 조선족에 비하여 재일 조선
인은 피지배계층적인 피해의식이 착종된 양상의 이산 트라우마를 보이
고 있는 것으로 이해된다.

반면 중국과 일본보다도 인종적 · 문화적 차이가 극명한 러시아의 경
우는 오히려 이질감을 인지하는 비율이 낮았다. 연해주 거주자의 경우
는 59.1%가 민족적 이질감을 드러내었으며, 사할린 거주자의 경우
43.3%가 이질감을 감지한다고 답하였는데, 재중 조선족과 재일 조선인
에 비하여 상대적으로 적지만 민족적 위화감으로부터 안전한 수치라고
도 볼 수는 없다. 특히 사할린에 비하여 높은 수치를 보인 연해주 거주

___

27) 김숙자, 「재일 조선인 정체성과 국적」, 동국대학교 석사학위논문, 2007, 31~41
쪽.
28) 정진성, 「"재일동포"의 호칭의 역사성과 현재성」, 『일본비평』 제7집, 서울대
일본연구소, 2012, 258~287쪽.
29) 재중 조선족은 91.9%, 재러 고려인은 연해주 거주자는 86.1%, 사할린 거주자
는 93.3%가 '조국'으로 거주국을 꼽았다. 이렇게 여타 디아스포라의 경우 대
다수가 '조국'으로 거주국을 선택한 반면, 재일 조선인은 일본을 선택한 경우
가 16.9%에 지나지 않는다.

자들은 2차 강제이주와 토속민족문화에 의한 배척과 억압을 직·간접적으로 경험한 경우이기 때문에, 이민족으로 살아가는 상처, 이산 트라우마는 심각할 여지가 있다.

사할린 거주자의 경우는 가장 낮은 비율로 이질감을 느낀다고 답하였다. 사할린의 디아스포라들은 일제에 의해 노역으로 끌려온 채 해방을 맞이하였는데, 당시 그들의 노동생산성을 높이 평가해온 당국은 고려인 노동자를 최대한 정주시키기 위한 전략을 추진하며 그들을 포용하는 자세를 표해왔다. 1951년 9월 20일 사할린주 집행위원회 의장 에멜랴노프가 당국에 보고한 내용에 의하면, 러시아인과의 균등한 근속수당 및 휴가 규정, 식료품 및 공산품 확보를 보장해 주며 생존권을 보장해주는가 한편, 민족적인 특수성을 고려하여 조선음식 식당이나, 조선어로 교육하는 학교를 설립해 주고, 조선인을 사범교육에 참여시켜 조선인 교사들을 확충하기도 하였다.[30] 당시 민족적 특수성을 수호해주는 환경 속에서 뿌리내린 그들이기에, 또한 상대적으로 척박한 환경에서 너나 할 것 없이 모두가 생활고에 지쳐왔기 때문에, 다른 지역의 디아스포라에 비하여 이질감을 덜 느끼고 있을 가능성이 높다는 것이다. 그렇다고 그들이 거주국의 다른 민족과 완전히 융화되었다고 보기도 어렵다. 이들은 93.4%가량이 거주국이 다수민족 중심의 민족주의가 강하다고 답하였는데, 그 자료를 통해서도 거주국 내에서의 위화감으로부터 완전히 자유롭다고 할 수 없다. 게다가 사할린 고려인을 위한 영주 사업이 시작되면서 그들이 끊임없이 고향을 그리워하고 조국으로 돌아오고 싶어 하는 욕구를 확인할 수 있었기 때문에, 이들 또한 사회적 관계 내지 일상생활에서 감지되는 이산 트라우마가 안정권 내에 있다고 장담할 수 없다는

---

30) 한혜인, 「사할린 한인 귀환을 둘러싼 배제와 포섭의 정치 : 해방 후~1970년대 중반까지의 사할린 한인 귀환 움직임을 중심으로」, 『사학연구』 제102집, 한국사학회, 2011, 157~198쪽.

것이다.

정리하면, 일상생활에서 경험한 차별에 대한 아픔은 재일 조선인의
경우가 가장 심각한 상태였으며, 거주국의 다수민족과 관계에서 느끼는
이질감은 재중 조선족이 가장 심각한 상태였다. 사회적 관계에서 자극
된 이산 트라우마의 정도는 재일 조선인과 재중 조선족인이 심각하며,
오히려 인종적·문화적 차이가 극명한 재러 고려인이 가장 안정된 상태
로 판단되지만, 고국으로 돌아오고 싶어 하는 열망이 높은 상황에 견주
어 보면 겉으로 드러나지 않은 이산 트라우마의 존재도 염두에 두어야
할 것이다.

3. 코리언 디아스포라가 바라보는 한국과 이산 트라우마

1) 애정과 관심의 시선, 디아스포라의 한반도 지향성

여기에서는 고국으로서의 한반도에 느끼는 디아스포라의 감정을 이
해하면서, 그 영향으로 인하여 파생되는 이산 트라우마의 양상을 고찰
해보려고 한다. 특히 한반도로 뻗어지는 지향성이 좌절되면서 남기는
상처와 피해의식이 주요인이 될 것으로 상정하고, 좌절된 기대감의 상
대적 강도를 짐작하기 위해 먼저 디아스포라들의 한반도에 대한 애정과
관심의 정도를 살펴보겠다.

코리언 디아스포라가 지닌 한민족으로서의 자부심은 높은 것으로 드
러났다. 이를 확인할 수 있는 설문항목은 다음과 같다.

Q. 한민족이라는 사실에 대해 자랑스럽게 생각하는가? (단위 %)

	재중 조선족	재일 조선인	재러 고려인	
			연해주	사할린
매우 자랑스럽다	43.8	13.1	23.3	-
자랑스럽다	45.8	49.7	58.4	90.0
그렇지 않다	3.7	7.3	3.7	-
전혀 그렇지 않다	1.0	1.6	0.3	-
생각해본 적이 없다.	5.7	22.9	14.2	10.0

재중 조선족은 89.6%가 한민족으로서의 자부심을 느낀다고 답하였고, 재일 조선인은 62.8%가 답하였다. 그리고 재러 고려인 연해주 거주자는 81.7%, 사할린 거주자는 90%가 자부심을 느끼는 것으로 드러났다.

재중 조선족은 자부심의 이유로 '찬란한 문화'(63.9%)를 꼽았고, '성실과 근면의 민족성'(15.4%)을 선택하기도 하였다. 재일 조선인 역시 '찬란한 문화'(55.1%)를 선택한 비율이 가장 높았으며, 다른 디아스포라에 비하여 '강한 민족적 자존심'(28.3%)을 자부심의 이유로 꼽았다. 재러 고려인의 경우는 '찬란한 문화'(연해주 25.2%, 사할린 11.1%)를 선택한 비율보다 '성실과 근면의 민족성'(연해주 65.3%, 사할린 81.5%)을 꼽은 비율이 높게 집계되는 특징이 있었다.

반면, 자부심을 느끼지 못하는 이유로는 재중 조선족은 46.2%가 '남북분단'을 선택하고, 30.8%가 '약한 민족적 자존심'을 선택하였다. 재일 조선인은 30.8%가 '남북분단'을 선택하였고, 다른 디아스포라와 달리 '이기적이고 계산적인 민족성'(19.2%), '신뢰와 의리가 없는 민족성'(15.4%)을 선택한 비율이 높았다. 재러 고려인의 경우는 66.7%가 무응답으로 집계되었으며, 25%가 '약한 민족적 자존심'을 선택하였다. 종합적으로 민족적 자부심에 대한 부정적인 평가 요인은 분단 상황에 대한 불만과 한민

족의 성격적 특질에 대한 판단에서 비롯되었다는 것이 특징이다.[31]

대체로 코리언 디아스포라는 한민족으로서의 자부심을 느끼고 있는 것으로 보이며, 자부심의 근원은 민족 문화나 민족의 성격적 특성에 있었다. 월드컵 4강 신화라던가, 한강기적(고도경제성장) 같은 물리적 성과보다는 문화적·사회적 속성에 의거하여 한민족으로서의 자부심을 획득하고 있는 것이다. 자부심을 느끼지 못하는 이유 가운데 남북분단이나 민족성이 거론되는 점 역시 유사한 맥락으로 해석된다. 이로 보아 한민족을 향한 애정에는 문화적·사회적 속성을 공유하고 있다는 동질감에서 비롯될 수 있다는 추측도 가능하다.

이들이 한민족으로서의 동질감을 무엇을 통해 확인하는지를 파악할 수 있는 또 다른 자료로 '싫든 좋든 자신이 한민족이라고 느끼는 이유'를 묻는 설문항목을 들 수 있다. 이에 재중 조선족의 경우는 38%가 문화, 25.6%가 언어와 문자라고 답했고, 재일 조선인은 30.0%가 언어, 17.2% 혈연이라고 답했다. 재러 고려인의 경우 33.1%가 문화, 30.4%가 혈연이라고 답했다. 한민족이라는 소속감 내지 연대의식을 확인하는 지표로 문화, 언어, 혈연을 꼽고 있는 것이다. 이 자료 또한 코리언 디아스포라가 무엇에서 민족적 동질감을 확인하는가를 이해할 수 있게 하는데, 거주국의 다수민족에 대한 동화의식과 구별되는 한민족을 향한 동화의식은 문화적·사회적 속성이 공유될 때 가능하다는 점이 또한 확인된 것이다.

---

31) 한민족이라는 사실이 자랑스러운 이유를 묻는 문항의 선택지로 '우리는 찬란한 문화(한글, 옷, 음식 등)를 가지고 있기 때문에, 성실하고 근면하기 때문에, 월드컵 4강 신화, 한강기적(고도경제성장) 같은 성과를 이루어냈기 때문에, 약소민족이지만 민족적인 자존심이 강하기 때문에' 등이 제시되었다. 한민족이라는 사실이 자랑스럽지 않은 이유를 묻는 문항의 선택지로는 '남과 북으로 갈라져 싸우고 있기 때문에, 역사적으로 일본의 식민지의 경험처럼 힘이 없는 민족이기 때문에, 너무 이기적이고 계산적이기 때문에, 신뢰가 부족하고 의리가 없기 때문에, 민족적인 자존심이 너무 약하기 때문에' 등이 제시된 바 있다.

한민족으로서의 높은 자부심을 통하여 코리언 디아스포라의 한민족을 향한 애정이 희박하지 않은 상태임은 확인했지만, 이것만으로 한민족으로의 소속감 내지 연대의식이 굳건하다고 확신할 수 없다. 그들 스스로도 흔들리고 있다는 자각이 있는 상태에서, 이렇게 이산과 단절이 지속될 경우 한민족을 향한 애정은 쉽게 흔들릴 수 있다. 한민족을 향한 동화의식을 강화시키고, 유지하기 위해서는 문화적·사회적 속성이 공유될 수 있는 장치가 요구되는 실정이다.

한민족의 문화나 민족성과 같은 요인들이 코리언 디아스포라 사회에서 유지·전승될 수 있는 방도로 많은 전문가들이 '민족교육'에 주목한다. 민족교육은 디아스포라의 한민족으로서 정체성을 보존시켜주고, 한반도와의 연대의식을 고조시켜주는 효율적인 장치가 될 수 있다. 실제 이들은 민족정체성을 보존하기 위해 필요한 사항으로 민족학교를 보존해야 한다거나(재중 조선족 34.3%), 민족의 역사와 문화를 교육해야 한다거나(재일 조선인 23.9%; 재러 고려인 연해주 33.4%), 언어와 문자를 보존해야 한다(재러 고려인 사할린 30%)고 답하기도 하였는데,[32] 이는 디아스포라들이 한민족 정체성 보존을 위해서 역사, 문화, 언어가 중심이 되는 민족교육의 필요성을 스스로 인지하고 있다는 것을 의미한다.

그럼에도 민족교육의 수요도는 지역별로 차이를 보인다. 우선 민족교

---

32) 이 사항에 대한 설문조사 결과는 다음과 같다.

Q. 민족 정체성을 지켜가는 데 가장 시급한 일 (단위 %)

	재중 조선족	재일 조선인	재러 고려인	
			연해주	사할린
민족학교 보존	34.3	15.0	6.4	16.7
언어-문자 보존	20.9	14.3	11.5	30.0
민족 풍속의 유지	10.4	8.6	25.7	20.0
민족 역사 문화 교육	26.3	23.9	33.4	26.7
소속 민족 마을(커뮤니티) 보존	8.1	16.6	14.5	-

육 경험 유무를 묻는 항목에 비교적 민족교육의 체계가 잡혀 있는 재중
조선족(81.5%)과 재일 조선인(68.5%)의 경우는 과반수가 민족교육을 받
은 경험이 있다고 답했다. 한편 재러 고려인의 경우는 19.9%만이 민족
교육을 받은 경험이 있다고 답해, 러시아 내 한민족교육의 환경이 여유
롭지 못한 상태임을 드러내었다.

　다음은 그들이 스스로 인지하고 있는 민족교육의 필요성에 관한 조사
결과이다.

Q. 민족교육의 필요성 (단위 %)

	재중 조선족	재일 조선인	재러 고려인	
			연해주	사할린
꼭 받아야 한다	65.3	28.7	28.4	16.7
기회가 있다면 받아야 한다	23.9	57.0	56.8	63.3
반드시 받을 필요는 없다	7.7	5.7	3.4	10.0
생각해본 적 없다	3.0	5.4	11.1	6.7

　민족교육의 필요성을 묻는 질문에 재중 조선족은 65.3%가 '꼭 받아야
한다'고 답했으나, 재일 조선인의 경우는 28.7%만이 그렇게 답했다. 긍
정적으로 답한 통합 수치는 재중 조선족(89.2%)과 재일 조선인(85.7%)
사이의 큰 격차를 보이고 있지 않으나, 미묘한 차이를 보이는 까닭으로
는 당국 정책적 영향을 고려해 볼 수 있다.

　중국 내의 조선족 교육은 광복과 더불어 공교육에 편입되고 정부의
지원 안에서 실행되어 왔다. 일민족학교로서 민족언어로 수업하고 조선
어문과를 설치할 수 있는 점 외에는 정부의 통일된 체제를 따라야 하지
만, 비교적 중국은 소수민족교육의 자율성을 보장해주는 편이며, '지방
과정(地方課程)'과 '교본과정(校本課程)'을 통하여 소수민족의 문화 전승과

보존을 보장하고 있다.[33]

반면 일본은 해방 후부터 재일 조선인은 일본교육법에 따라 일본학교에 취학해야 하며 과외로 조선어 등의 교육을 실시하는 것 이외에 일체 인정하지 않았다. 당국의 반공정책이 심해지면서 북한의 지원과 조련이 주최로 설립된 조선인 학교는 지속적으로 탄압 받아 민족교육의 환경은 열악해져만 갔다. 민단이 주도하는 민족교육과 국어 습득은 일본의 교육제도 안에 허용되긴 하였으나[34] 제한적인 형태였으며, 그나마 일본학교 안에서 실시되는 민족교육인 '민족학급' 역시도 일본사회에 정주하는 외국인으로서 일본인과 더불어 살아가는 것을 배우는 정도[35]에 불과했다.

게다가 재일 조선인의 경우는 현실적으로 일본학교에 자녀들이 진학시키는 것이 유리한 상황이기에 민족학교에의 진학률이 감소되고 있는 실정이다. 물론 민족교육의 자율성이 보장되는 재중 조선족의 경우도 중앙으로의 진입을 위해 자녀들을 민족학교에 입학시키는 비율이 점차 줄어들고 있기도 하지만, 재일 조선인의 경우는 일본 내 정책적·사회적 차별이 극심하기 때문에 악영향이 더욱 클 것으로 예상된다.

민족교육의 경험도 적고, 그 필요성 또한 인지하는 정도가 가장 낮은 재러 고려인의 경우는 한러수교 이전까지 교류가 단절되었던 것과 당국의 상황이 영향을 미친 것으로 보인다. 1988년 서울올림픽과 소련의 붕괴로 재러 고려인에게 한민족이 새롭게 인지되기 시작하면서 민족교육

---

33) 박금해,「조선족중소학교에서의 민족정체성교육의 새로운 접근과 대안모색」,
『역사문화연구』제41집, 한국외국어대학교 역사문화연구소, 2012, 173~200쪽.
34) 권준희,「재일 조선인 3세의 '민족'정체성에 관한 연구 : 조선학교 출신 '조선적'을 중심으로」, 연세대학교 석사학위논문, 2002, 1~119쪽.
35) 송기찬,「민족교육과 재일동포 젊은 세대의 아이덴티티」, 한양대학교 석사학위논문, 1998, 1~154쪽.

의 필요성이 부흥하기 시작하였는데, 이전까지 재러 고려인은 급변하는
러시아 정세 속에서 거주국에 적응하는 일에 주력하기에 급급하였고,
한국과의 교류도 단절되어 있었기에 이전의 민족교육은 현실상 불가능
했다고 판단된다. 특히 구소련 스탈린 정부는 '다민족 동질화정책'을 추
진하면서 소수민족 특수성을 인정하지 않았으며, 강제이주 후 400여 개
의 한인학교를 폐교하거나, 도서관 및 각종 문화단체가 폐지하였기에,
고려인들에게 민족문화에 대한 접촉 기회는 한동안 부재하였다.

　1989년에 와서야 한민족 단체들이 조직되면서 민족학교가 설립되었
으나, 이후 현지의 경제적 상황으로 인해 교사들이 교단을 떠나는 등 민
족교육은 활발히 전개되지 못했다. 현재 러시아 내 한민족학교는 모스
크바에 하나뿐이며,[36] 블라디보스토크의 한국어 교육원, 10여 개의 대
학 내 한국어과 한국어 교양과정, 종교 기관을 중심으로 한 한글학교 등
각처에서 실시된 민족교육도 한국어 교육에 치중되어 왔지,[37] 한민족
문화나 역사를 접할 수 있는 총체적인 교육은 아니었다. 게다가 고려인
이 농촌에서 대도시로 이주하게 되면서 러시아로의 동화가 가속화되고,
젊은 세대일수록 주 언어가 러시아어가 되는 언어 교체 현상도 빠르게
확산되어 상황은 점차 악화되었다.

　이처럼 재러 고려인의 경우는 한민족의 언어도 지켜내기 어려운 여건
속에서 살아왔기 때문에, 민족교육의 수요도가 낮다는 사실만으로 한민
족 정체성 보존에 대한 열망이 적을 것이라고 판단하기 어렵다. 한국과
러시아의 교류가 활발히 지속되고 비자 문제가 유연해지면서 고려인의

---

36) 엄 넬리 니칼라에브나, 「러시아 차세대 고려인의 정체성과 민족교육」, 『전남
　　대학교 세계한상문화연구단 국제학술회의』 2005년 12호, 전남대학교 세계한
　　상문화연구단, 2005, 212~216쪽.
37) 이한우, 「단군신화를 통한 고려인 정체성 교육」, 『한국사상과 문화』 제55집,
　　한국사상문화학회, 2010, 459~482쪽.

한국 입국이 확산되어, 그동안 모국어를 잃었던 고려인들에게 한국어를 배우고자 하는 열망이 다시 높아지고 있다. 이러한 현상은 민족교육의 수요도가 높은 다른 지역 디아스포라 못지않게 재러 고려인들도 한민족 내지 한반도를 향한 관심이 상당하다는 것을 의미한다.

재러 고려인뿐만 아니라 한국어 교육 열풍은 코리언 디아스포라 전반에서 일어나고 있다. 코리언 디아스포라들의 거주국과 한국의 교류가 확산되고, 한국 내로의 취업률이 높아지면서 한국어 교육의 수요도가 높아진 것으로 보인다. 이는 다음의 자료를 통해서도 확인된다.

Q. 민족교육에서 가장 중요한 내용 (단위 %)

	재중 조선족	재일 조선인	재러 고려인	
			연해주	사할린
역사	31.6	28.3	10.5	10.0
예술	4.4	0.6	5.7	3.3
민속예절	21.9	10.8	16.6	10.0
언어	42.1	38.2	49.3	70.0

대다수의 디아스포라들은 민족교육에서 가장 중요하게 다루어야 할 내용으로 '언어'를 꼽고 있다. 재중 조선족은 42.1%, 재일 조선인은 38.2%, 재러 고려인은 연해주 거주자 49.3%, 사할린 거주자 70%가 '언어'가 중요하다고 답한 것이다. 한국어 교육 열풍은 민족적 동질감 회복을 위한 첫 발판이 될 수 있다. 언어는 사람 대 사람의 접촉과 소통의 통로로, 민족적 연대의식에서 중요한 요소인 문화와 민족성을 이해하는 데에 중요한 수단이 되기 때문이다. 또한 '역사'나 '민속예절'에 대한 수요도도 적지 않은 비율을 차지하는 것으로 보아, 코리언 디아스포라의 한반도를 향한 관심은 높은 편이라고 인정할 수 있다.

한민족으로서의 높은 자부심과 한민족교육에 대한 열망을 고려해 보건대, 코리언 디아스포라의 한반도에 대한 애정과 관심은 큰 것으로 확인되었다. 그들의 한반도 지향성이 아직도 식지 않은 상태라는 것을 확신할 수 있었으며, 이는 이산 트라우마 치유 가능성을 시사한다. 한반도 지향성은 한민족과의 동질감 내지 연대의식을 강화시킬 수 있기 때문에, 디아스포라의 혼성화된 정체성이 야기하는 문제들을 극복할 열쇠가 될 수 있다는 것이다.

그러나 앞서 언급했듯이 디아스포라의 한반도로 향한 애정과 관심은 좌절과 실망으로 이어지기 쉽다는 것이 우려로 남는다. 그들이 현재 한반도에 거주하지 않아 물리적으로 떨어져 있는 상태이고, 세월의 흐름으로 남북주민과 동질감을 느끼기 어려울 수 있기 때문에, 그들의 강렬한 한반도 지향성은 좌절되기 쉽다. 또한 현실적인 조건에 의해 그들의 애정과 관심에 부응하기에 어려운 상황이 빈번하게 발생할 가능성이 있고, 그들의 애정과 관심만큼 커져버린 기대감은 그에 비례한 실망감으로 변질될 수 있다. 결국 좌절된 한반도 지향성은 이산의 역사를 직접 경험하지 않은 세대들에게까지 전이될 또 다른 이산 트라우마까지 야기할 위험이 있다는 것이다.

이상에서 살펴 본 바와 같이 한반도로 향한 코리언 디아스포라의 관심과 애정은 대체적으로 높은 편이었다. 재중 조선족의 경우 한반도에 대한 높은 관심과 애정에 비례하여 민족교육에 대한 수요도도 높았으며, 한민족으로서의 자부심이 높지 않은 편인 재일 조선인의 경우도 민족교육의 필요성을 깊이 인지하고 있었다. 반면, 한민족으로서의 자부심이 높았던 재러 고려인의 경우는 민족교육에 대한 수요도가 낮은 편이었는데, 민족교육을 경험한 경우가 적었기에 그러한 결과가 나온 것으로 이해된다. 특히 이들에게는 기대감과 실망 사이의 간극에서 야기된 상처에 노출되어 있을 가능성이 높을 것으로 판단된다.

현재는 코리언 디아스포라의 한반도 지향성을 고취시키고, 그것이 실망과 좌절감으로 변질되는 상황을 예방하기 위해서라도 적실한 민족교육 방안이 마련되어야 하는 실정이다. 대체로 코리언 디아스포라들은 한국어 교육에 대한 열의를 지닌 것으로 보았을 때, 한반도·한민족과의 접촉과 소통은 언어로부터 문이 열릴 수 있으니, 그에 응할 만한 민족교육 방안이 시급히 요구된다 할 수 있다.

2) 한국의 재외동포정책에 대한 기대와 실망

앞서 디아스포라가 한반도로 보내는 관심과 애정을 확인하였다면, 여기에서는 그러한 애정과 기대가 실현되는 현실에 대한 만족도를 살피어 그들에 대한 한국의 처우로 인해 조장되는 이산 트라우마의 양상을 확인하고자 한다. 특히 한국의 정책 방향에 대한 만족도를 중심으로 한반도가 야기하는 또 하나의 국가폭력에 대한 상처를 가늠해보고자 한 것이다.

한국의 재외동포정책은 그들의 '현지화' 및 '모국과의 유대강화(정체성 유지)'에 주안점을 두고 추진되었다.[38] 이 두 명제는 상충되는 성격을 지니기에, 정책이 한쪽으로 치우칠 경우에는 '무책임한 기민정책' 아니면 '시대착오적인 국수주의'라는 비난을 받기 쉬운 예민한 사항이다. 우선 이에 대한 디아스포라들의 만족도를 비교해보면 다음과 같다.

---

38) 이병훈, 「한국의 재외동포정책 : 현상과 과제」, 『고려법학』 제48집, 고려대 법학연구원, 2007, 368쪽.

Q. 한국(남한)의 재외동포정책에 대한 만족도 (단위 %)

	재중 조선족	재일 조선인	재러 고려인	
			연해주	사할린
매우 만족	5.7	1.3	2.4	3.3
만족	42.1	17.5	80.4	70.0
불만족	42.8	57.3	14.9	10.0
매우 불만족	9.4	8.9	0.7	3.3
무응답	-	14.0	1.7	13.3

재중 조선족의 경우는 만족하는 경우(47.8%)와 불만족하는 경우(52.2%)가 비슷한 비율로 산출되었고, 재일 조선인의 경우는 만족하는 경우(18.8%)에 비하여 불만족하는 경우(66.2%)가 훨씬 큰 비율을 차지하였다. 반면 재러 고려인의 경우는 만족하는 경우(연해주 82.8%; 사할린 73.3%)가 압도적으로 큰 비율을 차지하였다. 그러니까 한국의 재외동포정책에 대한 만족도는 재러 고려인 > 재중 조선족 > 재일 조선인 순으로 집계된 것이다.

한국은 정부수립과 한국전쟁 이후 체제 안정과 경제 부흥에 집중하면서, 재외동포에 대한 보호나 지원에 큰 관심을 갖기 어려웠다. 이후 세계화의 추세에 따라 그들은 국가경쟁력의 새로운 변수로 인식되기 시작하면서 모국과 거주국을 연계하는 주체이자, 우리 국력의 외연을 확장하는 자산으로 관심을 받게 되었다.[39]

이러한 변화 속에서 재일 조선인이 한국의 정책에 대한 불만족도가 확산된 까닭은 크게 두 가지 요인으로 볼 수 있다. 거주국의 차별과 탄압의 문제와, 그리고 남북 갈등과 관련된 재일 조선인 사회의 내분 문제

---

39) 이병훈, 「한국의 재외동포정책 : 현상과 과제」, 『고려법학』 제48집, 고려대 법학연구원, 2007, 366쪽.

가 영향을 미친 것으로 보인다.

1947년 일본정부가 재일 조선인들을 일제히 외국인으로 등록시키자, 북한측은 발 빠르게 그들을 북한공민이라는 입장을 내세웠으나, 한국정부는 당시 일본과의 실리적 외교 문제에 주력하느라 재일 조선인에 대한 처우를 뒤로 미루었다. 사실상 당시 재일 조선인들에게 가장 절실한 문제는 일본에서 법적지위의 안정에 관한 문제였으나, 한국정부는 적극적인 자세를 보이지 않았다. 광복직후부터 좌익계열의 공산주의 정치단체를 선언한 재일본조선인연맹(이하 조련)과 한국정부를 지지하는 재일조선인거류민단(이하 민단)의 대립은 커져만 갔는데, 한국 정부는 대일배상청구나 조련의 해산을 요구하는 등의 문제에만 집중하였을 뿐, 재일 조선인의 법적지위문제에는 관심이 없었다. 한국 정부의 민단에 대한 지지 역시 조련에 대한 반감에 대비된 태도일 뿐 그들의 요구에 대해 적극적으로 수용한다는 의도는 아니었다.

한국정부의 변화는 1951년 재일 조선인이 「재일한인의 국적 및 처리에 관한 협력안」을 제시하면서 부터였다. 한국정부는 일본정부와의 협상과정에서 이들을 대한민국 국적으로 편입시키려는 확고한 의지를 보였고, 이후에는 한국적을 선택하지 않은 재일 조선인들의 일본 내 법적 지위 문제에 대해서도 개선을 요구하였다. 그럼에도 여전히 한국 정부는 내부의 사정 상 그들을 적극 수용할 수 없었는데, 일본정부는 샌프란시스코 강화조약 이후 외국인인 재일 조선인들을 일본으로부터 내보내려고 하였고, 한국정부 역시 형편도 되지 못했을 뿐만 아니라 이것이 선례로 작용될 것을 우려하여 수동적인 자세를 보였다. 결국 재일 조선인에게 특수한 법적 지위와 처우가 부여된다는 조건의 특별한 영주권한을 요구하는 방향으로 상황은 전환되었다.

한국에 군사정권이 시작되면서 한일회담에서 재일 조선인의 권익문

제는 또 다시 미뤄졌고, 이로 인해 재일동포사회에서 한국정부에 대한
선호도가 낮아지고 조총련으로 유입된 재일 조선인들의 수는 증가하게
되었다. 이에 사태의 심각성을 느낀 한국정부와 민단은 연계하여, 재일
동포사회의 친북화를 막기 위한 정책적 조치를 취하기 시작하였다. 이
산가족찾기운동과 성묘단모국방문사업, 민족교육을 실시하면서 친북의
비방으로 인한 한국에 대한 오해를 씻어가기 시작하였다. 더불어 '재일
한국인본국투자협회'와 '재일자금융주식회사'를 통해 투자를 장려하기도
하였다.[40]

그럼에도 여전히 친북성향의 재일 조선인들의 일본 내 법적지위 문제
는 미해결된 상태였고, 한국정부는 남한의 입국을 차단하는 등의 방식
으로 친북성향의 재일 조선인들을 배척하고, 정권의 이해관계에 의해
손길을 뻗치는 등의 자세를 보여 왔기에 재일 조선인의 한국 재외동포
정책에 대한 만족도는 낮을 수밖에 없었을 것이다. 국가형성 초기부터
재외동포의 권익을 보장하는 헌법을 규정한 북한 및 중국과 대비적으
로, 한국은 기민정책이라는 국내의 비난이 먼저 일고 나서 1980년 10월
에 와서야 마련되었기에 그 무관심의 정도는 그들이 먼저 피부로 감지
하였을 것이다. 더욱이 자신들을 내몰려는 거주국의 탄압이 쏟아지는
상황에서 한국의 외면과 무관심은 더욱 큰 상처로 남겨졌을 것이며, 편
견이나 무관심보다도 시각화되어 구체적으로 인지되는 한국의 정책적
처우는 피해의식을 더욱 고착화시키는 데 한몫하였을 것으로 추측된다.

다음으로 재중 조선족의 불만족도가 높게 집계된 상황을 이해하기 위
해서 재중동포법의 역사적 경위를 살피면 다음과 같다. 한중수교 이전
한국정부가 북방정책을 염두에 두면서 재중 조선족에게 간단한 여행증

40) 이승우, 「재일동포의 법적 지위의 제한과 분쟁해결」, 『한국동북아논총』 제37
집, 한국동북아학회, 2005, 307~327쪽.

명서 발급만으로 한국방문을 가능하게 한 것이 재중동포정책의 시작이었다. 이산가족찾기 방식으로 제한을 두었지만, 이때 재중 조선족들이 한약재를 대량으로 반입하여 수익을 얻어 돌아가면서 재중 조선족 사회의 '코리안 드림'이 조성되었고, 취업 목적의 입국이 증가하기 시작하였다. 불법 체류와 같은 문제들이 발생하면서 정부는 재중 조선족의 친지방문은 55세 이상으로 제한해 버리기도 하였지만, 이러한 제한 정책은 1994년 일시 완화되었다. 1992년 한중수교 및 1993년 문민정부 수립 이후 그들의 중장기적 취업 지원과 모국 방문의 기회 확대, 그리고 한국어 교육 및 전통문화의 확산에 노력을 기울이기 시작했던 것이다. 그러다가 다시 재중 조선족 사회의 불만 여론과 노동인력 문제로 인하여 1995년 입국 통제에 대한 강화 정책은 다시 시작되었다. 코리안 드림은 점차 확장되는 반면 한국으로의 출입문이 좁아지자, 여권 밀매 현상, 비자발급 브로커, 밀항 등의 불법 피해 사례가 급증하게 된다.

이후 외교부는 1995년 8월 「대중국 조선족 교류 세부시행지침」을 마련하여, '조선족 동포가 중국 국민'이라는 기본 기조 아래에 그들의 거주국에서의 생활을 지원하는 방식으로 전환하였다. 한국정부가 그들을 외국 국민으로 보겠다는 태도를 분명히 한 것으로 이러한 정책적 인식은 현재까지도 이어지고 있다. 1996년에는 재중 조선족의 입국과 관련한 사기사건이 여론에 떠돌자, 정부는 체류기간을 90일에서 1~2년으로 확장, 대상연령을 만 40세로 하향조정하는 등 재중 조선족의 취업의 장을 확장하는 방향으로 정책을 선회하였으나, 이 또한 유관 부처의 반대로 흐지부지 되고 말았다. 1997년 재중 조선족의 국내 체류와 재산권 행사가 한층 용이해질 수 있는 국회 차원의 재외동포기본법 제정 시도 역시 외교부의 반대로 자동 폐기되었고, 법무부가 주도한 재외동포특례법 또한 재중 조선족과 재CSI를 제외하는 것을 전제로 통과되어서, 결국 재중

조선족의 코리언 드림이라는 기대감은 좌절될 수밖에 없었다.[41]

이러한 사태를 야기한 요인으로 한국 내부의 문제도 있었지만, 중국 정부와의 외교적 마찰을 우려한 까닭에서도 비롯되기도 하였다. 중국 정부는 '국내 소수민족에 대한 월권행위'라고 강하게 유감을 표명해오기도 하였기 때문이다.[42]

이렇게 한국 정부가 재중 조선족을 중국 국적을 가진 외국인으로 간주해버린 배타적인 태도를 취한 점과, 중국과의 외교적 관계 및 국내의 정황에 따라 재중 조선족에 대한 정책적 대우와 지원책이 우왕좌왕을 반복해왔다는 점에서, 재중 조선족의 한국 정부에 대한 신뢰감은 감쇄될 수밖에 없었을 것이다. 재중 조선족이 국내 입국률이 가장 높은 디아스포라임에도 불구하고, 재외동포정책에 대한 만족도보다 불만족하다는 비율이 더 높은 까닭은 한국 정부의 포용적 자세와 중심이 잡힌 정책 방향의 부재에서 비롯되었다고 볼 수 있다. 계속해서 급변하는 재외동포정책에 따라 기대와 실망이 반복되면서, 자신들을 포용하지 못하는 한국정부 정책에 대한 실망감이 누적되고 이에 따라 디아스포라로서의 처지가 체감되면서 재인식되는 상처는 이산 트라우마를 가중시켰을 가능성이 있다.

다른 디아스포라와 달리 재러 고려인의 경우는 한국의 재외동포정책에 대한 만족도가 컸던 것으로 집계되었다. 재러 고려인은 한국의 재외동포법에서 제외되었고 그 존재감 또한 희미하였다. 한국과 러시아의 수교 이래에 러시아의 외국 투자 유치 계획과 한국의 러시아 천연자원에 대한 관심이 맞닿으면서, 양국은 1992년 '한인경제특구'라는 정책으

41) 이종훈, 「재중동포정책과 재외동포법의 개선 방향」, 『재외한인연구』 제11호, 재외한인학회, 2001, 165~190쪽.
42) 이병훈, 「한국의 재외동포정책 : 현상과 과제」, 『고려법학』 제48집, 고려대 법학연구원, 2007, 361쪽.

로 고려인들에게 지역적 특권과 지위, 생계수단을 부여하는 등의 정책적 합의를 이뤄왔다. 전쟁과 소련사회의 붕괴 이후 극심한 경제난으로 고생하던 재러 고려인들에게 선진국이 되어 돌아온 한국은 또 하나의 빛이었으며, 한인경제특구 선정이나 '재외동포재단법(1997)' 실행과 같은 정책적 지원은 물론, 남한기업의 진출로 보장되는 생계 또한 재러 고려인에게 한국은 그동안 부재하여서 필요성마저도 인지되지 않았던 모국의 손길이었다.[43] 한국에 대한 고국으로서의 존재감을 인식하고 그 손길에 대한 기대를 품고 있던 다른 디아스포라와 달리, 한국과의 교류가 단절되어 기대조차 품을 수 없었던 상태에서 한국의 지원에 대한 기쁨은 그들에게 각인되었을 것이다. 게다가 사할린의 경우는 한국정부가 사할린 고려인의 자유로운 모국방문을 지원하기 시작하여 영주귀국사업이 활발하게 이루어졌으며, 생활여건에 대한 복지도 지원받고 있는 상태이므로 재외동포법에 대한 만족에 큰 영향을 미쳤을 것으로 보인다.

　이상의 결과에서 알 수 있듯이 한국의 재외동포정책에 대한 만족도는 재러 고려인 > 재중 조선족 > 재일 조선인 순으로 집계되었으며, 이는 거주국에서 겪은 차별 정도나 한국의 제도적 처우에 대한 기대감과도 비례되는 결과로 해석될 수 있었다. 거주국에서의 차별과 압박이 클수록 상대적으로 고국의 처우를 기대하게 되며, 한국정부가 응해주지 못하였을 경우 기대가 클수록 상대적 박탈감 또한 심화되어 그 불만족도가 높아진 것으로 추정된다. 거주국 내의 차별과 억압의 문제나, 고국의 제도적 방관 문제는 그 자체로도 이산 트라우마이기도 하면서, 두 사항이 착종되어 복합적인 트라우마를 양산해내기도 하는 심각한 요인이라 할 수 있다.

---

43) 신상문, 「재러 한인의 현황과 주요과제」, 『재외한인연구』 제17집, 재외한인학회, 2005, 137~179쪽; 반병률, 「러시아 한인사회와 정체성의 변화」, 『한국사연구』 제140집, 한국사연구회, 2008, 99~123쪽.

3) 소외감을 가중시키는 한국인의 편견과 무시

앞서 한국의 제도적 처우에 대한 코리언 디아스포라의 반응을 통해 이산 트라우마를 이해해 보았다면, 여기에서는 한국인과의 관계에서 느끼는 감정을 중심으로 이산 트라우마의 단면을 살펴보려고 한다. 한국인의 태도에 대한 코리언 디아스포라의 만족도는 다음과 같다.

Q. 한국인(남쪽 사람)의 재외동포를 대하는 태도에 대한 만족도 (단위 %)

	재중 조선족	재일 조선인	재러 고려인	
			연해주	사할린
매우 만족	3.7	1.0	1.0	3.3
만족	22.6	22.3	71.3	60.0
불만족	59.9	54.5	24.0	26.7
매우 불만족	13.8	5.4	2.7	3.3

위 표에서 알 수 있듯이 재중 조선족(73.7%)과 재일 조선인(59.9%)은 과반수가 불만족을 표했다. 재러 고려인의 경우는 1/3가량이 불만족하다고 답했다. 재중 조선족이나 재러 고려인의 경우를 비교하면, 이 수치상의 차이는 한국인과의 접촉 빈도에 따른 것으로 보인다. 한국과 거주국의 교류 상황이나, 재외동포법 등의 상황을 고려한다면, 한국인과의 접촉이 잦았던 디아스포라일수록 소외감과 같은 상처를 경험한 확률이 높은 것으로 추정된다.

국내 입국한 비율이나, 국제적 교류의 빈도에서 재중 조선족이 월등하기 때문에, 다른 디아스포라에 비해 그만큼 불만족을 느낄 만한 상황에 노출될 가능성이 높았을 것이다. 특히 재중 조선족은 국내 취업률이 높기 때문에, 일상생활에서 발생하였던 갈등으로 인해 불만족 정도가 높아졌을 수 있다. 사회주의 체제에서 성장한 조선족들이 접한 한국의 자본주의는 생경함으로 다가왔을 것이고, 그들에게 한국인들의 경제적인 사고방식은 거부감으로 느껴졌을 것이다. 또한 한국사회에서 직업전선에 뛰어들면서 노동력 착취나, 차별대우를 직접 경험하기도 하고, 눈과 귀를 통해 간접적으로 접하면서 중국조선족들에게 한국인은 돈밖에 모르는 사람들로 인식되었던 사례도 잦다.[44] 경제적으로 눈부신 발전을 이룬 고국에 대한 희망과 기대를 품은 상태에서 실망감은 더 깊은 상처를 야기했을 것이다.

이와는 반대로 재러 고려인의 경우는 한국인과의 대면할 기회가 상대적으로 적었기에 만족도가 높은 것으로 추측된다. 그리고 오랜 세월 격리되었다가, 2000년대 이르러서 교류가 활성화되었기 때문에 아직은 서로에게 상처가 될 만한 사태가 크게 일어나지 않았던 것으로 보인다.

고려인들이 한국인과 접촉하기 시작한 것은 소련 붕괴 후이다. 생존을 위해 고려인들 상당수는 대도시로 이주하면서 한국인을 접하기 시작하였다. 경제적으로 우세한 고국에서 온 사람들은 희망의 빛으로 다가왔을 것이며, 러시아에 대한 기초 자료도 없이 무작정 진출한 한국인들에게도 이들은 오아시스와도 같은 존재였다. 오랜 단절로 인한 이질감을 뛰어넘어 상호우호적인 관계가 지속되다가, 1997년 한국의 외환위기로 많은 한국인들이 러시아 사업을 철수하면서 침체되었다. 결국 2000년에 이르기까지 한국정부나 민간 차원의 교류는 침체기를 유지한다. 그러나 한국의 외환위기는 호전되었고, 2002년 월드컵 4강 진출은 현지

---

44) 최병우, 「중국조선족 소설에 나타난 한국의 이미지 연구」, 『한중인문학연구』 제30집, 한중인문학회, 2010, 29~50쪽; 윤황, 「한국거주 조선족 이주노동자들의 법적 · 경제적 사회지위 연구」, 『디아스포라 연구』 제5집, 전남대학교 세계한상문화연구단, 2011, 37~60쪽.

고려인들에게 고국에 대한 자부심을 고취시키는 계기가 되어 관계 회복의 가능성이 열렸다.[45] 현재는 고려인의 국내 입국 통로가 확장되고, 고려인들을 위한 생활 지원제도도 다방면으로 마련되었기에, 생존을 위한 기본적인 경제활동도 보장받지 못한 러시아에서의 생활에 대비되는 한국 환경은 그들에게 긍정적으로 평가될 여지가 충분했다. 게다가 재러 고려인은 구소련 붕괴 이후 토착민족들로 하여금 탄압과 배척을 당한 경험이 있기에, 한국인의 대우는 비교적 우호적이라고 여겼을 가능성 또한 무시할 수 없다.

그리고 접촉 기회의 빈도수 이외에도 다른 영향 요인을 염두에 둘 수 있다. 특히 남과 북의 대립과 갈등이 동포 사회에 직접적인 영향을 미치며, 서로를 향한 적개심이 그대로 동포들에게 전이될 가능성도 있다. 특히 재일 조선인은 일본 사회와 한국 정부의 친북 집단에 대한 배타적 태도와 관련되어 한국인과의 충돌을 의식할 수밖에 없어서, 과반수가 한국인과의 관계를 불만족하다고 답했을 가능성이 있다. 일본 내의 법적·제도적 차별을 심한 편이며, 최근 10년간 재일 조선인을 대상으로 한 폭력사건이 200건 이상 발생하기도 하는 등 사회적 차별도 상당하다. 게다가 북한의 핵 개발 의혹이 제기되면서 폭행사건이 증가되기도 하였고, 일본 매스컴의 선동이 고조되기도 하는 등 북한에 대한 비우호적인 사회적 분위기가 확산되는 상황이다.

한국 정부 또한 친북세력에 대한 배타적 자세를 보이는 편이었다. 조련계 조선인의 한국방문을 허가할 당시도 병역신고 문제로 인해 공항 출국심사에서 부당한 대우를 받는 등, 한국에 들어오자마자 타국인 취급을 경험하였다. 또한 조련계 조선인의 한국방문 허가도 우왕좌왕하는

---

45) 김선국, 「한국인의 관점에서 본 고려인 차세대」, 『전남대학교 세계한상문화연구단 국제학술회의』 2005년 12호, 전남대학교 세계한상문화연구단, 2005, 259~262쪽.

상황이기에, 현재와 같이 입국마저 허락되지 않은 상황은 이들에게 강한 상처로 자리하게 될 가능성이 높다.[46)]

4. 이산 트라우마의 치유를 위한 정책 제언

우리 민족의 이산은 일제강점기부터 시작되었으며, 수많은 디아스포라들의 상처는 아직까지도 미결된 하나의 역사적 트라우마로 자리하게 되었다. 위에서 살펴본 바와 같이 코리언 디아스포라의 이산 트라우마는 현재의 삶에서도 여러 모습으로 그 징후를 보이고 있다. 하나의 국가로 수렴되지 않은 민족/국민정체성이 가지고 오는 혼란스러움이나, 거주국의 국가폭력에 대한 피해의식이나, 사회적으로 여전히 이민족 대우를 받는 현실이 그러하다. 게다가 한반도와 한민족에 대한 높은 기대감을 충족할 수 없는 현실적 상황과 무관심하거나 무시하는 태도로 대면하는 한민족에 대한 실망도 그들의 이산 트라우마를 가중시키고 있다. 그럼에도 각 거주국별 디아스포라의 이산 트라우마를 견주어 살피는 과정을 통해서, 현실적으로 시급히 요구되는 문제에 대한 가늠이 가능하여, 특히 그들에게 필요한 방안이나 개선 사항에 대한 세부적 안목이 확보될 수 있었다.

우선 코리언 디아스포라의 현재의 삶에서 발견되는 이산 트라우마에 대한 조치를 생각해 볼 수 있다. 특히 재일 조선인의 경우 거주국의 차별 문제로 인해 발생한 이산 트라우마의 징후가 뚜렷한 가운데, 이에 대한 고국으로서 한국의 대처가 현명하게 이뤄져야 할 상황임이 확인되었

---

46) 고선규, 「재일한국인·조선인 문제와 한·일관계의 갈등」, 『분쟁해결연구』 제3집, 단국대학교 분쟁해결연구소, 2005, 97~138쪽.

다. 일본사회의 제노포비아 문제의 대표격이라고 할 수 있는 '우토로 토지 분쟁 사건'을 거울로 삼으면, 한국 측의 관심과 지원이 어떠한 방식으로 개입되어야 하는지 갈피를 잡을 수 있을 것이다. 우토로의 한인 주민들이 강제 퇴거하는 상황에 몰리자, 한국 정부와 민간단체는 국고 지원과 모금 등으로 그들의 생존을 위해 힘써왔다. 그 결과 2011년에 현지에 6,561㎡의 토지가 확보되었고, 일본 정부와 지자체도 재개발 및 공영주택 건설을 검토하는 등 변화가 시작되었다.47)

이들의 생존권 문제에 대한 해결의 발걸음은 2005년 한국의 지구촌동포청년연대(KIN)와 우토로 문제를 생각하는 국회의원 모임이 각각 우토로의 실태를 조사하는 일로 시작되었다. 작은 마을 안에서 일어나는 심각한 인권침해사건이 세상에 알려지는 계기가 되면서 국제사회의 문제로 대두된 것이다. 자칫하면 고국의 무관심 속에서 묻히게 될 뻔한 이 사태를 통해 디아스포라의 인권 문제에 보다 적극적인 대처 방안이 필요한 실정이 확인되었다. 현지의 상황에 대해 면밀히 파악할 수 있으면서도, 해외교민의 생활환경에 대해 먼저 알고, 먼저 움직이는 거주국 내의 기관 설립이 요구된다. 대부분의 디아스포라들이 거주국에서의 차별을 경험하면서도 입을 다문 채 체념하는 일이 빈번한 실정도 고려하고, 거주국과 디아스포라 간의 관계를 염두에 두면서 적실한 답안을 찾아주는 적극적인 형태의 기관이 필요하다는 것이다.

그리고 한국에 대한 관심과 애정이 높아지는 가운데 한민족정체성이 점차 희미해져가는 상황에 대한 대안도 새롭게 마련되어야 할 것이다. 앞서 살펴본 바와 같이 재중 조선족을 제외하고는 언어와 같은 가시적인 지표로써 감지되는 한민족정체성이 희미해지는 현상이 나타난다. 특

---

47) 「日, 재일동포 수난 상징 '우토로 마을' 지원구상 발표」, 『연합뉴스』 2014년 1월 29일 기사.

히 재러 고려인의 경우 한국어 사용자 수가 급격히 줄어들며 러시아 중심으로의 동화가 강화되면서도, 경제적으로 성장한 한국에 대한 관심은 높아지며 한국어 교육에 대한 열의도 강화되는 등 안타까운 상황이 벌어지고 있었다. 게다가 높은 선호도에 비하여 기반이 미비한 상태로 이 문제에 대한 적실한 해결책이 요구된다.

기왕의 지원으로 러시아 곳곳에 한국어교육 기관이 설치되기도 하였으나, 낮은 교사월급으로 인한 인력 확충에 문제가 발생하여 한국어교육 확산에 제동이 걸려 있다. 언어 교육뿐만 아니라, 한민족 문화를 접할 기회도 점차 줄어들고 있다. 러시아 상트페테르부르크에서 2008년부터 '한국의 향기'라는 문화행사 개최되기도 하였으나 현재는 중단된 상태이다. 기왕에 설치된 기구도 그 운영이 순조롭지 않은 것이다. 현재 한국 측에서는 재외동포교육진흥재단에서 한국어 교사 양성이나, 교재 배포 등에 주력하고, 한국 역사 및 문화 교육에 앞장서고 있으나, 눈에 띠는 성과를 마련하지 못하였다.

이제 한국어교육을 필두로 한 민족교육은 보다 구체적이고 실질적인 형태로 마련되어야 한다. 우선 코리언 디아스포라의 민족정체성 유지와 한국과의 유대관계 강화를 위한 법률적 근거나 제도적 기반이 강화되어, 효과적인 민족교육을 위한 실무 전담 기관이 필요하다. 보다 장기적인 안목으로 기관을 탄탄하게 유지하며, 언어교육에 대한 전문성을 높이고, 한복, 김치 등 전통 문화를 넘어 한반도 근현대사는 물론 디아스포라의 이산 역사 교육까지 아우를 수 있는 교육 방안이 마련되어 하겠다.

또한 한국 국내의 교육기관과 협력을 통한 인재양성 교류 지원책을 마련할 수도 있겠다. 각국의 민족학교를 또 하나의 한국 교육기관으로써 디아스포라 사회에 자리매김 할 수 있도록 그 위상을 재설정하여, 민족교육의 전문화와 확산을 유도하는 것이다. 이러한 교육기관은 디아스포라 사회의 붕괴를 미연에 방지할 근간으로 기능할 것이며, 코리언 디아스포라에게는 한국을 접하고, 한국 내국인에게는 디아스포라 사회를 알리는 소통 경로로서 실효성을 전망할 수 있을 것이다.

거주국에서의 생활환경뿐만 아니라, 고국으로서의 한국이 보인 코리언 디아스포라에 대한 처우 역시 이산 트라우마에 큰 영향을 미치고 있었다. 이에 대한 각별한 관심과 노력이 필요한데, 특히 한국에서의 디아스포라 법적지위 문제가 그러하다. 그 가운데 조선적 재일 조선인 입국허가 문제가 가장 예민한 사안이라 할 수 있다. 이들이 한국에 입국하기 위해서는 '임시여행증명서'를 받아야 하는데, 일부 공관에서는 그 조건으로 한국 국적으로의 변경을 요구하고 있다. 국적 변경을 거부할 경우 여행증명서를 받지 못하고 이로 인해 한국으로의 입국을 제한 받는 것이다.

이들에게 '조선적'이라는 국적은 이데올로기 갈등을 넘어선 의미를 지니고 있다. 해방 전 일본 땅으로 떠밀려 왔을 때부터 해방 후 국적 선택을 강요받기까지 이들에게 고국은 남과 북이 갈라지지 않은 '조선'이었으며, 차별과 억압이 심한 일본 사회에서의 조선적의 의미는 이들의 특별한 정체성을 함유하고 있다. 현재 한국이 요구하는 국적 변경은 이들의 이산의 역사를 외면한 강요에 해당한다고 할 수 있다. 그리고 식민종주국에 디아스포라로 남겨졌을 때 이들에게 가장 먼저 손길을 내민 것이 북쪽의 재일본조선인연합회이기에, 이들의 친북성향 역시 그 역사적 경위를 근거로 다시 판단되어야 할 사안이다. 북측 수혜에 대한 신의인가, 남북 갈등을 조장하는 반민족적 성향인가는 사실에 근거를 둔 역사적인 해석이 요구된다. 우리는 이를 두고 이데올로기 대립의 갈등요인으로 전락시키기에 앞서, 역사적인 근거와 더불어 그들의 진정어린 호소를 염두에 둔 적실한 판단을 내려야 하겠다.

이 밖에도 코리언 디아스포라의 한국 내 활동에 대한 조치도 보강되어야 할 것이다. 앞서 살펴본 바와 같이 한국과 한국인에 대한 만족도가 낮은 재중 조선족의 경우에는 비자 문제를 넘어선 확장된 개념의 지원제도가 마련되어야 한다. 기왕의 방문취업제도는 코리언 디아스포라를 외국인력으로 간주하며 외국인근로자 대우의 정책으로서 기능하였다. 2010년 '재외동포기술연구관리단' 주관 '특정산업분야 취업, 방문취업 동포 등에 대한 국내 장기 체류 및 취업 허용' 정책 등으로 개선되고 있으나, 이들의 경제활동을 어디까지 허용해야 하나에 대해서 여전히 의견이 분분하다.

한국 근현대사의 비극을 청산하기 위해서는 물론이며, 중국의 경제발전 속도나 러시아의 개발가능성을 고려할 때 디아스포라에게 모국과 국적국의 중요한 매개자로서 지위가 부여되어야 할 것이다. 이러한 관점으로 여러 법률안이 개정되어야 할 것이며, 특히 재중 조선족이 토로하는 경제활동영역에의 갈등을 완화시킬 방안이 마련되어야 한다.

한국사회 적응을 위해 경제, 법률적 시스템에 대한 알리미 제도가 구체화될 필요도 있으며, 인적자원개발의 방안으로 한국사회에 대한 이해도를 높이는 교육 내용을 확충할 수도 있겠다. 코리언 디아스포라가 단순 노무직을 넘어서 전문 기술·사무직종으로의 진출이 확대될 수 있도록 여러 방면에서 제도와 지원이 마련되어야 한다. 막연한 코리안드림을 갖고 한국으로 와 상처받지 않도록 예방 차원에서 한국 실정을 반영한 교육을 마련하고, 특히 경제활동영역에서 한국인과의 충돌 완화할 수 있는 장치가 요구된다.

사실상 한국의 디아스포라에 대한 대우는 박하다는 평가를 면하기 힘들다. 그 가운데 사할린 한인의 영주귀국 프로그램이 가장 적극적인 지원책으로 꼽히지만 코리언 디아스포라에 대한 지원책은 협소한 범위에서만 다루어졌다. 비교적 한국에 대한 우호적인 시선을 지닌 재러 고려인의 경우 역시 수면 위로 부상하지 않았을 뿐, 의사소통 불화나 노동착취 문제로 인한 갈등에 안심할 수 없다.

코리언 디아스포라의 환경 개선은 물론이며, 한반도 내의 분위기 전환 역시 해결되어야 할 과제이다. 우리가 그들은 대하는 시선과 태도는 또 다른 적대감을 낳을 수 있으며, 그들에 대한 무관심이나 폄하하는 눈초리 등은 그들을 또 다시 이산 트라우마의 궁지에 몰아넣는 2차 피해가 될 것이다. 어쩌면 코리언 디아스포라는 우리의 동포임을 포기할 수도 있다. 이 문제에 대해서는 여러 연구자들이 주지한 바와 같이, 한반도 내의 디아스포라를 바라보는 시선과 태도를 이해와 공감을 바탕으로 한 포용적 자세로 전환시킬 필요가 있다. 한국 근현대사에 대한 합리적인 이해를 바탕으로 그들을 또 다른 우리의 모습으로 각인될 필요가 있기에, 정당한 방식의 역사교육이 우리로부터 시작되어야 한다.

또한 분단과 같은 내부적 문제를 극복하고, 성숙된 대외정책으로 국제적 경쟁력을 제고시켜서 세계 속 한국의 위상을 단단히 할 필요가 있다. 거주국 내의 그들의 생활환경에 조국/모국으로서 한국의 이미지가 그들의 단단한 뒷받침이 될 수 있기 때문이다. 세계 속의 한반도가 '살고 싶은 나라'로 부상되어, 떳떳한 고국으로서 코리언 디아스포라의 디딤돌이 되어야 할 것이다.

점차 디아스포라와 한국의 교류가 확장되어가는 가운데, 이들의 이산 트라우마를 가중시킬 만한 환경을 정비하는 일이 무엇보다도 중요하다. 그러면서도 외교적 마찰 가능성이나 국내 현실적 조건 등을 신중히 고려해야 되는 것도 사실이다. 그러므로 현재 코리언 디아스포라의 일상에서 또 다시 양산되고 있는 현실적 문제들을 우리가 인지하고 있는가가 중요하며, 주어진 여건들 안에서 현답을 제시해 줄 수 있도록 지지하고 지원해줄 방안이 무엇인가가 고민되어야 한다. 이것이 정책적으로 이루어질 때 한국 근현대사 속에 상처 입은 이들을 치유할 수 있는 가장 적극적인 방책이 될 것이다. 이러한 지원과 정책들은 다만 디아스포라의 삶이 개선되는 성과를 넘어, 한반도 내국인들, 나아가 평화를 실현하는 세계적인 움직임으로 평가될 수 있을 것이며, 비극의 역사가 오히려 강점으로 발휘되는 기회를 열어 이산이라는 슬픔의 역사가 발전과 도약의 발판이 된 평화 실현의 모델로 자리하게 될 것으로 전망된다.

참고문헌

「日, 재일동포 수난 상징 '우토로 마을' 지원구상 발표」, 『연합뉴스』 2014년 1
　　월 29일 기사.

강미정 외, 『코리언의 역사적 트라우마』, 2012.

고선규, 「재일한국인·조선인 문제와 한·일관계의 갈등」, 『분쟁해결연구』 제
　　3집, 단국대학교 분쟁해결연구소, 2005.

곽진오, 「전후 일본의 재일동포 국적처리문제고찰」, 『한일관계사연구』 제24
　　집, 한일관계사학회, 2006.

권성우, 「재일 디아스포라 여성문학에 나타난 탈민족 주의와 트라우마 -유미
　　리의 에세이를 중심으로-」, 『한민족문화연구』 제36집, 한민족문화학회,
　　2011.

권준희, 「재일 조선인 3세의 '민족'정체성에 관한 연구 : 조선학교 출신 '조선
　　적'을 중심으로」, 연세대학교 석사학위논문, 2002.

김강일 허명철, 『중국조선족 사회의 문화우세와 발전전략』 연변인민출판사,
　　2001.

김게르만, 『한인 이주의 역사』, 박영사, 2005.

김경일, 『중국조선족문화론』, 료녕민족출판, 1994.

김선국, 「한국인의 관점에서 본 고려인 차세대」, 『전남대학교 세계한상문화연
　　구단 국제학술회의』 2005년 12호, 전남대학교 세계한상문화연구단,
　　2005.

김성민 외, 『코리언의 민족정체성』, 선인, 2012.

김성민, 「인문학적 통일담론과 통일인문학: 통일패러다임에 관한 시론적 모색」,
　　『철학연구』 제92집, 철학연구회, 2011.

김숙자, 「재일 조선인 정체성과 국적」, 동국대학교 석사학위논문, 2007.

김종곤, 「"역사적 트라우마" 개념의 재구성」, 『시대와철학』 제24집 4호, 한국
　　철학사상연구회, 2013.

김태만, 「재일 코리안 디아스포라의 트라우마 : 영화 〈우리에겐 원래 국가가 없었다〉, 〈박치기〉, 〈우리학교〉를 중심으로」, 『동북아 문화연구』 제25집, 동북아시아문화학회, 2010.

김태만, 「재중 코리안 디아스포라의 트라우마」, 『중국현대문학』 제54집, 한국중국현대문학학회, 2010.

남혜경 외, 『고려인 인구 이동과 경제 환경』, 집문당, 2005.

박경용, 「사할린 한인 김옥자의 삶과 디아스포라 생활사」, 『디아스포라연구』 제7집 1호, 전남대 혜계한상문학연구단, 2013.

박금해, 「조선족중소학교에서의 민족정체성교육의 새로운 접근과 대안모색」, 『역사문화연구』 제41집, 한국외국어대학교 역사문화연구소, 2012.

박영균, 「코리안 디아스포라의 민족공통성 연구방법론」, 『시대와철학』 제22집 2호, 한국철학사상연구회, 2011.

반병률, 「러시아 한인사회와 정체성의 변화」, 『한국사연구』 제140집, 한국사연구회, 2008.

배지원, 「우토로 재일 조선인 문제」, 『전남대학교 세계한상문화연구단 국내학술회의』 제11집, 전남대 세계한상문화연구단, 2005.

서경식 저, 권혁태 역, 『언어의 감옥에서-어느 재일 조선인의 초상』, 돌베개, 2011.

서경식 저, 권혁태 역, 『디아스포라 기행-추방당한 자의 시선』, 돌베개, 2006.

서경식 저, 임성모 이규수 역, 『난민과 국민 사이』, 돌베개, 2006.

송기찬, 「민족교육과 재일동포 젊은 세대의 아이덴티티」, 한양대학교 석사학위논문, 1998.

송명희, 「이창래의 『생존자』에 재현된 전쟁으로 인한 외상 후 스트레스장애와 그 치유」, 『한국문학이론과비평』 제18집, 한국문학이론과비평학회, 2014.

신상문, 「재러 한인의 현황과 주요과제」, 『재외한인연구』 제17집, 재외한인학회, 2005.

안병삼, 「중국 코리안 디아스포라 노인세대의 민족정체성 연구: 중국 연길시를 중심으로」, 『한국동북아논총』 제59집, 한국동북아학회, 2011.

양미강, 「역사적 트라우마와 치유」, 『기독교사상』 608호, 대한기독교서회, 2009.

엄 넬리 니칼라에브나, 「러시아 차세대 고려인의 정체성과 민족교육」, 『전남대학교 세계한상문화연구단 국제학술회의』 2005년 12호, 전남대학교 세계한상문화연구단, 2005.

엄미옥, 「디아스포라 증언의 서사 디아스포라 증언의 서사 : 이양지 소설에 나타난 트라우마를 중심으로」, 『한국문학이론과비평』 제51집, 한국문학이론과비평학회, 2011.

유재춘, 「인문치료학에서 역사학의 역할」, 『인문학연구』 제26집, 강원대 인문과학연구소, 2010.

윤명철, 「고대 한민족의 민족이산과 그 역사가 남긴 흔적들 ; 한민족 역사 속에서 디아스포라의 의미와 성격」, 『민족학연구』 제7집, 한국민족학회, 2009.

윤인진, 「재외한인연구의 동향과 과제」, 『在外韓人硏究』 제21집, 在外韓人學會, 2010.

윤황, 「한국거주 조선족 이주노동자들의 법적·경제적 사회지위 연구」, 『디아스포라 연구』 제5집, 전남대학교 세계한상문화연구단, 2011.

이미림, 「2000년대 소설에 나타난 조선족 이주여성의 타자적 정체성」, 『현대소설연구』 제48집, 한국현대소설학회, 2011.

이병수, 「분단 트라우마의 유형과 치유 방향 분단 트라우마의 유형과 치유방향」, 『통일인문학논총』 제52집, 건국대 통일인문학연구단, 2011.

이병훈, 「한국의 재외동포정책 : 현상과 과제」, 『고려법학』 제48집, 고려대 법학연구원, 2007.

이상갑·정덕준, 「재일 한인문학의 특장과 균열의 틈새 -'문예동' 소설의 전개 양상과 특성을 중심으로」, 『한국언어문학』 제76집, 2011.

이승우, 「재일동포의 법적 지위의 제한과 분쟁해결」, 『한국동북아논총』 제37집, 한국동북아학회, 2005.

이종훈, 「재중동포정책과 재외동포법의 개선 방향」, 『재외한인연구』 제11호,

재외한인학회, 2001.

이한우, 「단군신화를 통한 고려인 정체성 교육」, 『한국사상과 문화』 제55집, 한국사상문화학회, 2010.

이현정, 「조선족의 종족 정체성 형성 과정에 관한 연구」, 『비교문화연구』 제7집 2호, 서울대 비교문화연구소, 2001.

임옥규, 「북한 문학에 반영된 재일 조선인 디아스포라」, 『통일인문학논총』 제50집, 건국대 통일인문학연구단, 2010.

장수현, 「상상된 기억으로서의 디아스포라 : 장뤼(張律)의 디아스포라 의식과 그 영화적 재현」, 『한민족문화연구』 제41집, 한민족문화학회, 2012.

장윤수, 「코리안 디아스포라 문학의 정체성 연구」, 『재외한인연구』 제25집, 재외한인학회, 2011.

장윤수, 『코리안 디아스포라와 문화네트워크』, 북코리아, 2010.

정금희, 「초창기 재일한인 작품에 나타난 디아스포라 성향 연구」, 『디아스포라연구』 제6집 1호, 전남대 혜계한상문학연구단, 2012.

정운채, 「문학치료학과 역사적 트라우마」, 『통일인문학논총』 제55집, 건국대 통일인문학연구단, 2013.

정진성, 「"재일동포"의 호칭의 역사성과 현재성」, 『일본비평』 제7집, 서울대 일본연구소, 2012.

정형, 『사진 통계와 함께 읽는 일본 일본인 일본문화』, 다락원, 2011.

최병우, 「중국조선족 소설에 나타난 한국의 이미지 연구」, 『한중인문학연구』 제30집, 한중인문학회, 2010.

하은하, 「역사적 트라우마와 관련된 문학치료연구 현황」, 『문학치료연구』 제27집, 한국문학치료학회, 2013.

한혜인, 「사할린 한인 귀환을 둘러싼 배제와 포섭의 정치 : 해방 후~1970년대 중반까지의 사할린 한인 귀환 움직임을 중심으로」, 『사학연구』 제102집, 한국사학회, 2011.

홍용희, 「구소련 고려인 디아스포라 시 연구 : 양원식의 시 세계를 중심으로」, 『한국근대문학연구』 제22집, 한국근대문학연구, 2010.

홍용희, 「한민족디아스포라문학의 이중적 정체성과 한류의 역할론」, 『한국시
　　학연구』 제35집, 한국시학회, 2012.

제3장 코리언의 삶과 분단 트라우마

김지혜*

1. 코리언의 삶에 고착된 분단 트라우마

2013년 정전협정 60주년을 맞아, 사회 안팎에서 정전 60주년이라는 수식어를 단 기념행사가 이어졌다. 하지만 '정전(停戰)'이라는 말이 환기하듯, 남한과 북한은 전쟁을 일시적으로 멈추었을 뿐 60년이라는 시간 동안 분단 체제를 유지해 오고 있다. 한반도의 분단 체제는 단순히 남한과 북한이라는 두 개의 국가권력에 의해 이뤄지는 체제 간 경쟁을 통해서만 유지되는 것이 아니라, 분단국가의 '국민 만들기'라는 과정 속에서 만들어진 '분단의 사회적 신체', 즉 '분단 그 자체'를 자신의 몸과 마음에 아로 새긴 대중적 토양 위에서 유지되고 있다.[1] 전쟁은 60년 전에 멈춰 과거의 시간이 되어 버렸지만, 여전히 분단 트라우마는 분단의

---
* 건국대학교 통일인문학연구단 HK연구원
1) 김성민 · 박영균, 「통일학의 정초를 위한 인문적 비판과 성찰」, 『통일인문학 논총』 제56집, 건국대학교 인문학연구원, 2013, 86~87쪽.

신체화를 가능하도록 작동하고 있다. 때문에 한반도에 있어 지형, 정치, 경제적인 분단보다 더 시급하게 다뤄야 할 문제는 의식에 포착되지 않은 채 무의식적으로 작동하는 분단 트라우마라고 할 수 있다.

2010년의 연평도 포격사건, 북핵 문제 등 남북 관계를 긴장시키는 사건들은 6·25전쟁이라는 과거의 상처를 계속해서 현재화시킨다. 이처럼 역사적 트라우마로서 분단 트라우마는 과거의 역사적 사건에 대한 기억을 끊임없이 환기시키는 지속적이고 반복적인 일상적 경험을 통해, 직접적인 체험 당사자뿐만 아니라 그와 관계하는 특정한 집단 내부의 심리적 상처로 전이(transference)된 이차 트라우마(후천적 트라우마)이다.[2] 분단 트라우마는 평범하고 일상적인 삶을 살아갈 때는 이상 징후를 보이지 않지만, 과거의 사건에 대한 상처를 불러내는 현재의 특정한 조건이 주어질 때, 마치 자신이 그런 과거의 사건을 겪은 것처럼 피해의식이나 비합리적 충동에 휩싸이는 방식으로 작동된다. 그래서 한 집단의 인격형성을 왜곡시키고 다른 집단과의 관계를 단절시키는 비합리적인 충동적 반응을 유발할 수 있다. 집단 내의 사람들은 트라우마를 직접 체험한 당사자보다 강도는 약하다 하더라도 마치 자신이 그런 사건을 겪은 것처럼 피해의식을 공유한다.[3]

아래에서는 역사적 트라우마로서 분단 트라우마를 비교하면서 한반도에 거주하는 코리언은 물론, 해외에 거주하는 코리언 디아스포라 역시 포함하도록 하겠다. 해외에 거주하고 있는 코리언 디아스포라의 지정학적 위치를 보면 한반도의 분단과 직접적인 관련을 맺고 있는 지역에 거주하고 있다. 그러므로 그들의 삶을 분단 또는 분단 트라우마의 차

---

2) 이병수, 「남북관계에서 소통과 치유의 문제」, 『한민족문화연구』 제43집, 한민족문화학회, 2013, 347쪽.
3) 위의 글, 348쪽.

원에서 다룰 필요가 있다.[4] 하지만 분단 트라우마는 코리언들의 현재 거주국에 따라 작동하는 위치, 강도 등에서 차이를 보인다. 이 점으로부터 분단 트라우마의 양상을 비교하는 데 있어 한반도에 거주하는 코리언과 해외에 거주하는 코리언 디아스포라를 구분하는 근거를 마련할 수 있겠다.[5]

러시아, 일본, 중국 등 한반도와 떨어진 해외에 거주하는 코리언 디아스포라는 거주국과 민족이 어긋남은 물론이거니와, 남한과 북한 두 국가의 민족과도 어긋나는 삼중의 어긋남을 통해서 한반도에 거주하는 코리언들과는 다른 이산 트라우마를 가질 수밖에 없다. 이처럼 한반도에 거주하는 코리언들과 해외에 거주하는 코리언 디아스포라들은 식민 트라우마를 근원적 트라우마로 하지만 이를 중심으로 여러 트라우마가 착종된 양상이 다르므로 역사적 트라우마도 다를 수밖에 없으며, 분단 트라우마의 강도와 그 진폭 역시 다르다고 할 수 있다.

또한 해외에 거주하는 코리언 디아스포라와 한반도에 거주하는 코리언들이 보이는 분단 트라우마는 양상과 강도면에서 차이가 날 뿐만 아니라 작동하는 기제 또한 다르다고 할 수 있다. 남한에 거주하는 한국인과 탈북자들이 보여주는 분단 트라우마는 분단 체제의 재생산 메커니즘

---

4) "코리언 디아스포라의 지정학적 분포가 보여주듯이 그들 대부분이 한반도의 분단과 직접적인 관련을 맺고 있는 북방삼각(북한-중국-러시아)와 남방삼각(한국-미국-일본) 지역에 거주하고 있다는 점에서 (그들의 삶을) 분단 또는 분단 트라우마의 차원에서 다룰 필요가 있다."(김성민·박영균, 「분단극복의 민족적 과제와 코리언 디아스포라」, 『대동철학』 제58집, 대동철학회, 2012, 48쪽).

5) "코리언들의 역사적 트라우마는 그들이 살아온 '역사적 환경'과 '현재의 조건'들에 의해 그 양상이 다르다. 코리언들은 '식민 트라우마'라는 '근원적 트라우마'를 공유하고 있으면서도 이산에 의해 한반도에서의 삶으로부터 떨어져 나갔던 '코리언 디아스포라'와 여전히 한반도에서 살아온 남과 북의 코리언들의 역사적 트라우마는 구분되는 것이다."(박영균·김종군, 「코리언의 역사적 트라우마에 관한 연구방법론」, 『코리언의 역사적 트라우마』, 선인, 2012, 52쪽).

을 만들어내는 사회 심리적 중핵이라 할 수 있다. 즉, 분단 트라우마를 정점으로 하여 6·25전쟁의 트라우마와 국가폭력의 트라우마, 식민의 트라우마가 좌우로 배치가 된다. 반면에 해외에 거주하는 코리언 디아스포라의 경우에 분단 트라우마는 분단체제를 재생산하는 사회 심리라기보다는 남한과 북한의 분단 체제가 그들과의 관계에서 남기는 상처에 민감하게 영향을 받는다. 이와 같이 분단 트라우마는 그들이 처한 현재적 조건들과 깊은 관련을 맺고 있기 때문에 그들이 살고 있는 역사적인 삶의 특수성, 국내·국외 거주국의 환경들을 고려해야 하겠다.[6]

한반도는 남한과 북한이라는 두 개의 분단국가로 존재하며 냉전 상태를 유지하고 있기 때문에 두 국가에 거주하고 있는 코리언들은 서로를 향한 적대감이 강하다. 한반도에 거주하는 코리언들의 역사적 트라우마 가운데 가장 많은 영향을 미치는 것은 분단 트라우마이며, 그 심각성이 다른 코리언에 비해 크다고 할 수 있다. 그러므로 한국인과 탈북자들처럼 한반도에 거주하는 코리언들의 분단 트라우마를 분석할 때는 다양한 양상으로 발현되는 분단 트라우마를 진단해 내기 위해 분단 트라우마의 양상에 대해 층위를 나누어 다층적으로 접근하는 방식을 취하도록 하겠다.

이때, 주의할 점은 본 연구에서 다룰 설문조사의 경우, 북한에 거주하고 있는 주민을 대상으로 설문이 이뤄지지 않았다는 것이다. 본 연구에서 일차자료이자 해석의 지표로 사용될 설문조사는 현재 북한에 거주하고 있는 북한 주민을 대상으로 한 것이 아니라 북한에 거주하다가 여러 나라를 거쳐 남한에서 거주하게 된 탈북자를 대상으로 하였다. 즉, 설문조사가 보여주는 것은 북한 거주민의 분단 트라우마가 아니라 탈북자의

---

6) 박영균·김종군, 「코리언의 역사적 트라우마에 관한 연구방법론」, 『코리언의 역사적 트라우마』, 선인, 2012, 50쪽.

분단 트라우마라고 할 수 있다.

탈북자들은 이전에 살았던 분단국가를 벗어나 제3국을 통해 또 다른 분단국가로 이주했다는 점에서 현재 북한 거주민의 분단 트라우마를 대변한다고 할 수 없다. 또한 동시에 남한에 거주하는 한국인이 가지고 있는 분단 트라우마와 그 형태가 다를 수 있다. 예컨대 '남한'으로 이주했다는 점에서 '북한'이라는 국가에 대한 적대성을 강화시킬 수 있다. 이처럼 현재 탈북자들이 위치한 지점의 특수성을 고려할 때, 탈북자들이 보여주는 트라우마의 양상을 탈북 트라우마[7]로 명명하며 자세하게 다룰 필요가 있겠다.

아래에서는 코리언들의 현재 거주국을 중심으로 크게 한반도에 거주하는 코리언과 해외 거주하는 코리언 디아스포라로 나누어 분단 트라우마의 강도와 양상, 작동기제를 중심으로 살펴보겠다. 일차적으로는 코리언의 거주국을 기준으로 권역별로 구분하여 분석한 뒤, 분단 트라우마의 강도가 큰 한반도 거주 코리언들의 분단 트라우마 양상을 다층적으로 살펴보는 데 시간을 할애하도록 하겠다.

지금까지는 코리언들의 분단 트라우마를 비교하기 위한 첫 걸음으로 역사적 트라우마로서 분단 트라우마의 의미와 분단 트라우마를 비교하기 위한 기준을 설정하였다. 다음 장에서는 이러한 기준에 따라서 본격적으로 코리언 디아스포라의 분단 트라우마 양상과 의미를 탐색하도록 하겠다.

---

7) 탈북자 집단에게서 특징적으로 발현되는 분단 트라우마를 탈북 트라우마로 논의한 선행연구는 다음과 같다. 김종군·정진아, 「탈북자의 역사적 트라우마와 탈북 트라우마의 현재적 양상」, 『코리언의 역사적 트라우마』, 선인, 2012, 119쪽.

2. 코리언 디아스포라의 분단 트라우마

1) 코리언 디아스포라의 분단 트라우마 양상

분단체제의 국가폭력은 코리언 디아스포라에게 분단 트라우마로 작동한다. 그러나 분단국가의 국가적, 사회적 폭력이 직접적으로 작용하지 않더라도 남과 북이 적대성을 드러낸 채 다투는 한반도의 분단 구도 자체가 코리언 디아스포라의 정서와 인식에 영향을 미친다. 아래에서는 남한과 북한의 분단 구도가 해외에 거주하는 코리언 디아스포라의 정서, 인식의 영역에 어떻게 작용하며 영향력을 행사하고 있는지 살펴보도록 하겠다. 우선 코리언 디아스포라들의 정서, 인식, 정체성 측면에서 발견되는 분단 트라우마를 진단하도록 하겠다.

한민족이라는 사실이 자랑스러운가? 자랑스럽지 않다면 그 이유는 무엇인가?

분류	한국인	탈북자	재중 조선족	재러 고려인	재일 조선인
매우 자랑스럽다+자랑스럽다	64.1	88.1	89.6	82.5	62.7
그렇지 않다+전혀 그렇지 않다	9.8	9.2	4.7	3.7	8.9
생각해본 적이 없다	16.0	–	5.7	13.8	22.9
남과 북으로 갈라져 싸우고 있기 때문에	24.5	40.0	46.2	–	30.8
역사적으로 일본의 식민지의 경험처럼 힘이 없는 민족이기 때문에	6.1	10.0	7.7	–	–
너무 이기적이고 계산적이기 때문에	12.2	10.0	7.7	–	19.2
신뢰가 부족하고 의리가 없기 때문에	14.3	30.0	7.7	8.3	15.4
민족적인 자존심이 너무 약하기 때문에	14.3	–	30.8	25.0	7.7
무응답	26.5	10.0	–	66.7	23.1

코리언 디아스포라 중에서 자신이 한민족임을 자랑스럽지 않다고 응답한 비율은 자랑스럽다고 응답한 비율보다 수치가 낮았다. 하지만 여기서 유의미하게 눈여겨 볼 부분은 자랑스럽지 않다고 응답한 '이유'이다. 탈북자, 재중 조선족, 재일 조선인의 각각 40%, 46.2%, 30.8%가 '남과 북으로 갈라져 싸우고 있기 때문에' 자랑스럽지 않다고 응답하였다. 이를 통해 남과 북으로 갈라져 싸우고 있는 한반도의 소식을 접한 코리언 디아스포라들은 한반도 분단 현실을 부끄러워하는 결손의식을 갖고 있음을 유추해 볼 수 있다. 직접적으로 한반도 내에 거주하고 있는 것은 아니지만, 거주국을 비롯한 주변국들의 언론을 통해 전해들은 한반도 내 불화는 자랑스럽지 않은 현실인 것이다. 이러한 정서는 자기 인식의 결과에까지 영향을 주어 자신이 한민족이라는 사실을 굳이 숨길 이유도 없지만 그렇다고 드러내어 보여주고 싶지 않은 선택을 하게 한다. 즉, 한반도의 불완전성이 한민족이라는 정체성 또한 불완전한 것으로 인식하는 결과를 초래하는 것이다.

그런데 코리언 디아스포라 내에서도 재중 조선족과 재러 고려인 그리고 재일 조선인이 보여주는 반응은 상이하다. 우선 재중 조선족은 자신이 한민족이라는 사실을 자랑스러워하는 수치가 89.6%로 코리언들 중에서 가장 높았다. 그리고 재러 고려인은 자신이 고려인인 것이 '자랑스럽지 않다'라는 응답에 3.7%라는 가장 낮은 수치를 보일 뿐만 아니라 '남과 북으로 갈라져 싸우고 있음'을 원인으로 지적한 사람도 없다. 하지만 재일 조선인은 8.9%가 자신이 조선인임을 자랑스럽지 않게 생각했는데, 이들 중 대다수가 분단으로 인한 한반도의 장애를 이유로 꼽았다. 이러한 응답을 통해서 코리언 디아스포라 중에서도 재일 조선인에게 한반도의 분단 현실은 민감한 문제라는 것을 알 수 있다. 재일 조선인과 재러 고려인이 보여주는 이러한 상이한 반응은 이후 여러 설문 문항에서도 반복적으로 나타난다. 그러므로 현상적으로 드러난 산술적 수치 속에 담겨 있는 코리언 디아스포라의 역사적 삶의 특수성을 이해하는 장이 필요하겠다.

　재러 고려인의 경우 재중 조선족과 재일 조선인과 비교해 볼 때, 상대적으로 남한과 북한의 분단에 다소 둔감한 반응을 보인다. 물론 재러 고려인도 한반도의 분단이 민족의 발전에 저해요소가 되었다고 생각하지만, 이것은 경제적인 부분에 국한되어 있는 듯 보인다. 재러 고려인은 6·25전쟁을 경험하기 이전에 이미 거주국으로 이주를 한 상태였다.[8] 6·25전쟁이 분단 트라우마에 큰 영향을 미친 사건이라는 점을 고려할 때, 재러 고려인은 분단 트라우마로부터 어느 정도 거리감을 갖는 것으로 판단된다. 또한 재러 고려인의 이주 배경과 시기를 보면 이들에게서 나타나는 분단 트라우마는 식민 트라우마, 이산 트라우마와 강하게 착종되어 나타난다. 그러므로 재러 고려인의 역사적 트라우마는 이산 트라우마를 다루는 장에서는 심화시켜 논의가 이뤄질 것이다.[9]

---

8) "재러 고려인은 이주 배경과 시기에 따라 크게 3가지 유형으로 구분된다. 첫째, '대륙의 고려사람' 혹은 '큰 땅 고려사람'으로 불리는 고려사람은 1860년 중반부터 주로 경제적 동기(1910년의 한일합방 이후에는 정치적 동기도 작용함)로 연해주 등지로 이주한 사람들과 그 자손들을 말한다. 둘째, '사할린 고려사람'은 1938년 제국주의 일본에 의하여 당시 일본령이었던 남사할린으로 강제징용 당했다가, 1945년 이를 점령한 소련군의 출국금지 조치에 의하여 남사할린에 억류된 후 소련국민이 되었다. 셋째, '북한 출신 고려사람'은 1945년 소련군이 북한 지역을 점령한 이후부터 지금까지 여러 가지 형태로 북한을 이탈하여 소련국민이 된 사람들과 그 후손을 말한다. 위의 세 가지 유형의 고려사람은 각기 이주의 시기, 동기, 역사가 다르기 때문에 국가관과 조국관도 서로 다르다. 각 유형의 고려사람의 수는 공식적으로 파악된 바 없으나 대략 대륙의 고려사람이 80%, 사할린 고려사람이 10%, 북한 출신 고려사람이 10%가량 되는 것으로 추산된다."(윤인진, 『코리안 디아스포라』, 고려대학교출판부, 2004, 87~89쪽).

9) 재러 고려인의 분단 트라우마는 식민 트라우마, 이산 트라우마 함께 착종되어 나타나는 경향이 크므로, 이산 트라우마를 다루는 장에서 심도 깊게 논의될 것이다.

이와 달리 재중 조선족은 한반도 외부에 거주하면서도 6·25전쟁에 직접적으로 참여한 비율이 높다. 중국 만주로 이주한 후 1945년 해방시 귀환하지 않고 중국에 잔류하였던 재중 조선족은 6·25전쟁이 발발하자 '항미원조 보가위국'이라는 기치로 참전했다. 북한을 돕기 위해 인민군으로 참전했던 사람들은 국군으로 참전한 형제를 향해 총부리를 겨누었던 기억을 갖고 있었다. 이처럼 재중 조선족은 6·25전쟁에 깊숙이 개입하였다.

다음으로 재일 조선인의 삶과 분단은 한반도에 거주하는 코리언 못지않게 밀접한 관련이 있다. 남한과 북한의 분단체제가 영향을 주어 재일 조선인 사회 내부의 분단을 가져왔기 때문이다. 재일 조선인 사회는 남한을 지지하는 '재일본 조선거류민단'(이하 민단 약칭)과 북한을 지지하는 '재일본 조선인총연합회'(이하 조총련 약칭)로 분열되어 대립하였으며, 재일 조선인의 삶에 한반도의 분단 상황이 동일하게 재현되어 이중 분단을 경험하였다. 그래서 재일 조선인은 분단 현실과 더욱 밀착되어 있으며 한반도의 분단 구도에 매우 민감할 수밖에 없다. 또한 재일 조선인은 법적으로 이동권이 제한받는 사각지역에 놓여 있다.

지금까지 해외에 거주하는 코리언 디아스포라의 역사적 삶과 분단 트라우마 강도를 살펴보았다. 다음 장에서는 분단 트라우마의 강도가 높다고 판단되는 재중 조선족과 재일 조선인을 중심으로 해서 분단 트라우마의 양상과 강도를 심층적으로 살펴보도록 하겠다. 이를 위해 통계자료를 넘어 이들의 실제적인 삶을 반영한 여러 자료를 다양하게 활용하도록 하겠다.

2) 감정의 분단 혹은 혼종: 재중 조선족의 분단 트라우마

한반도 내 남한과 북한의 분단 구도는 이들 국가를 향한 코리언 디아스포라의 감정 역시 분단시켰다. 남과 북 지형의 분단이 정치, 경제, 문화의 영역에서뿐만 아니라 감정 영역에 있어서도 분단을 동반한 것이다. 특히, 감정 영역에서 나타나는 분단 트라우마는 재중 조선족에게서 강하게 발견할 수 있다.

재중 조선족의 경우는 이데올로기적인 측면에서는 북한과 중국에게 친밀감을 보이지만, 경제적인 측면에서는 한-중 수교 이후 남한과의 활발한 교류를 통해서 경제적인 이익을 얻고 있기 때문에 남한에 호의를 갖는다.[10] 코리언 디아스포라가 남한과 북한에 갖고 있는 분단된 정서와 동일한 상대에 대한 양가감정은 한반도 내 남한과 북한이 서로에 대해 갖고 있는 양가감정과 동일한 메커니즘의 또 다른 표현이라 할 수 있다. 전적으로 미워할 수도 그렇다고 전적으로 그리워만 할 수도 없는 엉거주춤한 자세와 태도를 취하게 된다. 하나의 동일한 국가를 두고, 이중적인 양가감정을 갖게 되는 것은 기본이며, 여러 감정이 복합적으로 작동하고 있는 것이다. 이렇게 복합적인 감정은 재중 조선족 중 다수가 중국에서 항미원조전쟁(抗美援朝戰爭)[11]이라 부르는 6 · 25전쟁에 인민군으

---

10) "재중 조선족은 '북한-중국'으로 이어지는 사회주의 형제국이라는 유대 형성 경험을 하였고, 전통적으로 북한과 친분관계를 가지고 있음에도 불구하고, 1990년 대 한-중 수교 이후 교류의 증가와 더불어 현재는 북한보다 남한과 더 활발하게 교류를 하고 있다."(김종곤 · 허명철, 「재중 조선족의 역사적 트라우마와 식민 트라우마」, 『코리언의 역사적 트라우마』, 선인, 2012, 174~175쪽).

11) 중국에서는 과거 6 · 25전쟁을 '미국에 대항해 조선(북한)을 도운 전쟁'이라는 뜻의 '항미원조전쟁(抗美援朝戰爭)'이라 불렀으나, 요즘은 가치중립적인 용어인 '조선전쟁'을 선호한다.
작년 정전 60주년을 기념하는 행사에 중국의 리웬차오(李源潮)가 국가 부주석의 신분으로 방북을 했었는데, 당시에는 그나마 '항미원조전쟁'과 '조선전쟁'

로 참전했다는 점과 연결시켜 이해해 볼 수 있다.

재중 조선족의 분단 트라우마는 6·25전쟁이라는 전쟁 체험과 긴밀하게 연결되어 있다. 6·25전쟁은 분단을 향해 가던 당시 역사 속에서 남과 북이라는 두 개의 분단국가가 적대적으로 설립되면서 분단체제의 재생산 메커니즘을 확립시키는 역사적 사건이자 '빅 트라우마'라는 점에서 분단 트라우마를 남기는 데 결정적인 역할을 했다. 특히, 재중 조선족 중 대다수는 6·25전쟁의 직접적인 당사자이기 때문에 이들의 분단 트라우마는 전쟁 트라우마와 결합되어 강도가 높다고 할 수 있다.

독립지사 김동삼 선생의 손자 김중생이 쓴 『조선의용군의 밀입북과 6·25전쟁』에 따르면, 6·25전쟁 3년간 참전한 재중 조선족은 모두 10만여 명에 달하며, 1950년 6월 25일 38선을 넘어 남진한 북한 인민군 보병 21개 연대 가운데 47%인 10개 연대가 조선인 부대였다고 한다.[12] 이때 6·25전쟁에 참전한 재중 조선족은 크게 두 부류로 나눠볼 수 있다. 한 부류는 전쟁 발발 전에 북한으로 건너가 조선인민군에 편입해 전쟁에 참가한 이들이고, 다른 한 부류는 1950년 10월부터 참전한 중국 인민지원국 소속의 조선족이다.[13] 조선인민군으로 참전했든, 중국 인민지원군으로 참전했든, 조선족들은 모두 중국공산당 당국의 결정에 따라 이동하고 참전하였다. 하지만 그들의 참전은 일반 중국인들의 참전과 성격이 달랐다. 인민지원군의 중국인 장병들은 '원조(援朝)'를 위해 참전한

―――――――――
을 섞어가며 사용하는 언론들이 있었지만 이제는 '항미원조전쟁'이라는 용어를 사용하는 것이 매우 특이한 경우가 됐다. 물론 여기에는 미국과의 관계를 고려한 측면도 있겠지만 북한과의 동맹을 연상하는 '항미원조'보다는 가치중립적인 '조선전쟁'을 선호하는 것으로 보인다. 허재철, 「'항미원조전쟁'보다 '조선전쟁' … 중국의 본심은?」, 『프레시안』, 2014.8.7(2014.9.22. 검색) (http://www.pressian.com/news/article.html?no=119304).

12) 김중생, 『조선의용군의 밀입북과 6·25전쟁』, 명지출판사, 2000, 159쪽(염인호, 『또 하나의 한국전쟁』, 역사비평사, 2010, 59쪽 재인용).

13) 염인호, 『또 하나의 한국전쟁』, 역사비평사, 2010, 59쪽.

것이었지만, 조선족들은 '조국보위'를 위해 참전하였다.[14]

　　나가자 동무들아 때 돌아왔다/ 압록강 두만강 뛰어넘어/ 조국이 부르
는 길 힘차게 달려/ 미제를 때려부숴 원쑤를 갚자. (하략)
　　　　〈조국 위해 바치자〉, 『東北朝鮮人民報』(연길) 1950.11.22[15]

　　위 노래에서 조국은 한반도 혹은 조선민주주의인민공화국을 뜻한다.
1950년 6·25전쟁 당시, 재중 조선족들은 한반도에 거주하는 코리언과
같은 민족정체성을 지니고 있었기 때문에 6·25전쟁은 남의 나라 전쟁
이 아니었다.[16] 그리고 이렇게 참전한 많은 재중 조선족들이 목숨을 잃
었다. 어느 중국 시인의 '산마다 진달래요 촌마다 열사 기념비라네'라는
시 구절에도 알 수 있듯이 연변 조선족 자치주에는 모두 600여 개의 혁
명 열사기념비가 재중 조선족의 죽음을 기리고 있다.

　　이처럼 재중 조선족에게 항미원조전쟁은 두 가지 의미를 지닌다. 하
나는 항일투쟁의 연장선상에서 북한을 도와 남한을 지배하고 있는 미
제국주의로부터 남한을 해방시키고자 하는 항미투쟁이었으며, 다른 하
나는 두만강과 압록강을 넘어 중국을 침범할 수도 있는 미국을 저지하
기 위한 보가위국의 의미였다.

　　하지만 이들이 조국의 수호라는 뜨거운 열정을 갖고 전쟁에 참전했더
라도 남한사회에서는 아직 인정받지 못한다. 북한과 중국에 이용당해
같은 민족에게 총부리를 겨눴다는 인식 때문이다. 그렇기 때문에 혹자
는 6·25전쟁에 참전했던 재중 조선족을 '역사의 미아'라고 부른다. 역사
적으로 재중 조선족의 6·25전쟁 참여가 이중적인 의미를 갖는 것처럼

---

14) 염인호, 『또 하나의 한국전쟁』, 역사비평사, 2010, 60쪽.
15) 위의 책, 54쪽 자료 재인용.
16) 위의 책, 54쪽.

실제 전쟁에 참여했던 당사자들은 전쟁에 참여했던 사실을 밝히고 싶어
하지 않는다. 이러한 감정은 아래의 하마탕촌(蛤蟆塘村) 할아버지의 구
술을 통해서도 알 수 있다.17)

인민군으로 6·25전쟁에 참여했던 할아버지는 경제적으로 우월하다
는 인식을 갖고 있는 남한 사회에 대한 불편한 감정을 일차적으로 표출
하였다. 그러면서 항미원조라 불린 6·25전쟁에 참여하여 국군을 향해
총부리를 겨눴다는 사실을 말할 때는 주변 사람(특히, 남한사람)의 시선
의 폭력과 직접적인 물리적인 보복에 대한 두려움을 갖고 있었다. 하마
탕촌 할아버지에게 항미원조의 훈장은 더 이상 자랑이 아니며, 분단의
상처이자 민족에게 총부리를 겨눈 사람이라는 낙인으로 인식되는 것이
다. 6·25전쟁에 참여하여 국군을 향해 총을 쏜 자신의 행위를 정당화하
기 위해서는 남한 사회와 어느 정도 거리를 두어야 한다. 그러나 남한이
라는 공간은 현재 자식들이 돈을 벌고 있는 공간이기 때문에 전적으로
비판할 수만은 없다. 이처럼 인민군으로 6·25전쟁에 참여했던 재중 조
선족은 남한이라는 국가를 두고 양가감정이 길항관계를 이루고 있는 것
이다.

하마탕촌 할아버지는 남한 사회에서 일하는 자식들을 보기 위해 남한
을 방문할 수 있으나, 자신이 6·25전쟁에 참여하여 같은 민족, 형제에

---

17) "하마탕촌(蛤蟆塘村) 마을에서 만난 여든이 넘은 할아버지는 지리적 고향은
함경도이며, 스스로의 정체성은 조선에 두고 있다. 그래서 한국에 대한 반감
을 드러냈다. 특히 한국전쟁 참전 이야기를 꺼내자 반감은 적대감으로 표출
되었다. 그런데 이 적대감은 다시 '전쟁에 참전한 나는 당신네의 적이기 때문
에 남한에 가면 밥 한 때도 못 얻어먹을 것'이라는 감정으로 이동한다. 아들
셋, 딸 셋 모두가 한국에 돈벌이를 와 있는 상황에서 한국에 대한 적대감은
오히려 해가 될 수 있다는 판단이다. 항미원조의 명분을 내세워 어쩔 수 없는
참전이었다는 말 가운데서 중국인으로 살아가면서도 고국의 분단에서 기인
한 트라우마를 읽어낼 수 있었다."(김종군, 「구술을 통해 본 분단 트라우마의
실체」, 『통일인문학논총』 제51집, 건국대학교 인문학연구원, 2011, 46쪽).

게 총부리를 겨누었다는 사실이 알려질까봐 남한 방문을 꺼리는 상태이다. 재중 조선족 할아버지는 법적으로는 자유롭게 남한 방문이 가능하지만 심리적인 제약 때문에 몸이 묶여 있는 것이다. 위 사례는 조선족 노인의 특별한 이야기로 그치는 것이 아니라 한반도의 비극을 함축하여 보여준다는 점에서 의미 있다.[18]

재중 조선족은 재일 조선인과 비교해 볼 때, 상대적으로 남한과 북한이라는 공간을 자유롭게 넘나들 수 있지만, 분단으로 인해 정서적인 영역에서 혼란을 겪고 있음을 알 수 있었다. 그러나 아래에서 살펴볼 재일 조선인은 감정의 영역을 넘어, 실제 삶에서 이동권마저 제약을 받고 있어 분단 트라우마의 강도가 더 강하다고 할 수 있다.

3) 이중분단의 고통과 이동권의 제약: 재일 조선인의 분단 트라우마

재일 조선인은 거주국인 일본은 물론 남한, 북한 어느 한 곳에서도 주인 된 삶을 살지 못한 채, 국가의 틈바구니에서 경계인으로서의 삶을 살 수밖에 없었다. 재일 조선인은 한반도의 분단과 동시에 재일 조선인 사회 내에서도 조선적, 한국적, 일본적이냐에 따라 구별되고 차별을 받기 때문에 이중분단의 고통을 몸소 체험하였다. 1952년 샌프란시스코 평화조약 체결에 의해서 정식으로 일본국적을 박탈당한 뒤 외국인 신분이 된 재일 조선인은 거주국이었던 일본으로부터 차별을 받으며 빈곤에 시

---

18) 하마탕촌 할아버지의 사례와 유사한 사례를 다음 연구에서도 발견할 수 있다. 김재기·임영언, 「중국 만주지역 조선인 디아스포라와 한국전쟁」, 『재외한인연구』제23호, 재외한인학회, 2011. 위 연구에서는 중국 요녕성에 거주하는 김영환 노인이 6·25전쟁 60년을 맞이하여 『요녕조선문보』(2010.6.11)에 그의 심정을 회고한 글을 싣고 있는데, 김영환 노인 역시 하마탕촌 할아버지의 사례와 유사한 감정을 공유하고 있다.

달렸다. 법적지위의 상실은 삶의 근간을 뒤흔들며 생존을 위협한 것이다.

재일 조선인은 일본사회에서 진학, 취업, 사회보장 등 여러 가지 면에서 배제되었기 때문에 1959년부터 시작되어 1984년까지 진행(1967년에 일시 중단되었다 1971년에 재개)된 북한의 귀국사업에 관심을 갖고, 북한을 선택할 수밖에 없었다. 지상낙원이라 믿었던 북한으로 귀국한 재일 조선인의 모습은 양영희 감독의 다큐멘터리와 영화에서 잘 그려져 있다.

> 북한은 1959년부터 20여 년에 걸쳐, 일본에 거주하는 9만 명 이상의 재일교포를 대상으로 이민을 장려했다. '귀국자'라 불리는 그들은 '지상낙원'인 줄 알고 갔던 북한에서 지금까지도 일본으로 다시 돌아가지 못하고 있다.[19]

일본에서 태어나 북한을 조국이라 부르는 부모님을 둔 한국 국적의 재일교포 2세인 양영희 감독은 다큐멘터리 영화 〈디어 평양〉, 〈굿바이 평양〉, 〈가족의 나라〉를 통해서 일본 내 조총련, 북송 문제 등으로 피해를 본 재일 조선인의 이야기를 그려내고 있다. 제주도 출신이며 오사카에 거주하지만 조선적을 가진 부모(양공선, 강정희)와 일본에서 출생하였지만 현재는 평양에 거주하며 북한적을 가진 세 오빠, 그리고 일본에서 출생하여 일본 도쿄에 거주하며 일본적을 가진 양영희 감독의 가족은 한반도 분단 그 자체를 그대로 닮았다.[20]

---

19) 양영희 감독 인터뷰 중에서.
20) 양영희 감독의 다큐멘터리에서 그려지고 있는 재일 조선인의 삶과 관련해서는 다음 논문을 참고할 수 있겠다. 졸고, 「양영희감독 영화에 나타난 평양의 공간성」, 『로컬리티 인문학』 12, 부산대학교 한국민족문화연구소, 2014.

1959년부터 북한에서 귀국사업이 시작되어 약 9만 5천여 명에 달하는 재일 조선인이 만경봉호에 몸을 실었다. 하지만 지상낙원일 줄 알았던 북한은 지상낙원이 아니었으며, 이들의 '낙원의 꿈'은 깨져버렸다. 북한의 경제는 나아질 기미를 보이지 않았고, 지상낙원이라고 생각되었던 곳에서 영양실조에 걸리는 곤궁한 삶을 이어가야 했다. 게다가 곤궁한 삶에 더해 재일 조선인은 북한에서 또 다른 형태의 차별과 억압을 받게 되었다. 북한으로 귀국을 선택한 재일 조선인이 다시 일본으로 돌아올 길이 막혀버리면서 귀국과 그로 인한 이산 역시 커다란 상처로 남아 있다. 또한 이러한 귀국사업은 민단과 조총련의 갈등을 심화시켜, 재일 조선인 사회에 분단을 각인시켰을 뿐만 아니라 남한 사람들에게 재일 조선인은 '빨갱이'로, '조선적'을 곧 '북한사람'으로 인식시키는 계기가 되었다.[21]

사실 9만 5천여 명이 북한으로 귀국한 이 사업은 일본 정부와 북한 정부의 정치·경제적 이해관계가 얽혀 추진된 것이라 할 수 있다.[22] 일본 내 좌익 세력과 함께 정권 비판세력으로 주로 활동한 재일 조선인, 특히 총련계 재일 조선인들은 일본 정부에 정치적인 부담이었으며, 대부분 빈곤층이었던 재일 조선인들의 삶 또한 경제적인 부담으로 작용하였다. 또한 일본 정부는 1951년부터 계속된 한일회담에서 보다 유리한 위치를 점하기 위해 한국을 견제할 필요가 있었다. 북한은 재일 조선인의 귀국을 통해 국내의 부족한 노동력을 보충하고자 했으며,[23] 재일 조선인 사

---

21) 윤인진, 『코리안 디아스포라』, 고려대학교출판부, 2004.

22) 테사 모리스-스즈키, 한철호 역, 『북한행 엑서더스-그들은 왜 '북송선'을 타야만 했는가?』, 책과함께, 2008, 32~33쪽.

23) "귀국사업은 1950년대 후반 사회주의 국가들로부터 원조가 급감하자 이를 타개하기 위한 현실적인 경제처방이었다. 북한경제가 원조에 의해 형성되었다면 귀국사업은 10만여 명의 귀국자를 인질(볼모)로 북한경제를 유지할 수 있었던 중요한 계기로 작용하였다. (…) 귀국사업이 북한경제에 끼친 긍정적인

회와 혈연적 유대관계를 형성함으로써 재일 조선인 사회에 대한 영향력을 강화하고자 했다. 또한 대대적인 귀국 운동의 전개는 남한에 대한 체제 우위를 선전할 수 있는 좋은 기회였다.[24]

귀국사업이 실시된 당시 재일 조선인의 98%가 남한에 고향을 둔 사람들이었고, 90%가량은 삼남지방 출신이었으며, 8%에 해당하는 지역민 중 상당수는 제주도 출신이었다.[25] 대부분의 재일 조선인의 지리적 고향이 남한 지역임에도 불구하고, 조국이 식민지로부터 해방되었을 때 한반도에 돌아가지 못했던 많은 재일 조선인의 귀향 소망을 실현시켜준 것은 한국정부가 아니라 북한정부였다. 당시 재일 조선인이 공산주의적 성향을 가졌기 때문에 북한으로 건너간 것이라는 주장도 있으나, 많은 재일 조선인이 공산주의적 성향을 가지게 된 배경에는 조총련을 통해서 많은 지원을 전달하고 조국에 대한 희망을 보여줄 수 있었던 북한정부의 정책적 노력이 있었을 것이다.

실제로 일본 내에 있는 재일 조선인의 민족교육을 위한 학교는 대부분이 조총련계 민족학교이고, 한국정부가 재일 조선인을 위해서 지원하는 민족학교는 거의 없었다고 보아야 할 정도이다. 남한은 북한에 비해 재일 조선인 사회에 무관심하였으며, 재일 조선인은 보이지 않는 존재였다. 그렇기 때문에 이들은 선택지로 주어진 남한 대신에 북한을 선택

측면으로는 부족한 노동력의 충원과 아울러 재일 조선인 사회로부터 막대한 자본과 기술 그리고 생산기계 등을 제공받아 경제에 활용했다는 점이다."(남근우, 「북한 귀국사업의 재조명: '원조경제'에서 '인질(볼모)경제'로의 전환」, 『한국정치학회보』 제44집 제4호, 한국정치학회, 2010, 153쪽).

24) 김형규, 「귀국 운동과 '재일'의 현실: 재일본문학예술가동맹의 소설을 중심으로」, 『한중인문학연구』 제15집, 한중인문학회, 2005, 414~415쪽; 고병국, 「남·북한 재일동포 정책의 특성과 문제점」, 『한국민족연구논집』 제2집, 한국민족연구원, 1999.

25) 김귀옥, 「분단과 전쟁의 디아스포라-재일 조선인 문제를 중심으로」, 『역사비평』 제91호, 역사문제연구소, 2010, 86쪽.

하였다. 60년대 북한은 경제적으로 남한보다 풍요로웠으며, 남한은 재일 조선인들을 모른 척했지만 북한에서는 조선 학교를 짓는 등 민족교육에 적극적이었다. 자식이 잘 되기를 바라는 부모의 입장에서는 대조적인 입장을 보이는 남한과 북한 중에서 북한을 택하는 것이 인간다운 삶을 위한 최선의 선택이었다. 또한 재일 조선인은 경제적인 이유보다도 차별 없는 사회에서 살아가리라는 기대를 갖고 북한을 택했다.

이처럼 북한을 선택한 재일 조선인에게 중요했던 것은 사상도, 이념도 아니라 자신이 소속될 수 있는 국가이자, 든든한 울타리였다. 하지만 든든한 울타리는 어느 순간 폐쇄적인 경계의 역할을 하며 '나와 너'를 구별 짓고 차단하는 장치가 되어 버렸다. 국가에 소속되었지만 개인은 사라져 버렸다. 북한 정부는 귀국한 재일 조선인이 일본에 있는 가족과 자유롭게 상봉하거나 교류할 수 있는 권리를 전혀 보장해주지 않음으로써 제2차적인 디아스포라를 만들고, 그들의 인권을 박탈하였다.[26] 이러한 사례는 양영희 감독의 다큐멘터리 영화를 통해서 살펴 볼 수 있다. 일본에서 유년시절을 보낸 양영희 감독의 오빠들은 커피와 클래식을 즐기는 자유로운 사람들이었다. 하지만 이들은 폐쇄된 북한에서 동화되지 못한 채 또 다른 이방인이자, '반쪽이'로 살아갈 수밖에 없었다.[27]

그렇다면 북한이 아닌 남한에서는 재일 조선인의 이동권이 보장받는 것일까? 북한뿐만 아니라 남한에서도 남북 관계가 경색되었던 1970~80

---

26) 김귀옥, 「분단과 전쟁의 디아스포라-재일 조선인 문제를 중심으로」, 『역사비평』 제91호, 역사문제연구소, 2010, 86쪽.

27) "북한은 1957년부터 모든 사람을 핵심/ 동요/ 적대계급으로 나누어 교육과 직업에서 차별하는 계급정책을 펼쳤는데 귀국자는 동요계급으로 분류되었다. 남한이 재일코리안을 간첩 취급한 것과 마찬가지로 북한도 정치상황에 따라 귀국자를 '반동분자', '반자본주의자' 취급했던 것이다."(이명자, 「양영희 영화에 재현된 분단의 경계인으로서 재일코리안 디아스포라의 정체성」, 『한국콘텐츠학회논문지』 제13권 제7호, 한국콘텐츠학회, 2013, 42쪽).

년대 재일 조선인을 바라보는 시각은 왜곡되어 있었다. 그래서 남한에 방문했던 재일 조선인들도 간첩으로 몰리며 또 다른 수난을 겪어야만 했다. 1971년 서승, 서준식 형제 간첩단 사건 이후 1970~1980년대 '재일 교포유학생 간첩 사건'이 십여 차례 발표되었다.

'11·22사건'의 피해자 강종헌(1975년 사건 당시 서울대 의대 재학)의 어머니 김영애는 "일본 오사카에 있는 재일동포 집단거주지 이카이노에 는 민단계와 조총련계를 가리지 않고 함께 어울려 살고 있는데 이들은 사상 따위에 신경 쓰지 않고 이국땅에 사는 동포라는 민족의식으로 서 로 내왕이 잦고, 결혼도 하며 심지어는 한국이 일본과 관계 개선이 늦은 관계로 아버지는 조총련에 아들은 민단에 가입한 예마저 흔히 있다."며 "만약 한국정부가 조총련계 인사와의 접촉을 꼬투리로 잡는다면 60만 재일 조선인이 모두 그 대상이 될 것"이라고 말했다.[28] 1970년대 한일국 교정상화에 의해 남한으로 유학을 온 재일 조선인 학생들은 간첩단사건 에 연루되었다. 일본에서 별다른 생각 없이 조총련계 사람과 접촉했던 재일 조선인 유학생들은 한국에 들어온 뒤 과거에 조총련이나 북한과의 접촉사실이 드러나 국가보안법에 얽혀들고 말은 것이다. 이처럼 유학을 온 재일 조선인 학생이 간첩으로 몰리는 일이 일어났으며, 이들은 분단 체제의 희생양이 되었다.

1960~70년대 반공주의 시대를 지나왔지만 여전히 남한정권에서는 '조 선적'하면 '북한'이라는 등식이 강하게 작동하고 있다. 남한정권은 조선 적을 가진 재일 조선인은 단지 조선적을 가졌다는 이유만으로 그들 존 재를 안보위협요소로 간주하며 조선적 보유자의 남한 방문을 제한한

---

28) 민가협 산하 장기수가족협의회, 『간첩은 이렇게 만들어 집니다-간첩사건 조 작 증언 자료집-』, 100~101쪽(전명혁, 「재일동포의 과거와 현재: 1970년대 '재 일교포유학생 국가보안법 사건'연구 -'11·22사건을 중심으로-」, 『한일민족문 제연구』, 한일민족문제학회, 2011, 81쪽 재인용).

다.[29] 이러한 사례는 김지운 감독의 다큐멘터리 영화 〈항로〉[30]에서도 만나볼 수 있다. 일본에서 극작가이자 연출가로 활동하고 있는 김철의 씨는 2009년부터 '조선적'이라는 이유로 남한 입국이 거부되어 왔다. 그의 작품은 남한에서 공연되지만, 정작 작가이자 연출가인 김철의 씨는 남한에서의 공연을 직접 보지 못하는 아픔을 안고 살아간다.[31]

지금까지 다큐멘터리 영화를 사례로 들어 살펴본 것처럼 재일 조선인은 분단된 남한과 북한 사이의 보이지 않는 이념의 속박으로부터 여전히 자유롭지 못할 뿐더러 이동권마저 제한되어 있다. 하지만 재일 조선인은 다큐멘터리 영화를 통해 자신의 얼룩진 삶을 적극적으로 알리고 있다. 앞서 재중 조선족은 한 국가를 두고 양가감정을 느끼며, 여러 감정이 혼종되어 있어 감정적인 영역에서 분단 트라우마가 강하게 작동하였다. 반면에 재일 조선인은 '조선적'이냐 아니냐에 따라, 한 국가를 두고도 자유롭게 오고 갈 수 없는 처지여서 이동권의 영역에 있어 분단 트라우마가 강하게 작동하는 양상을 보이고 있다. 다음 장에서는 역사적 트라우마 가운데 분단 트라우마를 정점으로 삼고 있는 한국인과 탈북자

---

29) 이재승, 「분단체제 아래서 재일 코리언의 이동권」, 『민주법학』 제52호, 민주주의법학연구회, 2013, 213쪽 참고.

30) 다큐멘터리 영화 〈항로〉와 관련해서는 김지운 감독의 다음 인터뷰 자료를 참고하기 바란다. 「다큐 '항로' 김지운 감독 "조선적 입국 국가가 책임져야"」, 『민중의 소리』 2014.11.21(2014.12.23. 검색) http://www.vop.co.kr/A00000816323.html

31) "재일 조선인은 남한 이동과 정착의 과정에서 물리적인 국경선만이 아닌 복합적인 경계선을 직면하게 된다. 조선/ 한국/ 일본으로 구분되는 국적과 언어적인 경계선은 제도적·문화적으로 '한국인'임을 정하는 자격요건으로 작용한다. 또한 '조총련'과 연관된 요소들은 항상 이데올로기적 검열의 대상으로 당사자들에게 의식화된다. 이 경계선들은 재일 조선인들에게 타율적으로 그어진 역사의 흔적이면서도 동시에 그들 스스로의 정체성과 차이를 구성하는 중요한 선이기도 하다."(조경희, 「이동하는 '귀환자들': '탈냉전'기 재일 조선인의 한국 이동과 경계의 재구성」, 신현준 엮음, 『귀환 혹은 순환』, 그린비, 2013, 210~211쪽).

의 분단 트라우마 양상을 살펴보도록 하겠다.

3. 한국인과 탈북자의 분단 트라우마 양상

1) 세대를 이어 지속되는 분단 트라우마의 현재성

역사적 트라우마는 과거의 충격적 사건을 직접 체험한 당사자뿐만 아니라 특정한 역사를 공유하며 그와 관계하는 특정 집단 내부에서 전이되는, 후천적이면서도 이차적인 트라우마이다. 해외에 거주하는 코리언 디아스포라들이 거주국 내 사회에서 공통의 역사적 경험을 뿌리로 두는 특정 집단을 이루고 사는 데 반해, 6·25전쟁이 발발했던 한반도에 거주하는 코리언은 일부 특정 집단이 아닌 그 집단 전체가 역사적 트라우마에 직접적으로 노출되어 있다고 볼 수 있다. 이러한 한반도에 거주하는 코리언들은 노출 수위뿐만 아니라 전쟁과 분단의 물리적·정신적 피해 강도 역시 강하다. 그러므로 한반도에 거주하는 한국인과 탈북자는 국제 정세와 함께 변화하는 남한과 북한의 관계와 역사적 트라우마를 환기시키는 여러 사건들에 더 많이 노출되어 있으며, 상처를 환기시키는 사건들에 예민하게 반응한다.[32] 실제로 한반도에 거주한다는 것은 언제 터질지 모르는 휴화산을 곁에 두고 살아가는 것에 비유할 수 있겠다. 물리적 의미의 전쟁은 멈춰있지만 두 분단국가의 체제 전쟁은 여전히 진

---

32) "역사적 트라우마는 그것이 특정한 집단의 무의식 속에서 상처로 각인되어 일상의 반복적인 사건이나 경험들과 마주칠 때 끊임없이 과거의 사건들에 대한 상처를 불러내는 현재적 요소 없이 작동할 수 없다."(박영균·김종군, 「코리언의 역사적 트라우마에 관한 연구방법론」, 『코리언의 역사적 트라우마』, 선인, 2012, 43쪽).

행 중이며, 분단 트라우마는 여전히 강력한 힘을 발휘하고 있다.

분단이 우리 민족에게 남긴 큰 상처는 무엇이라고 생각하는가?

분류	한국인 (전체)	나이						탈북자 (전체)
		10대	20대	30대	40대	50대	60대 이상	
이산의 고통	34.1	19.0	22.8	32.7	49.0	33.9	44.0	64.2
외세에 의한 민족자존의 손상	11.6	11.1	15.8	17.3	5.9	12.5	5.3	4.6
민주주의의 왜곡과 발전저해	8.2	3.2	12.9	10.6	9.8	7.1	1.3	8.3
경제발전의 저해	5.8	11.1	6.9	5.8	3.9	3.6	4.0	6.4
남북의 적대와 긴장	37.3	52.4	40.6	32.7	31.4	35.7	36.0	16.5
중복응답	2.4	3.2	–	–	–	7.1	8.0	–
무응답	0.6							–

한국인은 분단이 우리 민족에게 남긴 가장 큰 상처로 '남북의 적대와 긴장(37.3%)'과 '이산의 고통(34.1%)'을 꼽았다. 한반도에 거주하는 또 다른 코리언인 탈북자의 경우는 이산의 고통에 응답한 비율이 64.2%로 절반을 넘으며 압도적으로 높았으며, 16.5%가 남북의 적대와 긴장을 꼽았다. 강도의 차이가 있기는 하나 한반도에 거주하는 코리언은 남북의 적대와 긴장 관계에 주목하였다.

분단은 전쟁이 휴전이라는 '상대적 평화상태'로 지속되는 것을 의미한다. 열전(熱戰)이 잠시 멈춘 상태인 분단 상황에서는 언제 다가올지도 모르는 전쟁을 위한 준비태세를 갖춰야 한다.33) 때문에 6·25전쟁은 마침표가 아닌 쉼표의 상태로, 그 다음에 어떤 사건이 이어질지 몰라 늘 긴장상태에 머무르게 하고 있다. 6·25전쟁은 과거의 시간으로 머무르

33) 김동춘, 「한국전쟁 직후 남한의 생활문화」, 『문화분단(남한의 개인주의와 북한의 집단주의)』, 선인, 2012, 65쪽.

지 않고 언제든지 현재, 그리고 미래의 시간으로 반복될 수 있는 것이
다.

위 설문 결과를 살펴보면, 남한 사회의 한국인은 연령이 어릴수록 남
북의 적대와 긴장에 예민했다. 6 · 25전쟁의 고통을 직접 경험한 50~60대
이상의 연령층이 남북의 적대와 긴장에 예민한 반응을 보이는 것은 후
천적인 경험을 바탕으로 몸에 새겨진 무조건반사로 이해할 수 있다. 그
러나 전쟁을 경험하지 않은 10~20대가 보이는 반응은 어떻게 해석해야
할까. 젊은 세대들이 보이는 반응은 이들이 전쟁의 경험으로부터는 멀
어졌지만 경험적으로 알지 못하는 전쟁에 대한 두려움은 커졌다는 것을
말해준다. 이러한 반응은 트라우마가 시간이 지나면서 공포와 두려움과
결부되어 확장되는 기제와 함께 생각할 수 있는 부분이라고 지적된 바
있다.[34] 역사적 트라우마인 분단 트라우마가 과거 사건을 직접적으로
경험하지 않은 후세대들에게서 반복적으로 나타나는 것이다.[35]

젊은 세대가 북한에 보이는 적대감은 위 설문 조사뿐만 아니라 다른
설문조사에서도 반복적으로 나타난다. '2013년 한국인 의식조사'(2013년
10월 30일 기사)[36] 중 세대별 북한에 대한 인식에 관해 묻는 문항에서도
북한에 대해 적대감을 갖고 있는 세대가 주로 20대의 젊은 층인 것으로

---

34) 강미정, 「한국인의 식민 · 분단 트라우마 양상과 치유 방향」, 『코리언의 역사
적 트라우마』, 선인, 2012, 99쪽.

35) "분단 이후 벌어진 역사적 트라우마로부터 오늘날의 젊은 세대가 완전히 벗
어났다고 보기 힘들다. 이는 트라우마를 경험하지 않았지만 트라우마의 기억
이 세대 간에 전승되어 포스트 메모리(문화적으로 획득된 기억)가 작동한다
는 차원뿐만 아니라 분단 트라우마가 세대를 이어가면서 지속되는 현재진행
형이라는 뜻이기도 하다."(이병수, 「분단 트라우마의 성격과 윤리성 고찰」,
『시대와 철학』제22권 제1호, 한국철학사상연구회, 2011, 161쪽).

36) 「천안함 폭침 … 취업난 … 군입대 … 20대 40% "北은 敵-타인"」, 『동아일보』
2013.10.30(2014.09.22. 검색).
http://news.donga.com/3/all/20131029/58553557/1

드러났다. 19~29세의 20대는 북한을 '우리' 또는 '이웃'이라고 인식하는 비율이 46.6%로 다른 세대에 비해 낮았으며 반대로 '적' 또는 '남'이라고 인식하는 비율이 40.3%로 다른 세대에 비해 높았다. 20대들은 6·25전쟁에 대한 경험이 없으며, 반공교육에 대한 노출도 적었음에도 불구하고, 북한에 대한 적대감이 최고조에 이른다.

이에 대한 이해는 두 가지 측면에서 가능할 것이다. 우선, 20대는 6·25에 대한 경험, 386세대와 같은 문화, 사상적 접촉과 같은 경험도 없기 때문에 북한에 대해 같은 민족이라는 동질성을 느낄 뚜렷한 계기가 없었다. 386세대가 자란 민주화의 토양에서는 자연스럽게 통일의식도 흡수할 수 있었다. 사실, 반공교육은 남한과 북한이 서로 동포라는 전제 하에 이뤄졌다. 그러므로 반공교육의 현장에는 남한과 북한이 동포라는 보이지 않는 끈이 서로를 묶어주고 있었다. '2013년 한국인 의식조사'에서 40대는 북한을 '우리' 또는 '이웃'으로 인식하는 비율이 65.8%로 가장 높았다. 그러나 현재 20대는 남한과 북한이 서로 같은 민족이라는 의식이 없어 서로 데면데면할 뿐만 아니라 통일이라는 거대담론에 대해서도 문제의식을 갖고 있지 않다.

오히려 20대들은 동질감 대신에 적대감을 느낄 수밖에 없는 현실에 살고 있다. 젊은 세대들은 6·25전쟁이 발발했던 시간으로부터는 50년이 넘는 시간적 거리를 유지하고 있다. 그러나 이들이 일상에서 접하게 되

세대별 북한에 대한 인식 (단위: %)

	우리	이웃	남	적
19~29세	17.9	28.7	16.8	23.5
30대	25.5	34.9	12.1	16.8
40대	36.4	29.4	9.8	16.2
50대	33.6	28.8	3.8	26.0
60세 이상	23.8	31.4	8.3	28.6

는 언론과 교육은 남북 간 긴장국면을 현실화시키면서 전쟁과의 심리적 거리를 가깝게 하고 있다. 이때 전쟁은 무력을 통한 물리적인 전쟁에 국한 된 것이 아니라, 이데올로기와 같은 패러다임 전쟁이라 할 수 있겠다. 이들은 성장과정에서 연평도 포격, 북한의 핵실험 등을 겪으면서 북한을 적대시할 수밖에 없는 직접적 계기가 많았다. 청년실업이나 군 입대 등 현실적인 문제도 북한에 대한 부정적 인식을 짙게 했다고 볼 수 있다. 전후(戰後)세대이자 세계적 탈(脫)냉전 분위기 속에서 자란 20대의 이런 인식은 북한에 대한 동질감은 떨어지는 반면 적대감은 커지는 것으로 나타나고 있다.[37]

이처럼 분단 트라우마는 6·25전쟁을 경험하지 않은 세대에게도 전이되면서 개인의 문제를 넘어 민족적·사회적 차원의 문제로도 다뤄져야 함을 시사하고 있다. 특히, 한반도에 거주하고 있는 한국인이나 탈북자에게는 분단의 상처가 현재진행형이며, 해외에 거주하는 코리언 디아스포라와는 다른 생생한 현장성과 현재성을 갖고 있다. 그러므로 한반도에 거주하는 코리언들의 분단 트라우마는 그 양상을 다층적으로 나눠 살펴볼 필요가 있다. 아래에서는 한반도에 거주하는 한국인과 탈북자의 분단 트라우마 양상을 나누어 살펴보도록 하겠다.

2) 한국인의 분단 트라우마

(1) 강도 높은 대북 적대성과 그 이면의 공포

'분단이 우리 민족에게 남긴 큰 상처는 무엇이라고 생각하는가?'라는

---

[37] 「천안함 폭침 … 취업난 … 군입대 … 20대 40% "北은 敵-타인"」, 『동아일보』 2013.10.30(2014.09.22. 검색). http://news.donga.com/3/all/20131029/58553557/1

질문에 한국인의 37.3%가 남북의 적대와 긴장을 꼽았으며, 10대에서 60대 이상까지 전 연령층에서 평균 30%이상이 남북의 적대와 긴장을 문제로 지적하였다.[38) 이 설문을 통해서 한국인이 갖고 있는 대북 적대성을 어느 정도 감지할 수 있었다. 분단 트라우마는 남북이라는 두 개의 분단국가가 단일 민족국가 건설을 향한 민족적 리비도의 좌절을 상대에 대한 원한과 복수의 감정으로 전치시킴으로써 생겨난 남북의 상호적대성을 가리킨다.[39) 분단 트라우마의 하나라고 할 수 있는 한국인의 대북 적대성이 어느 정도의 강도로 작동하고 있는지는 아래 설문을 통해 구체적으로 측정해 볼 수 있겠다.

현재 분단이 지속되는 데 굳이 어느 한쪽에 책임을 묻는다면 남과 북 어디인가?/
통일되지 않는 이유는?

		한국인	탈북자	재중	재러	재일
책임 소재	남한	9.6	9.2	51.5	8.6	22.0
	북한	88.6	89.9	48.5	79.8	55.7
통일되지 않는 이유	남과 북이 서로 적대시하기 때문에	19.8	28.4	39.7	45.1	15.4

---

38)   분단이 우리 민족에게 남긴 큰 상처는 무엇이라고 생각하는가?

분류	한국인 (전체)	나이						탈북자 (전체)
		10대	20대	30대	40대	50대	60대 이상	
이산의 고통	34.1	19.0	22.8	32.7	49.0	33.9	44.0	64.2
외세에 의한 민족자존의 손상	11.6	11.1	15.8	17.3	5.9	12.5	5.3	4.6
민주주의의 왜곡과 발전저해	8.2	3.2	12.9	10.6	9.8	7.1	1.3	8.3
경제발전의 저해	5.8	11.1	6.9	5.8	3.9	3.6	4.0	6.4
남북의 적대와 긴장	37.3	52.4	40.6	32.7	31.4	35.7	36.0	16.5
중복응답	2.4	3.2	–	–	7.1	8.0	–	
무응답	0.6							–

39) 이병수, 「남북관계에서 소통과 치유의 문제」, 『한민족문화연구』 제43집, 한민족문화학회, 2013, 349쪽.

외세 열강이 통일을 가로막기 때문에	25.0	31.2	19.5	6.1	23.1
남한이 미국편에서 북한을 봉쇄하기 때문에	3.0	3.7	27.9	8.3	7.7
북한이 개혁/개방을 하지 않고 있기 때문에	51.3	36.7	12.8	34.7	35.9

현재 분단이 지속되는 데 굳이 어느 한쪽에 책임을 묻는다면 남한과 북한 중 어디인지 묻는 질문에 한국인의 88.6%가 북한을 지목하였으며, 통일되지 않는 이유로도 북한이 개혁 개방을 하지 않고 있기 때문이라고 응답했다. 한국인의 이러한 반응은 탈북자(89.9%)에 이어 높았다. 탈북자의 반응은 탈북이라는 행위의 당위성을 얻기 위해 북한의 경제 또는 체제에 대한 비판 의식이 강한 것으로 이해할 수 있다. 해외에 거주하는 다른 코리언 디아스포라들의 응답 비율과 비교해 볼 때, 재중 조선족의 51.5%와 재일 조선인의 22.0%가 남한에 분단 지속의 책임 소재를 물었다. 이들과 달리 분단 지속의 원인을 북한의 폐쇄성에서 찾고자 하는 한국인의 반응에서 강한 대북 적대성으로 읽을 수 있다.

동족 간에 이뤄진 전쟁과 분단의 지속은 일방적으로 어느 한쪽에 귀책사유를 추궁하기 힘들며 남한과 북한, 한반도를 둘러싼 여러 국가들의 역학관계가 얽혀서 발생하였다. 그럼에도 불구하고 한국인은 북한에게 '네 탓'이라며 모든 책임을 전가하고 있다. 상대에게 책임을 추궁하면 할수록, 상대방은 적의 자리로 밀려나게 되고, 상대가 적으로 기정사실화 되면서 상대에 대한 적대심은 강해질 수밖에 없다. 적대심이 강해질수록 상대의 모습을 객관적으로 보기 어려우며, 그들의 상처에 대해 관심을 갖기 힘들다.

이처럼 상대에 대한 높은 적대심으로 표출되는 분단 트라우마는

6·25전쟁이 동족상잔이었다는 양심의 가책과 연결 지어 이해해 볼 수 있다. 6·25전쟁을 일으킨 분단국가의 책임은 인식되어서는 안 되는 것이며, 동족을 향해 총부리를 겨누었다는 사실에 대한 면죄부를 받기 위해 상대를 적의 자리로 위치시키는 작업이 이뤄졌다. 이렇게 하여 6·25전쟁의 트라우마는 분단체제의 적대적 사회심리를 완성하게 되는데, 그것은 바로 모든 전쟁의 책임, 동족상잔의 책임을 분단국가의 다른 한쪽에 전가함으로써 그들의 책임을 면제받는 것이다. 게다가 더 나아가 전쟁의 모든 책임을 상대에게 전가함으로써 상대를 적으로 만들고 그것을 통해서 분단국가는 자기 내부의 구성원들을 국민으로 통합하면서 국가의 정당성을 세울 수 있다.[40]

상대에 대한 적대감을 높이는 작업은 전쟁 후 국민국가의 통합과 일체감을 느끼게 하였다.[41] 상대에 대한 적대감은 국민국가의 경계를 강화하는 작업으로 국민국가의 국민으로서 마땅히 따라야 할 의무였다. 수 천 년의 역사와 문화를 공유한 동포의 자리에 있던 북한은 이러한 과정을 거쳐 적으로 자리매김하였다. 남한 내부의 작업과 동시에 한반도 외부에서도 북한을 악의 축이라 선포함으로써 북한에 대한 적대감은 증대되었다. 역사적으로 한반도 내에서는 남한과 북한 분단체제의 적대성은 국가폭력으로까지 이어지게 된다. 남한에서는 반공주의가 모든 논리의 중심이던 시기 북한에 대한 적대감은 최고조에 달하였다. 그러나 60~70년대와 어느 정도 시간적 거리를 갖는 현재, 여전히 남한사회에서는 북한에 대한 적대감이 적나라하게 나타난다. 단적인 예로, 남한 사회

---

40) 박영균·김종군, 「코리언의 역사적 트라우마에 관한 연구방법론」, 『코리언의 역사적 트라우마』, 선인, 2012, 41쪽.

41) 두 개의 분단국가, 남과 북은 적대적이지만 이 적대성을 통해서 상호 공생하고 있을 뿐만 아니라 분단체제를 재생산하고 있다. 김성민·박영균, 「통일학의 정초를 위한 인문적 비판과 성찰」, 『통일인문학논총』 제56집, 건국대학교 인문학연구원, 2013, 93쪽.

에서 인명 피해가 큰 사건, 사고가 발생하면 그 배후에 북한이 잠재적인
원인으로 있는 것은 아닐까, 의심하는 심리를 들 수 있다. 진실여부와
상관없이 북한을 신뢰하지 못하고 의심하는 기저에는 강도 높은 대북
적대감이라는 분단 트라우마가 작동하고 있는 것이다. 그리고 이러한
적대감의 이면에 자리 잡고 있는 것은 공포와 불안이다.

　남한 사회에서 북한에 대한 적대감이 커질수록 이에 비례하여 북한에
서 남한에 대한 적대감 역시 심화될 수밖에 없다. 그리고 서로에 대한
적대감으로 인해 소통의 기회는 자연스럽게 줄어들게 된다. 남한 사회
에서 북한에 대한 적대감과 공포감을 거둬내고, 서로가 서로를 비춰보
는 거울의 역할을 할 때 화해의 기회를 마련할 수 있을 것이다.

(2) 지속되는 이산의 아픔

　한국인은 분단이 우리 민족에게 남긴 큰 상처로 '남북의 적대와 긴장'
다음에 '이산의 고통'(34.1%)을 꼽았다.[42] 그런데 이 설문조사를 보면
6·25전쟁을 통해 직접적인 가족 이산을 경험한 60대 이상의 세대가
44.0%의 응답 비율을 보이며 이산의 아픔을 토로하였다. 그런데 여기서
주목할 점은 60대 이상의 세대를 부모로 둔 자녀 세대에 해당하는 40대
에게서도 이산의 고통이 담지 된다는 점이다. 40대들 중 과반수에 해당

---

42)　분단이 우리 민족에게 남긴 큰 상처는
　　　무엇이라고 생각하는가?

분류	한국인 (전체)
이산의 고통	34.1
외세에 의한 민족자존의 손상	11.6
민주주의의 왜곡과 발전저해	8.2
경제발전의 저해	5.8
남북의 적대와 긴장	37.3
중복응답	2.4
무응답	0.6

하는 비율인 49.0%가 부모 세대가 겪은 이산의 아픔에 공감하고, 고통을 함께 나누고 있다는 점을 주목할 만하다. 이들은 6·25전쟁을 직접 경험하지도, 이산의 아픔을 몸소 체험하지는 않았지만 삶에서 부모 세대의 아픔을 추체험(追體驗)하고 있었다. 40대에게서 발견되는 이러한 반응이야말로 역사적 트라우마로서의 분단 트라우마가 작동하고 있는 현재적 모습이라고 할 수 있다.

6·25전쟁의 휴전과 함께 야기된 한반도의 분단은 가족의 분단으로 이어졌다. 한국인이 겪고 있는 가족 이산의 고통은 해외에 거주하고 있는 코리언 디아스포라의 민족 이산과는 성격이 다르다. 해외에 거주하는 코리언 디아스포라의 경우는 일제의 식민지에서부터 분단으로 이어지는 한반도의 비극적 역사의 산물로서, 이들은 사회구조적 이유로 물리적 핍박에서 벗어나기 위해 또는 삶의 터전을 빼앗기고 경제적 기반을 찾기 위해 가족과 함께 한반도를 떠나게 되었다.43) 이때 일반적으로 부모는 자식을 데려가며, 가족단위로 움직였기 때문에 가족 간 이산의 성격보다는 민족 간 이산이라는 의미가 더 크다.

현재 한반도에 살고 있는 한국인들은 부모, 형제, 부부와 같은 가족단위에서 헤어지게 된 이산으로부터 고통을 겪고 있다. 갑작스러운 전쟁

---

43) "미국을 제외한 중국, 일본, 구소련 국가들에 거주하는 코리언 디아스포라는 약 414만 명으로, 전체 코리언 디아스포라 중 약 57%를 차지하고 있다. 그런데 이들 대부분은 일제 식민통치의 산물이다. 이들은 대략 3가지의 유형, 즉 일제 식민 통치 시기에 정치적 탄압을 피해 망명한 경우와 1920년대 일제의 토지조사사업과 같은 수탈로 토지와 생산수단을 빼앗긴 농민과 노동자들이 이주한 경우, 그리고 1930년대 '국가총동원법'과 같은 일제의 팽창정책을 따라 이루어진 경우들이다. 이 기간 동안 해외로 끌려간 동포의 숫자는 대략 400~500만 명에 이를 것으로 추산되고 있다. 그러나 이들 중 약 177만 5천여 명이 일제의 패망, 8.15해방으로 이어지는, 혼란스런 정국과 경제적 이유 등으로 돌아오지 못하고 타국에 남아 있을 수밖에 없었다." 김성민·박영균, 「분단극복의 민족적 과제와 코리안 디아스포라」, 『대동철학』 제58집, 대동철학회, 2012, 48쪽.

의 발발과 이로 인해 무계획적으로 이뤄진 피난 상황에서 부모와 자식,
형제, 부부는 서로를 챙기지 못한 채, 각자 살기위해 집을 떠났다. 설사
가족이 모두 함께 피난을 떠났더라도 피난 도중 폭격에 맞거나 여러 가
지 이유로 뿔뿔이 흩어지게 되었다. 1분 1초가 급박한 전쟁 상황 속에서
눈앞에 있던 가족과 헤어졌기에 이산의 아픔은 더욱 크며, 가족과의 만
남은 더욱 간절할 수밖에 없다.

　이렇게 이뤄진 가족 간 이산의 양상은 다양하다. 6·25전쟁 당시 월남
하게 되면서 가족과 헤어진 경우도 있을 것이며, 가족이 월북하면서 헤
어진 경우도 있을 것이다. 이산의 양상이 다양할지라도 직접적인 원인
이 한반도의 분단이라는 점에서 이산가족이 갖고 있는 아픔은 분단 트
라우마의 또 다른 핵심이라고 할 수 있다. 이산가족에게서 발견할 수 있
는 분단 트라우마의 대표적인 사례는 한 차례 선행 연구를 통해 소개된
바 있는 속초 아바이 마을의 한 사례자의 구술 사례를 살펴보도록 하겠
다.[44]

　　그때 목선이 세 척이 출발하게 됐어. 세 척이 출발해 나오다가 함흥,
　거 함흥에 와서 그루다 시방 그 밤을 새우는데, 내가 일호선 탔는데, 일호
　선 타구 내려와 보이까 여게가, 여게가 내 가족을 보이까, 그루이까 가 보
　이까 내 가족두 굶구 오다가 (몸을 쪼그리며) 영 요러구 있어요. 그른데
　이 삼호선에 가 보이까, 그 삼호선에 가 보이까, 이 배에는 여유가 있더라
　구. 그래서 내딴엔 또 가족을 펜안이 데리가구퍼서 여기 있는 거 삼호선
　에루 옮게 났거든. 그루구서 그때는 출발, 세 대가 출발했는데 우리랑 이
　호선에 탄 사람덜이랑, 만약에 다 여게서 다 우리가 잽페서 피해루 보는
　사람들이니까 죽으나 사나 나가야지. 근데 이 사람들은 안 나가두 좋으이
　까 이짝 나가던 사람들루 나더뻐리구 도루 들어가 뻐렸단말이야.[45]

---

44) 김종군, 「구술을 통해 본 분단 트라우마의 실체」, 『통일인문학논총』 제51집,
　　건국대학교 인문학연구원, 2011.

　　사람 인생이, 나두 이젠 팔십너이요. 갈 데가 다 온 것 같은데. 죽기
　　전에 돈이나 안구 들어가서 고향땅을 밟았으믄 좋겠는데 …… 그게 지금
　　제일 소원이여. 그 거기 있는 할머이두 그렇구.46)

　　6·25전쟁을 겪은 한국인들의 생애담을 들어보면, 위 구술 자료에서
처럼 가족의 이산과 죽음이 단골로 등장한다. 혈육이 죽어가는 과정을
눈앞에서 목격하거나, 손이 닿을 만치 가까운 거리에서 생이별을 하게
된 이들은 마음에 가족을 묻을 수밖에 없었다. 이처럼 한국사회에서 이
산가족의 아픔은 가장 직접적인 상처로 생생하게 남아있다. 그리고 이
러한 이산가족의 아픔은 일시적으로 그치는 게 아니라 지속적으로 영향
력을 미친다. 위 사례의 구술자 역시 북한에 두고 온 가족에 대한 죄의
식과 그리움은 남한에서의 삶을 불완전하게 느끼도록 하였다.

　　이러한 상황 속에서 통일이라는 근본적인 문제가 해결되지 않는 이상
이산가족 상봉과 같은 교류 프로그램은 일시적인 미봉책에 지나지 않는
다. 하지만 이러한 이산가족 상봉 또한 남북 간의 긴장관계가 완화되면
지속되었다가도 금방이라도 관계가 경색되면 중단되기를 반복하여 이
산가족의 애를 태우고 있다. 또한 가족이산의 대상자가 고령이기 때문
에 하루바삐 이산가족의 문제가 해결되어야 하겠다. 이산가족 상봉은
보수와 진보의 이념적 갈등을 넘어 모두가 공감하고 필요성을 인정하는
민족 평화와 '화합의 장'이다. 한편 이산가족 상봉을 통한 민족 동질성
회복은 통일에 대한 관심을 고조시킬 수 있으며, 궁극적으로는 평화적
통일기반 구축의 첫 걸음이라 할 수 있다.

---

45) 위의 글, 2011, 54쪽.
46) 김종군, 「구술을 통해 본 분단 트라우마의 실체」, 『통일인문학논총』 제51집,
　　건국대학교 인문학연구원, 2011, 57쪽.

(3) 남북 갈등에서부터 남남 갈등까지, 갈등의 심화

6·25전쟁은 같은 동족, 형제간에 서로를 향해 총부리를 겨눈 내전이다. 내전이 발발하면 이웃, 심지어는 가족구성원을 포함한 모든 사람들이 잠재적인 적으로 돌변한다. 즉, 모든 사람들이 자신의 생명을 보전하기 위해 협잡, 기만, 아부, 타협, 굴종, 배반을 서슴없이 감행하기 때문에 지도자, 공권력, 이웃에 대한 신뢰가 거의 사라진다.[47] 국가 역시 국민을 믿지 않으며, 반대로 국민 역시 국가를 믿기 어렵다. 앞 절에서 '강도 높은 대북 적대성'을 들어 한국인의 분단 트라우마를 지적했는데, 대북 적대성의 기저에는 상대방에 대한 불신이 자리 잡고 있다. 서로에 대한 불신의 서사가 작동하면서 공포와 불안을 낳고, 이러한 감정이 연쇄적으로 대북 적대성으로까지 이어지면서 분단 트라우마를 현재화, 고착화시킨다.

대북 적대성은 단순히 지역적으로 북한에 거주하고 있는 사람에 대한 적대성을 넘어서 남한에 거주하고 있지만 자신과 이념적, 체제적으로 다른 노선을 걷고 있다고 보이는 사람들에게까지 범위를 확대하여 작동하기 시작한다. 즉, 남한과 북한의 갈등은 남남 갈등으로까지 확산되고 심화되는 것이다. 6·25전쟁이 일차적으로는 좌·우의 이데올로기적 전쟁이었음을 고려할 때, 한국인의 분단 트라우마가 레드 콤플렉스와 연결된다는 것을 알 수 있다. 대표적인 예가 '빨갱이'라는 명명이 갖는 폭력성과 반공 이데올로기, 국가보안법이라고 할 수 있겠다. 이처럼 남한과 북한 분단체제의 적대성이 남한 사회 내에서 국가폭력으로까지 이어지게 된 역사적 사례는 쉽게 찾아볼 수 있다.

반공 이데올로기가 기승을 부리던 시대를 지나왔지만 현재에도 남북

---

47) 김동춘, 「한국전쟁 직후 남한의 생활문화」, 『문화분단(남한의 개인주의와 북한의 집단주의)』, 선인, 2012, 64쪽.

한의 체제 분단, 이념의 분단은 남한 내 지역 간 분단, 세대 간 분단을 야기하며 갈등을 유발하고 있다. 그리고 남한 내 지역, 세대 간 갈등이 정치와 연결고리를 갖게 되면 갈등은 더욱 심화된다. 세대 간의 공통 경험이 부재하게 되면서 세대 간의 분단도 무시하지 못할 정도로 큰 힘을 발휘하고 있는데, 가장 대표적인 세대 간 갈등은 전쟁을 겪은 세대와 겪지 않은 젊은이들 간의 갈등이다. 이들 세대 간 입장 차이는 통일을 비롯한 여러 핵심적인 과제에 있어 두드러지게 나타난다.[48]

또한 남한 내 분단은 세대 간 갈등뿐만 아니라 집단 간의 갈등에서도 찾을 수 있다. 그 한 예가 종북 프레임, 종북 논리인데, 이 기저에는 분단 트라우마가 작동하고 있다. 조지 레이코프에 따르면, 프레임이란 우리가 사물과 세상을 이해하는 체계로, 모든 단어는 프레임에 근거하여 사고된다.[49] 본래 '종북(從北)'이란 단어는 글자그대로 북한을 따르는 세력을 가리키며, 단순한 친북과의 변별을 위해 1990년대 말부터 사용하기 시작하였다.[50] 그러나 남한과 북한이 분단된 상황에서 종북이라는 단어는 어느 단어와 연결되더라도 전쟁, 공포, 불안과 같은 부정적인 이

---

48) 『트라우마 한국사회』의 저자 김태형은 50년대 생부터 80년대 생까지를 각각 '좌절세대(50년대 생)', '민주화세대(60년대 생)', '세계화세대(70년대 생)', '공포세대(80년대 생)'로 부르고 있다. 세대 간 겪어온 시간(유년기, 청소년기, 청년기, 성인·중년기)이 다르기 때문에 갈등을 겪을 수밖에 없다.

49) 조지 레이코프 저, 나익주 역, 『프레임 전쟁(보수에 맞서는 진보의 성공전략)』, 창비, 2007.

50) '종북(從北)'은 북한 김일성의 주체사상과 북한정권의 노선을 무비판적으로 추종하는 경향을 일컫는 말이다. 단순한 친북(親北)과 구별하기 위해 1990년대 말부터 이 용어를 사용하기 시작하였다. 민족해방(NL)계열 주사파(主思派) 운동권 다수가 이런 경향을 보였다. 네이버 지식백과 '종북' 검색 결과 한국에서는 진보와 보수를 가르는 중요한 기준으로 작용하는 것이 북한에 대한 태도이다. 북한을 편들면 진보이고 북한을 비난하면 보수이다. 문성학, 「대한민국의 진보, 종북의 늪에서 빠져 나오라!」, 『철학과 현실』 제94호, 철학문화연구소, 2012, 112쪽.

미지를 떠오르게 한다. 단적인 예로 북한과의 화해, 통일을 지지하거나 약자에 대한 사회복지를 이야기하면 이를 반대하는 집단에서는 종북이라는 프레임을 이야기하는 것이다. 북한과 관련이 없더라도, 진보 세력의 주장에 종북 프레임이 덧씌워지면, 진보적인 집단의 움직임은 제한되고 성장은 방해받는다.[51]

　　요즘에는 꼭 친북 언행이 아닐지라도 진보 성향의 행동만 해도 법적 조치와는 무관하게 여론재판이 드세게 진행된다. 일단 종북·좌빨이라는 딱지부터 붙는다. … 남북관계 개선 노력 대(對) 분단체제하에서 구축된 기득권 유지 욕망 간의 충돌, 그것이 남남 갈등의 출발점이고 친북·종북·좌빨 논쟁의 뿌리다. … 종북·좌빨 논쟁이 우리 사회를 풍미하는 한, 남북 대화와 교류는 할 수 없다. 화해와 협력은 더더욱 어렵다.[52]

　　한국인들은 '이 주장을 받아들일까?' 혹은 '이런 주장을 해볼까?'라는 생각을 할 때마다 항상 '그랬다가 혹시라도 빨갱이로 몰리지 않을까?'라는 무의식적인 걱정을 한다. 그리고 그 순간, 무시무시한 공포가 내면 깊은 곳에서 꿈틀거리게 되므로 자동적으로 자기검열을 실시한다.[53]

위 칼럼에서 전 통일부 장관 정세현은 남북 관계에서 종북 프레임은 북핵 문제보다 더 강력한 족쇄라고 주장하였다. 어떤 이념을 가졌건 상관없이 한 번 종북 프레임에 갇히면 자기 검열을 통해 편향된 사고를 하

51) 분단 트라우마는 이성적이고 합리적인 사고에 기초하고 있는 정상적인 보수주의나 반공주의와는 전혀 차원이 다른 극심한 공포증이자 피해망상증이다. 김태형, 『트라우마 한국사회』, 서해문집, 2013, 259쪽.
52) 정세현, 「종북 논쟁 끝장내지 않으면 통일은 없다」, 『한겨레칼럼』, 2014.7.6 (2014.09.22. 검색). http://hani.co.kr/arti/opinion/column/645631.html
53) 김태형, 『트라우마 한국사회』, 서해문집, 2013, 289쪽.

게 한다. 이러한 점은 여전히 누구나 분단 트라우마의 희생자가 될 수 있음을 말해준다. 한국 사회가 분단 트라우마에서 해방되지 않는 한 모든 사람이 색깔공세의 주체이자 피해자가 될 수 있으며, 어느 누구도 자유로울 수 없다.[54] 프레임의 재구성을 통해 기존의 낡은 종북 프레임으로부터 자유로워야 남북 관계 개선을 위한 노력이 힘을 발휘할 수 있을 것이다.

3) 탈북자의 분단 트라우마 양상

(1) 국가를 둘러싼 탈북자의 정체성 혼란

분단 트라우마를 이야기하는 데 있어 탈북자를 제외시킬 수 없다. 탈북자가 놓인 특수한 조건은 분단 트라우마를 더욱 고착시켰다. 탈북자의 탈북 행위 자체가 분단 트라우마의 현재적 양상을 잘 보여주고 있으며, 이들의 경우 탈북과정에서의 외상으로 인해 이산 트라우마, 국가폭력 트라우마, 사회폭력 트라우마가 분단 트라우마와 착종된 상태를 보인다. 탈북자에게 분단 트라우마는 남북의 분단 상황에서 전개된 역사적 실체가 아니라 현재 진행 중인 이산과 국가·사회적 폭력과 탈북의 공포가 그 실체라고 할 수 있다.[55] 그러므로 아래에서는 탈북자 집단에게서만 특징적으로 발현하는 분단 트라우마를 탈북 트라우마로 특화시켜 명명하도록 하겠다.

최근 규모가 급속하게 늘고 있는 탈북자들은 북한에서 남한으로 국가를 바꾸는 과정에서 적지 않은 어려움을 겪는다. 남한과 북한이 분단된

54) 김태형, 『트라우마 한국사회』, 서해문집, 2013, 251~252쪽.
55) 김종군·정진아, 「탈북자의 역사적 트라우마와 탈북 트라우마의 현재적 양상」, 『코리언의 역사적 트라우마』, 선인, 2012, 143쪽.

현실에서 자신이 소속된 국가를 바꾼다는 것은 자신이 이제껏 살아왔던 삶의 방식과 나아가 과거의 자신을 부정하고 지워야 한다는 압박감을 갖게 한다. 특히, 탈북의 정당화를 위해 자신이 몸담았던 북한에 대한 적대감을 의도적으로 강화시키고는 한다.56) 이렇게 북한 사회의 탈출과 남한 사회 정착 과정에서 탈북자들은 정체성의 혼란을 느끼며, 말로는 설명하기 어려운 감정의 혼란을 경험하게 된다.

> 애국가를 부르면서이 그거 하는 날에 있지, 야 이 마음이 짠하이, 어떻다고 막, 말을 못 하겠더라고. 거 우리는 '아침은 빛나라 이 강산 은 금에 자원도 가득한' 그 북한 애국가를 평생 불렀잖아. 한데 여기와서 "애국가 합창을 합시다."하고서니(울먹거리면서), 거의 '동해물과 백두산이' 이게 턱- 나오니까 있자나이, 있잖아 나는 이 딴 사람은 나 만큼 생각해도 괜찮어. **나는이 '하- 세상에 애국가 바뀌는 사람이 세상에 몇이나 될까? 그래 우리는 왜 애국가가 바뀌어야 되냐? 애국가라는 건 한 번 밖에 한 번 밖에 택할 수 없는 게 애국간데.' 내가 막 그날에 디굴디굴 구르고 울었어. '세상에 나는 애국가가 바뀌었나? 나는 내 나라가 바뀌었나?' 싶으면서 있지, 내 그날에 얼마나 가슴이 탁 메이는지, 그런 걸 다 겪었어요.**57)

위 탈북자는 남한 땅에 와서 국가(國家)가 있고, 그 국가에 소속될 수 있다는 것에 소중함을 느낀다는 소감을 말하는 것으로 이야기를 시작하였다. 제3세계에서 무국적자로서 자신의 존재 자체가 무화되었던 경험을 했기 때문에 누구보다 국가의 중요성에 대해 인식하고 있다. 그런데

---

56) "탈북자들은 탈북의 당위성을 확보하기 위해 북 체제에 대한 강경한 비판의식으로 북의 국가폭력을 고발하고 있으며, 이 과정에서 자신들의 북에서의 삶을 무화해버리는 자기모순에 심리적 갈등을 크게 겪고 있다."(김종군·정진아, 「탈북자의 역사적 트라우마와 탈북 트라우마의 현재적 양상」, 『코리언의 역사적 트라우마』, 선인, 2012, 143쪽).

57) 한영숙 구술, 김종군·정진아 엮음, 『고난의 행군시기 탈북자 이야기』, 박이정, 2012, 211쪽.

처음 남한에 와서 애국가를 부를 때, 슬픔에 눈물을 흘렸다고 한다. 탈
북자는 국가(國家)가 바뀌는 동시에 국가(國歌) 역시 바뀐 상황에 대해
무척이나 애통해 하였다. 자신의 정체성을 대변해주고, 자신이 소속될
국가가 새로 생겼다는 점에 안도하지만 국가를 바꿔야 하는 자신의 운
명 앞에 여러 가지 복잡한 감정을 느끼는 것이다.

또한 무국적자로 제3세계를 유랑하다가 남한 사회에 안전하게 도착
한 것이 남한 사회에 건강하게 정착하는 것을 담보하지 않는다. 국경을
넘어 남한 사회에 발을 딛었지만, 남한 사회에 여전히 존재하는 보이지
않는 국민 국가의 경계와 마주하게 된다. 국경을 넘어 남한 사회에 왔지
만 남한 사회에는 또 다른 형태의 경계가 있어, 탈북자들의 움직임을 제
한하였다. 탈북자들이 남한의 일상에서 경험하게 되는 경계는 북한과
남한에 대한 양가감정을 갖게 하며 이는 스스로에 대한 인식인 자기 정
체성에까지 영향을 미친다.

> 글쎄 어쩌면 찻잔이나 그릇이 단체가 되는 나라가 어딨냔 말야, 단체.
> 아무 집 가도 안 부러워. 신발도 너나 나나 똑같애. 너 편리화 나 편리화,
> 나 운동화 너 운동화, 남자는 이거 여자는 이거, 모양도 한 모양이야. 더
> 특수한 모양도 없어. 아이들 교복은 똑같애. 학생 아들은 너네 아이나 우
> 리 아이나 똑같애. **하니까 살기는 오히려 여기 와서 살아보니까 그때가
> 편한 것 같애, 먹을 것만 주면.**
> 그러니까 지금의 형편에서도 둘이 탈북자들이 하는 말이 그거예요.
> "지금 북한에 가서 잡아만 안 가고, 한국 가댔다고, **그다음에 먹을 거만
> 주면 북한에 가 살겠다.**" 그래. 여기 와서 너무 경쟁이 심하고, 너무 막
> 이 그러니까 그렇게 말하는 사람이 많아요.58)

---

58) 한영숙 구술, 김종군·정진아 엮음, 『고난의 행군시기 탈북자 이야기』, 박이
정, 2012, 278쪽.

남한에 살게 된 탈북자들은 남한과 북한에 대한 이중적 감정을 갖게 된다. 목숨을 담보로 북한에서 남한으로 물리적 경계를 넘어 왔지만, 정서적·문화적 경계는 뛰어넘기 어렵기 때문에 분단된 채 존재하게 된다. 탈북자들은 북한 사회에서는 찻잔, 그릇, 신발 등을 획일적으로 보급했기 때문에 우리 집이나 남의 집이나 똑같았던 과거를 회상하며 북한 사회에서는 남의 집 물건을 보며 부러움의 감정을 느끼지 못했다고 말한다. 그러나 자본주의 사회인 남한 사회에서는 비교의 대상이 생기고, 부러움의 감정을 느낄 수밖에 없다. 그래서 탈북자들은 먹을 것만 보장된다면 북한에서 살겠다고 하는 것이다.

이처럼 탈북자들은 체제적 차원에서 북의 국가를 비판하면서도 정서적, 문화적인 차원에서 북한 사회에 대한 강한 애착을 지니고 있다. 바꾸어 말하면 남한 체제의 우월성을 인정하면서도 남한 사회의 개인주의적 삶의 방식과 문화에는 반감을 보이는 것이다.[59)]

한편으로 탈북자들에게 북한은 폐쇄적인 국가 체제 속에서 극단의 굶주림을 체험하게 한 지옥 같은 땅이면서도 자신이 태어나고 미처 함께 탈출하지 못한 가족이 살고 있는 그리움의 땅이기도 한 것이다. 굶주림이 싫거나, 폐쇄적인 체제를 싫어했거나, 어떤 이유에서든지 스스로 선택해 떠난 국가이지만 그곳에는 여전히 가족이 살고 있기 때문에 귀향에 대한 마음이 있다. 스스로 버린 나라이지만 다시 돌아가고픈 양립할 수 없는 두 감정이 모순된 채 존재하는 것이다. 이러한 탈북자의 심리는 다음 설문에서도 살펴볼 수 있다.

---

59) 이병수, 「탈북자 가치관의 이중성과 정체성의 분화」, 『통일인문학』 제59집, 건국대학교 인문학연구원, 2014, 139쪽.

내가 살고 싶은 나라는 어디인가? / 남과 북 가운데 어디에 더 호감이 가느냐?

분류		탈북자
내가 살고 싶은 나라	한국	**64.2**
	북한	–
	통일한반도	33.0
	제3국	1.8
남과 북 가운데 어디에 더 호감이 가느냐?	남한	59.6
	북한	6.4
	둘 다 똑같다	33.9

"남과 북 가운데 어디에 더 호감이 가느냐?"는 질문에 탈북자의 59.6%
는 남한을 선택했으며, 6.4%가 북한을, 33.9%는 둘 다 똑같다는 답변을
하였다. 북한에서 벗어나기를 염원했고, 실제로 탈북했지만 여전히 '가
족과 친지가 살고 있는 고향이기 때문에(71.4%)'[60]에 호감을 표현하는
것이다. 이와 관련지어 탈북자들은 "내가 살고 싶은 나라가 어디인가?"
라는 질문에서 33%가 통일한반도를 택하였다. 분단, 경계, 구획을 중요
하게 여기고 강조하는 국민 국가로서 남한과 북한이 아니라 분단되지
않아 가족과 함께 할 수 있는 통일한반도에서 살고 싶은 것이다. 이렇듯
탈북자들은 북한이라는 국가를 두고 평가를 달리하고 있으며, 이에 따
라 느끼는 감정 또한 분화되어 있다. 이처럼 탈북자는 두 개의 공존할

---

60)　　'북한'에 더 호감이 간다면 그 이유는 무엇인가?

분류	탈북자
외세에 의존하지 않는 주체적인 민족적 자부심을 가지고 있기 때문에	–
민족 문화와 가치가 더 살아있기 때문에	–
소박하고 인정미가 있기 때문에	14.3
가족과 친지가 살고 있는 고향이기 때문에	**71.4**
내 조상의 고향이 북한이기 때문에	–

수 없어 보이는 감정, 생각, 인식이 동시에 한 사람의 마음속에 나타나는 심리적 갈등상태를 겪게 된다.

(2) 가족 이산의 변이형인 가족 해체의 진행

탈북자에게 탈북 트라우마로 중심에 놓인 요소는 '이산(離散)'이라 할 수 있다. 현재 북한을 탈출하여 남한에 거주하고 있는 탈북자들에게 발생하고 있는 가족 이산 또는 해체 현상은 해외에 거주하고 있는 디아스포라들이 겪는 민족의 이산, 한국인들이 겪고 있는 가족의 이산과 또 다른 양상으로 나타난다. 탈북자에게 있어 가족 해체 현상은 지금 이 순간에도 일어나는 현재진행형이며, 사회의 작은 단위인 가정 또는 가족이 해체된다는 점에서 사회적 파급력 또한 클 수밖에 없다.

탈북자들은 탈북과정에서는 감수해야 할 위험 요소들과 예상치 못한 변수들이 많기 때문에 초기에는 가족 전체가 이주하기보다는 혈혈단신으로 탈북하는 경우가 많았다. 그래서 대부분의 탈북자 중에서 부모가 먼저 중국이나 제3국으로 탈출한 뒤, 남한으로 들어올 수 있는 경로를 마련해 놓은 뒤, 브로커를 통해 북한에 있는 자녀나 가족을 데려왔다. 그러나 이후 점차 가족 동반 탈북이 늘어나는 추세이다.[61]

탈북자들의 가족 해체는 탈북이라는 현상 배후에 있는 북한 경제상황의 악화, 남녀 사회 지위의 변동 등 북한 사회구조 변화와 함께 이해해야 한다. 1990년대 고난의 행군시기를 겪으며 북한의 배급제도가 유명무실해지면서 여성이 가정 경제를 책임지는 주체로 부상하게 된다. 북한의 여성들은 당 활동과 군대 등으로 인해 묶여 있는 남성에 비해 상대적으로 활동이 자유로웠기 때문이다.[62] 북한 여성들은 고난의 행군 시

---

61) 입국자 수의 증가와 더불어 두드러진 현상은 가족동반 입국 사례가 증가하고 있다는 점이다. 홍승아, 「가족 관점에서 본 북한이탈여성의 정착과제」, 『통일문제연구』 제25권 제2호, 평화문제연구소, 2013, 177쪽.

기 식량난이 지속되자 남성을 대신하여 주도적으로 북한 전역을 돌아다
니며 장사를 하게 되었다.[63]

　　내가 저기 저쪽에 있을 때, 에- 북한에 8개 도에, 6개 도를 내가 다녔
　단 말이야. 이게 기차 장사를 하면서 내가 황해도 옹진까지도 내려왔댔어
　요. … 그런데 이 기차 장사를 핸 여자들은 전국을 다 다녀서, 이 저기
　고난의 행군 시기에 나 같은 거는이 많이 다녔기 때문에, 저 북한에 대한
　실정을 잘 안단 말이야.[64]

북한 여성은 시장의 경계를 북한 전역에서 중국으로 확대하면서, 중

---

62) 이성숙의 구술담 중에서 '북한에 여자들이 많은 이유'에서 북한의 이러한 상
　황을 알 수 있다.
　"…그런다면 여자가 그렇게 많은데, 남자는 낳기도 원래 작게 낳지만이, 자
　군대 가고, 광산가고, 수산, 저게 지질탐사, 뭐 탄광 광산 어떻던, 수산. 군대
　가 지금 이 나라에 만 명인데, 저 북한이 지금 칠 만이라 하지 않아요. 몽땅
　다 젖비린내 나는 거부터 열여섯 살, 열일곱 살 때부터 군대 나가면 십 년 복
　무해야 된다 말이에요. 13년도 그 전에 했어요. … "당은 부른다, 청년들은 다
　어렵고 힘든 부분으로 가라." 이렇게 해서 다 고런 곳으로 갔으니까, 나머지
　여자뿐 남는단 말이에요."(이성숙 구술, 김종군 · 정진아 엮음, 『고난의 행군
　시기 탈북자 이야기』, 박이정, 2012, 301쪽).
63) "1990년대 중반 무렵 식량배급은 거의 명맥만 유지하고 있는 상태였다. 그로
　인해 식량과 생필품을 구입하기 위하여 여성들이 장사나 부업활동에 종사하
　는 경우가 늘어나기 시작했다. 소수의 전문직 여성과 환자를 제외하고는 거
　의 70% 여성이 장사를 주업종으로 하고 있는 것으로 나타났다. 가족 부양을
　위해 텃밭경작물이나 간단한 먹거리를 장마당에 내다 팔거나, 접경지역에서
　중국 동포 보따리 장사로부터 물건을 높이 사들여 높은 가격에 판매하는 되
　거리장사를 하거나, 아니면 생필품 등을 싸들고 북한 전역을 돌아다니며 보
　따리 장사를 한다. 이와 함께 가내작업반과 가내편의봉사활동, 가정에서 집
　짐승 기르기, 텃밭 · 뙈기밭 경작 등의 부업을 한다."(임순희, 「식량난이 북한
　여성에게 미친 영향」, 북한연구학회 편, 『북한의 여성과 가족』, 경인문화사,
　2006, 363쪽).
64) 위의 글, 359~360쪽.

국을 오가면서 장사를 하거나, 아예 중국으로 돈 벌러 가게 되었다. 이러한 과정에서 가족의 해체가 가속화되었다. 고난의 행군 시기를 정점으로 하여 경제영역에 있어 남녀 역할이 바뀌게 되고 여성이 먼저 탈북을 감행하게 되는 것이다. 이러한 북한 사회·경제 구조의 변화와 더불어 탈북자의 가족 해체는 주로 탈북과 도피 과정에서 발생한다. 또한 가족해체 현상은 가족 일부가 탈북한 경우에도 발생하지만, 가족 전체가 중국에서 생활하면서 그 중 일부가 체포되어 강제 북송되면 생사를 알수 없이 흩어져 살게 되면서 해체되기도 한다. 이는 일부 몇몇 탈북자에게 한정된 특수한 상황이 아니라 탈북자 다수가 공유하고 있는 상황이다.

탈북자의 가족 해체 현상은 혈혈단신으로 탈북했을 때뿐만 아니라 부부가 동반 탈북한 경우에도 나타난다. 동반 탈북한 가족의 경우에도 남한 입국 이후 변화된 부부관계로 인하여 갈등과 이혼 등 가족해체를 경험하기도 한다. 탈북 가정 중에는 부부가 어렵게 탈북에 성공하여 남한에 정착하게 되었는데도 남한 생활에서 부부간에 잦은 불화와 갈등을 겪는 가정들이 꽤 있다.[65] 이때 가족 해체의 원인을 크게 두 가지로 나눠 살펴 볼 수 있다.

첫째, 남한 입국 이후 부부 역할과 지위에 변화가 생겼기 때문이다. 북한에서는 권위적인 남편의 태도를 자연스럽게 받아들였던 탈북 여성들도 대부분 중국을 거쳐서 남한에서 생활하게 되면서 자연스럽게 남한 남성, 중국 남성과 자신의 남편을 비교하게 되는데 이 과정에서 탈북 여성들은 상대적으로 권위적이고 여성을 무시하는 듯한 남편의 태도에 불만을 품게 된다. 또한 남한사회에서 남편은 경제적 활동을 포함하여 가

---

65) 조영아·전우택·구현지, 「탈북 여성들」, 『웰컴 투 코리아 북조선 사람들의 남한살이』, 한양대학교출판부, 2006.

장으로서의 역할을 기대만큼 해내지 못하는 반면에 여성들은 상대적으로 빨리 적응하여 경제적으로 더 이상 남편에게 전적으로 의지하며 불만을 일방적으로 참고 있을 필요가 없게 되기 때문에 부부사이의 갈등이 불화로 이어지게 된다.[66]

둘째, 탈북자들이 탈북하는 과정과 남한 사회에 입국해서 이뤄지는 중혼(重婚)이 가정을 불안하게 한다. 여러 가지 상황에 의하여 부부가 함께 남한에 들어오지 못하고, 먼저 남한에 들어 온 남편이나 아내가 남한에서 다시 다른 사람과 혼인관계를 맺어서, 후에 북에서 결혼했던 아내나 남편이 남한에 들어왔을 때 문제가 생기는 것이다. 이때 중혼관계가 된 탈북자들은 어떤 가족과 살 것인가에 대한 결정을 내려야만 하고 이에 따른 심리적 갈등과 현실적 고통을 겪게 된다.[67]

(3) 정주할 수 없는 유랑자 의식

탈북자들은 국가, 민족, 가족 등 자신을 보호해 줄 공동체가 부재한 상황 속에서 신체적인 학대에서부터 시작하여 인권 유린 등 갖은 고초를 당하였다. 탈북자들은 남한 사회에 입국하기 전까지 제3국에 체류하면서 북으로 강제송환이라는 불안과 공포를 느꼈다. 게다가 탈북을 한 번에 성공하지 못한 탈북자들은 몇 번에 걸친 체포와 북한으로의 송환, 재탈북의 과정을 거치며 이중 삼중의 고통에 시달려야 했다. 탈북자들이 탈북 과정에서 겪은 후천적 경험으로 인해 어느 곳에도 안주하기 어려워하는 유랑자 의식을 발견할 수 있다. 남한과 북한, 어느 한 곳에 정주하기 어려워하고 있으며, 극단적인 상황에서는 국가의 경계를 넘어

---

66) 조영아 · 전우택 · 구현지, 「탈북 여성들」, 『월컴 투 코리아 북조선 사람들의 남한살이』, 한양대학교출판부, 2006, 590쪽.
67) 위의 글, 591쪽.

어디든지 갈 수 있다는 의식을 엿볼 수 있다. 이러한 의식은 가깝게는 남한 사회 내 공동체, 집단에서 소속감을 느끼지 못해 이 모임 저 모임 옮겨 다니는 데서 찾아볼 수 있다.

> 그니까 사실은 사람은 나를 이해해주고 나와 편안하게 대화할 수 있는 한 사람이 필요한데, 어느 공동체에서 그 한 사람이 없으니까 이렇게 모임 같은 데 가기 싫어지고, 그리고 교회가면 사실은 좀 좋은데, 교회 같은 모임이 굉장히 좋은데, **그것도 좀 다니다가 에이, 또 옮기고, 또 옮기고 옮기고 하다, 야 그럼 이쪽에 와봐, 거기 싫으면. 그래서 왔다가, 여기도 좀 별로 아닌 것 같으면 또 가고.**[68]

남한 사회 내에서 어느 한 집단에 소속되지 못해 이곳저곳 옮겨 다니는 모습을 볼 수 있다. 이러한 현상이 심화되면 탈남 현상으로 이어지게 되는 것이다. 어느 국가에도 안주할 수 없는 불안한 정체성과 뿌리라고 할 수 있는 가족마저 해체되는 과정에서 소속감이 사라지게 되면서 자연스럽게 유랑자 의식을 갖게 되는 것이다.[69] 제3국에서 경험한 공포와 불안의식을 남한 사회에 정착하는 과정에서도 막연하지만 여전히 갖고 있다. 안주하지 못하는 유랑의식은 해외에 거주하는 디아스포라들이 갖는 의식과 비슷하기에 탈북자를 가리켜 21세기의 디아스포라라고 칭하는 것이다.

종종 탈북자들은 서울을 여행의 종착지로 삼곤 하지만, 남한 역시도

---

68) 한영숙 구술, 김종군·정진아 엮음, 『고난의 행군시기 탈북자 이야기』, 박이정, 2012.
69) 북으로부터의 탈출과 그 뒤에 이어지는 긴 유랑 과정은 이곳에도 저곳에도 귀속될 수 없는 정체성, 현지인도 외부인도 아닌 새로운 정체성을 만든다. 김성경·오영숙, 『탈북의 경험과 영화표상』, 문학과학사, 2013, 180쪽.

안전하게 정주할 곳은 되지 못한다. … 사실 그들은 서울에 와서도 자리를 잡지 못하고 여전히 떠돌고 있는 중이다. 탈출할 배를 타지 못하고 결국 부산의 부둣가에서 죽어가는 〈무적자〉의 사나이들이 그러하고, 아직 채 집으로 돌아오지 못하고 있는 〈처음 만난 사람들〉의 청년, 자신의 분신과도 같은 강아지가 죽어 있는 길 위에서 우두커니 서 있는 주인공의 긴 롱쇼트로 끝이 나는 〈무산일기〉까지 다 매한가지이다. 그들에게는 떠나온 곳으로서의 고향은 있어도 돌아가야 할 곳으로서의 고향이란 존재할 수가 없다. **그들에게 집은 아직 도달하지 못한 어떤 곳에 있으며, 여전히 그들이 있는 곳은 길 위이다.**[70]

한 연구자는 탈북자를 재현한 영화를 평하는 과정에서 탈북자들을 여전히 '길 위에 있는 존재'로 정의한다. 탈북자에게 남한 사회가 안주할 수 있는 종착지가 되지 못하고 있다. 이처럼 탈북자들이 정주하지 못하고 유랑하는 유랑자 의식을 갖는 원인을 남한사회의 구조적인 문제와 탈북자의 심리적인 문제 등 여러 가지 영향 관계를 통해서 파악해 볼 수 있다. 우선, 사회 구조적인 측면에서는 남한 사회의 무관심, 차별과 같은 보이지 않는 경계를 들 수 있겠다. 탈북자들을 이방인, 이등 국민 또는 귀찮은 존재로 취급하는 태도에서 민족적 동질감을 느끼고자 하는 욕망이 좌절되고, 실망감, 회의감을 갖게 된다.

남한 사회에서는 탈북자가 북한에서 왔다는 이유만으로 여전히 북한과 연계지어 잠재적인 간첩이라는 의혹의 시선을 보낸다. 또는 남한 사람들이 탈북자를 북한에 처자식, 부모 형제를 두고 혼자만 잘 살겠다고 넘어왔으며 한 번 배신한 사람은 자꾸 배신하므로 믿지 말아야 한다는 부정적 시각을 보이기도 한다. 이러한 부정적 시각에서 탈피하였다고 하더라도 남한사회에서 탈북자는 한민족으로 인식되기보다는 다문화사

---

70) 김성경 · 오영숙, 『탈북의 경험과 영화표상』, 문학과학사, 2013, 189쪽.

회의 이주민으로 여겨지는 경우가 많다. 이처럼 탈북자들은 같은 민족
이라 여겼던 남한 사회에 존재하는 다양한 시선의 눈초리를 피해 자리
를 옮길 수밖에 없으며, 남한에 정착하지 못하고 해외로 탈남하는 경우
가 발생한다.[71)

　남한 사회의 차별적인 구조와 더불어 언제든지 떠날 수 있고, 국경을
넘을 수 있다는 탈북자의 심리적인 요인이 결합할 때, 탈남 현상이 나타
난다. 탈북 동기가 무엇이든지 탈북자들은 국가의 물리적 경계를 이탈
하는 탈국경의 경험을 공통으로 갖고 있다. 이때 탈국경의 경험은 적법
한 절차 없이 혹은 불법적인 수단을 동원해서라도 국경을 넘을 수 있다
는 경험적 인식을 갖게 한다. 탈북이라는 결정적인 탈국경의 경험은 북
한 이외의 어느 국가의 물리적 테두리도 뛰어 넘을 수 있다는 인식을 심
어주었다. 또한 더 나아가 국경을 넘는 과정에서 삶과 죽음의 경계마저
넘어서는 경험을 하였기 때문에 언제든지 새로운 국가를 찾아 떠날 수
있는 것이다. 이미 탈북자에게 국경이 주는 법적 구속력 혹은 문화적 의
미는 탈북이라는 결정적인 계기로 인해 강력하게 작동하는 억압 장치가
아닌 것이다. 탈북의 경험에 따른 국경 인식은 남한에 거주한 후 탈남한
탈북자에게서도 어렵지 않게 발견된다.[72)

---

71) "최근 증가하고 있는 탈북자들의 탈남 현상도 민족 차별의 맥락에서 이해할
　수 있다. 한국이나 제3국이나 낯설고, 고생하는 것은 매한가지이지만, 같은
　민족에 대한 기대도 없고 따라서 차별과 무시를 당하더라도 같은 민족에게
　차별당하지 않기 때문에 제3국으로의 탈남 현상이 증가하고 있는 것이다. 동
　일한 차별이라 하더라도 같은 민족에게 당하는 차별이 더욱 섭섭하고 배신감
　을 안겨주기 때문이다."(이병수, 「탈북자 가치관의 이중성과 정체성의 분화」,
　『통일인문학』 제59집, 건국대학교 인문학연구원, 2014, 142쪽).
72) 오원환, 「탈북 청년의 정체성 연구: 탈북에서 탈남까지」, 고려대학교 박사학
　위논문, 2011, 90~94쪽.

4. 코리언 디아스포라의 분단 트라우마 양상과 극복을 위한 제언

남한과 북한의 정치·군사적 대립이라는 현실 자체는 끊임없이 상호 유대감을 파괴하고 공포를 생산함으로써 분단 트라우마를 확산해 나간다.[73] 이처럼 분단 트라우마는 '실재적 불안(Realistic Anxiety)'과 '기억의 환기'를 통해서 작동하기 때문에 개인의 심리 차원의 접근이 아니라 사회구조적인 차원의 접근을 요구한다. 분단 트라우마 극복의 출발지점을 개인이 아니라 사회적 구조로부터 찾는다고 할 때, 사회 구조의 변형을 통한 분단 트라우마의 치유는 다시 두 가지로 나누어 볼 수 있다. 첫 번째는 정책적 차원의 사회 구조 변형이며, 다른 한 가지는 인식론적 차원의 사회 구조 변형이라 할 수 있겠다. 두 가지 중 인문학이 분단 트라우마 극복을 위해 제시할 수 있는 방향은 후자일 것이다. 즉, 정책적 차원의 제시 방향보다는 인식론적 차원의 방향을 제시하는 길이 보다 인문학적이며, 인문학자로서 사유하는 강점이 발휘될 수 있다.

지금까지 한반도 안팎에 거주하고 있는 코리언들의 분단 트라우마 강도와 양상을 진단하고 그 분단 트라우마의 양상에 대해 구성해 보았다. 분단 트라우마는 코리언들이 처한 현재적 조건들과 깊은 관련을 맺고 있기 때문에 그들이 살고 있는 역사적인 삶의 특수성, 국내·국외 거주국의 환경들을 고려하여야 했다. 그 결과, 한반도 내에 거주하느냐, 외부에 거주하느냐를 기준으로 하여 분단 트라우마의 강도가 달랐으며, 한반도 외부에 거주하는 코리언 디아스포라의 경우에도 역사적 맥락에 따라 분단 트라우마의 강도가 달랐다. 코리언들의 분단 트라우마 양상

---

73) 박영균·김종군, 「코리언의 역사적 트라우마에 관한 연구방법론」, 『코리언의 역사적 트라우마』, 선인, 2012, 59쪽.

을 다시 한 번 정리하면서, 이를 토대로 극복 방안을 제시해 보면 다음
과 같다.

재러 고려인의 이주 배경과 시기를 보면 이들에게서 나타나는 분단
트라우마는 식민 트라우마, 이산 트라우마와 강하게 착종되어 나타났
다. 그래서 재러 고려인은 분단 트라우마로부터 어느 정도 거리감을 갖
는 것으로 판단되어 분단 트라우마 양상을 비교하는 본 논의보다는 이
산 트라우마를 다루는 다른 장에서 보다 심화시켜 이야기하도록 하였
다.

재중 조선족은 남한 사회를 두고 감정의 분단 상태를 호소하고 있었
다. '항미전쟁'이라는 명목하에 6·25전쟁에 참여하여 국군을 향해 총부
리를 겨누었던 체험을 간직한 재중 조선족은 현재 남한 사회에 대한 불
편한 심리를 갖고 있다. 이들이 갖고 있는 마음의 짐을 덜어주기 위해서
라도 남한 사회에서는 이들에 대한 편견적 시각을 바로잡아야겠다. 그
리고 경제적으로 우위에 있다는 우월 의식으로 상대를 약자 또는 배려
자의 자리에 위치시키는 태도도 조심해야 할 것이다.

해외에 거주하는 코리언 디아스포라 중에서 분단 트라우마 강도가 강
하게 나타났던 재일 조선인의 경우를 살펴보도록 하겠다. 재일 조선인
중에서는 특히, '조선적'을 갖고 있는 재일 조선인을 북한 사람과 동일하
게 인식하는 것 자체에 대한 변화가 필요하다. 국적 선택의 자유가 부여
되어있지만 현재 남한 사회에서는 이들이 갖고 신념에 대한 문제를 존
중해 주지 않는다. '통일된 한반도'에 대한 염원으로 '조선적'을 선택하고
고수하는 재일 조선인도 있으므로, 이들의 선택 자체를 존중하며 '한국
적'을 강요하지 말아야 한다. 남한 사회로부터 보호받지 못하기 때문에
일본 사회에서도 보호받지 못하는 천덕꾸러기 신세를 벗어나게 해야 한
다.

한반도에 거주하고 있는 코리언의 경우 분단 트라우마의 강도가 셀 뿐만 아니라, 트라우마의 양상도 다층적이었다. 우선, 남한에 살고 있는 한국인의 분단 트라우마는 북한에 대한 적대성 및 불신, 이산의 아픔, 세대·집단 간 갈등으로 형상화되었다. 남북 갈등이건, 남남 갈등이건 이러한 갈등 이면에는 상대에 대한 불신이 뿌리 깊게 자리 잡고 있었다. 이러한 불신과 배신의 서사는 상호 신뢰를 통해서 통합의 서사로 재구성함으로써 인식을 전환하는 노력이 필요하다.

다음으로 탈북자에게서는 두 개의 국가를 둘러싼 정체성의 혼란, 21세기의 가족 이산이라 할 수 있는 가족 해체의 진행, 정주할 수 없는 유랑민으로서의 자기 인식 및 자기규정이 분단 트라우마의 양상으로 진단되었다. 분단된 한반도에서 국가를 바꿔가며 살다보니, 공간의 분단을 넘어 가족의 분단, 그리고 정체성의 분단이 진행 중이었다. 이들의 정체성을 부정적인 시각에서 경계인으로 규정짓고, 두 국가에서 모두 배제하기보다는 시각을 전환할 필요가 있다. 탈북자는 북한사회와 남한사회를 모두 경험한 주체로서, 특히, 사회주의와 자본주의를 모두 경험한 주체로 인식해야 한다. 탈북자의 경우 두 체제와 문화를 동시에 경험하였기 때문에, 이들의 경계인으로서의 정체성은 남한과 북한 사회의 구조적 모순을 객관적인 시각을 갖고 비판적으로 바라볼 수 있게 한다. 그러므로 이들에게 통일시대의 주역의 역할을 담당할 수 있도록 해야 하겠다.

지금까지 살펴보았듯 코리언 디아스포라의 분단 트라우마는 '역사적' 배경을 갖고 있기에 단시간에 해결하기는 어렵다. 그러나 이렇게 공공의 장(場)에서 코리언 디아스포라의 문제를 이야기하고, 그들을 향한 우리의 인식, 그리고 그들 스스로 자기 인식에 새로운 패러다임을 계속적으로 요구하고자 한다. 어느 순간, 인식의 변혁이 사회, 제도, 구조의 변혁으로 옮겨갈 것이라고 기대한다.

참고문헌

건국대학교 통일인문학 연구단, 『코리언의 역사적 트라우마』, 선인, 2012.

건국대학교 통일인문학 연구단, 『코리언의 분단·통일의식』, 선인, 2012.

고병국, 「남·북한 재일동포 정책의 특성과 문제점」, 『한국민족연구논집』 제2집, 한국민족연구원, 1999.

김귀옥, 「분단과 전쟁의 디아스포라-재일 조선인 문제를 중심으로」, 『역사비평』 제91호, 역사문제연구소, 2010.

김동춘, 「한국전쟁 직후 남한의 생활문화」, 『문화분단(남한의 개인주의와 북한의 집단주의)』, 선인, 2012.

김성경·오영숙, 『탈북의 경험과 영화표상』, 문학과학사, 2013.

김성민·박영균, 「분단극복의 민족적 과제와 코리언 디아스포라」, 『대동철학』 제58집, 대동철학회, 2012.

김성민·박영균, 「통일학의 정초를 위한 인문적 비판과 성찰」, 『통일인문학논총』 제56집, 건국대학교 인문학연구원, 2013.

김종군, 「구술을 통해 본 분단 트라우마의 실체」, 『통일인문학논총』 제51집, 건국대학교 인문학연구원, 2011.

김종군·정진아 엮음, 『고난의 행군시기 탈북자 이야기』, 박이정, 2012.

김재기·임영언, 「중국 만주지역 조선인 디아스포라와 한국전쟁」, 『재외한인연구』 제23호, 재외한인학회, 2011.

김지혜, 「양영희감독 영화에 나타난 평양의 공간성」, 『로컬리티 인문학』 12, 부산대학교 한국민족문화연구소, 2014.

김태형, 『트라우마 한국사회』, 서해문집, 2013.

김형규, 「귀국 운동과 '재일'의 현실: 재일본문학예술가동맹의 소설을 중심으로」, 『한중인문학연구』 제15집, 한중인문학회, 2005.

남근우, 「북한 귀국사업의 재조명: '원조경제'에서 '인질(볼모)경제'로의 전환」, 『한국정치학회보』 제44집 제4호, 한국정치학회, 2010.

문성학, 「대한민국의 진보, 종북의 늪에서 빠져 나오라!」, 『철학과 현실』 제94
　　호, 철학문화연구소, 2012.

박찬승, 『마을로 간 한국전쟁』, 돌베개, 2010.

염인호, 『또 하나의 한국전쟁』, 역사비평사, 2010.

오원환, 「탈북 청년의 정체성 연구: 탈북에서 탈남까지」, 고려대학교 박사학위
　　논문, 2011.

윤인진, 『코리안 디아스포라』, 고려대학교출판부, 2004.

이명자, 「양영희 영화에 재현된 분단의 경계인으로서 재일코리안 디아스포라
　　의 정체성」, 『한국콘텐츠학회논문지』 제13권 제7호, 한국콘텐츠학회,
　　2013.

이병수, 「분단 트라우마의 성격과 윤리성 고찰」, 『시대와 철학』 제22권 제1호,
　　한국철학사상연구회, 2011.

이병수, 「남북관계에서 소통과 치유의 문제」, 『한민족문화연구』 제43집, 한민
　　족문화학회, 2013.

이병수, 「탈북자 가치관의 이중성과 정체성의 분화」, 『통일인문학』 제59집,
　　건국대학교 인문학연구원, 2014.

이재승, 「분단체제 아래서 재일 코리언의 이동권」, 『민주법학』 제52호, 민주
　　주의법학연구회, 2013.

임순희, 「식량난이 북한여성에게 미친 영향」, 북한연구학회 편, 『북한의 여성
　　과 가족』, 경인문화사, 2006.

전명혁, 「재일동포의 과거와 현재: 1970년대 '재일교포유학생 국가보안법 사
　　건'연구 -'11·22사건을 중심으로-」, 『한일민족문제연구』, 한일민족문제
　　학회, 2011.

조경희, 「이동하는 '귀환자들': '탈냉전'기 재일 조선인의 한국 이동과 경계의
　　재구성」, 신현준 엮음, 『귀환 혹은 순환』, 그린비, 2013.

조영아·전우택·구현지, 「탈북 여성들」, 『월컴 투 코리아 북조선 사람들의
　　남한살이』, 한양대학교출판부, 2006.

테사 모리스-스즈키, 한철호 역, 『북한행 엑서더스-그들은 왜 '북송선'을 타야
　　만 했는가?』, 책과함께, 2008.

홍승아, 「가족 관점에서 본 북한이탈여성의 정착과제」, 『통일문제연구』제25
     권 제2호, 평화문제연구소, 2013.

「다큐 '항로' 김지운 감독 "조선적 입국 국가가 책임져야"」, 『민중의 소리』,
     2014.11.21.
「천안함 폭침 … 취업난 … 군입대 … 20대 40% "北은 敵-타인"」, 『동아일보』,
     2013.10.30.
정세현, 「종북 논쟁 끝장내지 않으면 통일은 없다」, 『한겨레칼럼』, 2014.7.6.
허재철, 「'항미원조전쟁'보다 '조선전쟁' … 중국의 본심은?」, 『프레시안』, 2014.8.7.

II부

코리언의
분단 트라우마 양상

제4장 제주 4·3을 통해 보는 분단 트라우마의 시작과 현재

조홍윤*

1. 남북의 분단 트라우마 연구에 놓인 4·3의 자리

　남과 북의 역사적 트라우마는 '식민 트라우마'로부터 역사적 기원을 가지고 있다. 그렇다고 하더라도 현재 상태에서 남북한 주민들의 삶에 가장 많은 영향을 미치는 것은 '적대적인 분단체제'이다. 남북의 분단체제는 일제 식민치하에서 발아하여 '6·25전쟁'이라는 동족상잔의 비극을 경과하였다. 이에 따라 남북의 역사적 트라우마는, 통일민족국가의 건설에 대한 열망이 좌절되고, 이것이 전쟁으로 이어지며 만들어낸 '빅 트라우마'를 그 중핵으로 하고 있다. 또한 그것이 '남과 북'이라는 분단국가가 자신들의 국민을 만들어내는 과정에 작용면서 '국가폭력'과 '사회

* 건국대학교 교양교육센터 강사

폭력'이라는 또 다른 트라우마를 남기게 되는 재생산의 메커니즘을 지닌다.[1] 다시 말하자면 한반도에 살아가는 남북의 구성원들에게 있어서 그들이 지닌 총체적인 역사적 트라우마의 중핵이 되고, 가장 실재적이고 강력한 영향력을 지닌 트라우마가 바로 '분단 트라우마'라고 할 수 있는 것이다.

이에 남북의 역사적 트라우마를 확인하고 치유의 길을 모색하는 과정에 필수적인 것은 분단 트라우마에 대한 사유이며, 그러한 분단 트라우마의 전모를 역사적 맥락에서 이해하고자 할 때에 그 첫머리에 놓일 수 있는 것이 1948년의 제주 4·3이다. 4·3은 이후의 여순사건과 6·25전쟁에 이르는 한반도 분단 역사의 맥락 속에서 최초로 기록될 수 있는 대규모의 유혈사태이며, 분단 트라우마의 시발점이라 할 수 있다. 따라서 남북의 분단 트라우마 연구에 있어서 가장 우선적으로 고려되어야 할 사건이다. 뿐만 아니라 4·3은 그 역사적 평가의 방향이 여전히 문제시되고 있다는 점에서 현재성을 띠고 있다. 지난 시기 반공의 기치 아래 '공산폭동'으로 규정되었던 4·3에 대하여, 1980년대 이후로는 국가폭력에 대한 '민중항쟁'으로서 4·3을 바라보는 시각이 힘을 얻게 되었다. 이러한 연장에서 1990년대 이후로는 학살의 측면에 초점을 맞춘 현지조사가 활발하게 이루어졌으며, 2003년 10월 15일 '4·3특별법'에 의해 '제주 4·3사건 진상규명 및 희생자명예회복위원회'가 구성되어 4·3희생자들의 신원 및 보상이 이루어지기에 이르렀다. 하지만 이후의 정치사회적 변화에 따라 최근에 이르러서는 다시금 4·3을 공산폭동으로 규정하고자 하는 목소리가 힘을 얻어가는 추세이다.

이처럼 4·3은 민족 분단의 벽두에 놓인 일대사건인 동시에, 그것을

---

1) 건국대학교 통일인문학연구단,『코리언의 역사적 트라우마』, 선인, 2012, 52쪽 참조.

바라보는 입장과 시각의 여전한 대립을 통해 분단의 시작과 현재를 아울러 우리의 역사적 갈등과 상처들을 적나라하게 보여주고 있다. 이에 분단 트라우마의 시작점으로서, 또한 분단 트라우마의 현재적 모습을 보여주는 가장 적실한 모델로서 4·3에 관련한 제주민의 역사적 트라우마를 연구하는 것은, 남북의 분단 트라우마 연구에 있어서 꼭 필요한 일이라 할 수 있다.

무엇보다 중요한 점은 4·3이 흘러가버린 역사 속에서만 존재하는 것이 아니라, 현재에 이르기까지 제주민들의 인식 속에서 끝없이 재현되는 정신적 외상으로 남아 있다는 점이다. 4·3의 현장에서 숱한 죽음과 폭력의 위협을 견디어냈던 사람들은, 이제 백발의 노인이 되어 인생의 황혼을 바라보고 있다. 그들의 긴 삶에 비추어보면 4·3은 한 갑자도 더 지나버린 머나먼 과거의 일이 된 것이다. 그러나 당시를 겪은 많은 제주민들은 아직도 당시의 고통을 잊지 못한 채 계속하여 되살아나는 기억과 싸워가며 살아간다.

> 4·3엔만 フ라도 아이고 영영허고예, 갑자기 난 오바이트가 나는거라 마심. 그때 생각만 해가믄.
> '경허지 말자. 나가 좀 요망지게 진정허자.'
> 해도, 그때 그 4·3말만 フ라가믄 막 오바이트를 허고 못 견디고, 그때 자꾸 머리가 아파서마심.[2]

위의 인용은 4·3당시의 상황을 구술하던 한 노인의 말이다. 4·3당시를 이야기할 때마다 구토가 치밀어 오르고 머리가 아프다는 그 말에서, 4·3의 기억과 관련한 트라우마가 신체적 증상으로 나타나는 모습을 확인할 수 있다. 기실 당시에 조사자들이 요청한 것은 제보자의 시집살이

---

2) 김인근(여, 1938년생), 제주도 제주시 화북동, 2009년 1월 16일 구연.

경험에 대한 것이었음에도, 제보자는 시집살이 경험 구술에는 별다른 열의 없이 임하다가 스스로 요청하여 4·3에 대한 경험을 이야기하였다.[3]

　　우리 4·3사건, 사건 얘기 ᄒ곰만, 나가. (조사자: 예, 하세요.)[4]

　4·3에 관해 이야기를 하면 구토가 치밀어 오르고 머리가 아파옴에도, 그에 대해 이야기하지 않고는 견딜 수 없는 심정, 제보자에게 4·3은 끝없이 되살아나는 고통의 기억인 동시에, 그것을 빼놓고는 자신을 이야기할 수 없을 만큼 삶 전반을 구속하고 있는 문제였던 것이다.

　이는 한 명의 제보자에 국한된 상황이 아니었다. 당시의 구술조사에서, 조사자들이 만난 다른 여러 제보자들 또한 다른 어떤 이야기보다도 4·3에 관한 이야기를 구술하고자 하는 경향이 있었다. 많은 제보자들이 당시를 떠올리며 각자가 경험했던 4·3에 대한 다양한 기억들을 이야기 하였고, 또 각자의 방식대로 고통스러워하였다. 제보자들은 가슴을 치고 눈물을 흘리며 힘겹게 이야기를 토해내면서도, 4·3을 이야기하지 않고는 그 자신의 삶을 온전히 이야기해 낼 수 없는 것처럼 여기는

---

3) 2009년 1월, 건국대학교 신동흔 교수를 필두로 구비문학 연구자들을 중심으로 한 건국대학교 인문학연구원 산하 '시집살이이야기 조사연구팀'은 제주 여성 노인들의 시집살이 체험담을 조사하기 위하여 제주 전역을 답사했다. 그러나 대부분의 제주 여성 노인들은 '시집살이 같은 것은 경험한 바 없다'라는 공통된 반응을 보여 조사팀을 당혹케 했다. 이에 난감해 하는 조사팀에게 구연자들은 '고생은 4·3때 했지', '나 4·3이야기 좀 할게' 등으로 말문을 열어 4·3의 참상과 그러한 역사의 현장에서 받았던 고통에 대해, 그로부터 이어진 고난의 생애에 대해 이야기했다. 당시 조사팀의 일원으로서 참여했던 필자는, 4·3이 그것을 경험한 구연자들의 전 생애를 구속하고 있음을 분명히 느낄 수 있었다.

4) 김인근(여, 1938년생), 제주도 제주시 화북동, 2009년 1월 16일 구연.

듯했다. 이와 같이 4·3은 당시를 살아낸 제주민들의 온 삶을 좌우하였던 고통의 기억이다.

그러한 트라우마는 비단 직접 4·3을 겪었던 이들에게만 작용하고 있는 것은 아니다. 2012년과 2014년에 이루어진 조사 당시, 많은 제보자들이 인터뷰를 거부하면서, 자신이 그러한 이야기를 공식적으로 꺼내놓는 것에 대해 자녀들이 못마땅하게 여기고 있음을 피력하였다.[5] 외상적 사건에 대한 반복적인 구술이 트라우마의 증상일 수 있지만,[6] 그러한 사건의 언급을 의도적으로 회피하는 것 또한 트라우마의 증상으로 볼 수 있다.[7] 그렇다면 4·3의 기억은 직접적인 피해를 당했던 한 개인에게 뿐만 아니라, 그러한 고통의 현장을 목격해야 했던 전체 제주민들, 나아가 그러한 기억 속에서 살아가는 윗세대를 바라보며 성장한 그 자손들에게 있어서도 보편적인 트라우마로서 작용하고 있다고 할 수 있다.

이러한 4·3트라우마의 양상을 살펴보기 위해서는 구술생애담의 분

---

5) 2012년 2월과 2014년 1월, 건국대학교 인문학연구원 산하의 '한국전쟁체험담 조사연구팀'은 4·3과 관련한 체험담 조사를 위해 두 차례의 제주답사를 실행하였다. 이는 2009년의 '시집살이이야기 조사연구팀'이 제주 답사를 통해 얻은 경험이 주요하게 작용한 것이었다. 제주민들의 적극적인 참여를 통해 양질의 구술 자료를 얻으리라는 기대에 부풀었던 조사연구팀은, 의외로 냉담한 반응에 당황할 수밖에 없었다. 2009년 당시 다투어 한 마디라도 더 하기를 원했던 조사 대상자들은, 2012년 답사에서는 구술조사를 통해 자신의 이야기가 알려지는 것을 두려워하는 경향을 보였고, 2014년 답사에 이르러서는 조사연구팀과의 만남을 기피하는 일이 많았다. 조사연구팀이 4·3연구소의 협조를 얻어, 4·3사건 진상조사보고서 작성에 활발하게 참여했던 이들을 추천받은 것이었음을 생각하면, 불과 몇 년 사이에 바뀐 제주의 분위기를 분명히 느낄 수 있었다.

6) 외상 경험의 반복적인 재경험은 자연스러운 치유의 시도를 나타내는 것일 수 있다(주디스 허먼 저, 최현정 역, 『트라우마』, 플래닛, 2007, 81~83쪽 참조).

7) '반복 강박'과는 반대의 양상으로 나타나는 '억제'의 경우 또한 대표적인 트라우마의 증상이라고 할 수 있는데, '억제'는 주로 '회피'와 '둔감화'의 방식으로 나타난다(위의 글, 83~91쪽 참조).

석을 통한 접근이 용이하다. 4·3에 대한 기록이 부재한 상황에서 주로 구술사 연구를 통해 4·3을 재조명하고자 했던 상황 하에, 4·3에 대한 구술조사의 유용성은 이미 검증받은 상황이라고 할 수 있다.[8] 특히 생활경험에서 일정한 거리를 두고 지식을 구조화하는 '글쓰기'에 반해, '구술'은 일상의 경험과 감정이 직접적으로 전달되는 언어표현의 방식이므로,[9] 제주민의 삶을 구속하는 4·3트라우마를 보다 직접적으로 드러내는 데 적합하다. 또한 4·3의 시공간에 놓여있던 많은 당사자들이 문맹자라는 점을 고려하면, 개개인의 경험을 통해 역사적 트라우마로서의 4·3트라우마를 진단하기 위한 폭넓은 자료를 확보할 수 있다는 이점이 있다. 무엇보다도 4·3을 경험한 당사자의 구술에는 그들이 4·3을 겪어내며 경험한 고통과 절망, 그에 대한 현재의 평가는 물론 당시의 외상이 현재에 침습하는 모습 등, 4·3의 기억에 대한 제보자의 심리적 국면들과 상처의 양상이 생생하게 드러나고 있다. 따라서 여러 제보자들의 구술생애담을 종합하여 분석하는 작업이, 전반적인 4·3트라우마의 양상을 살펴보고자 하는 이 글의 목표에 적합하다고 여겨진다. 이에 이 글에서는 남북 분단의 역사 속에서 4·3이 갖는 의의를 살펴보고, 그에 관한 구술생애담 자료를 통해 4·3트라우마의 양상을 드러내어 그 치유의 길을 모색해보고자 한다.

---

8) 함한희, 「증언, 생활사, 구술사 - 기억의 구술과 역사: 4·3의 경험과 재일제주인, 그리고 한국 현대사」, 『4·3과 역사』 제9·10호 합본호, 제주4·3연구소, 2011, 8~9쪽.

9) 월터 J. 옹 저, 이기우·임명진 역, 『구술문화와 문자문화』, 문예출판사, 1995, 71쪽 참조.

2. 4·3의 역사: 통일민족국가 건설에 대한 열망의 좌절과 4·3 의 발발

구술생애담을 통해 제주민들의 4·3트라우마를 세세하게 살펴보기에 앞서, 4·3의 발발과 귀결에 이르기까지의 과정을 대략적으로 알아볼 필 요가 있다. 이에 당대의 역사적 흐름을 중심으로 전반적인 4·3의 배경 및 경위에 대해 간략하게 제시해보고자 한다.

1945년 8월 15일, 일제로부터 해방된 한민족의 당면 과제는 무엇보다 도 자주적 독립국가의 수립이었다. 이를 목적으로 결성된 수많은 정치 세력들은 각각의 정부수립론을 내세워 각축을 벌이게 되는데, 이들 정 치 세력들의 정세 인식 및 계급적 이해관계, 이데올로기의 지향에 따라 숱한 갈등이 빚어지게 되었다. 해방 정국의 주도권을 쥐기 위한 정치세 력 간의 권력투쟁은 각각의 지지 세력에 의한 군중시위와 폭력사태를 동반하였으며, 정국은 극도의 혼란 속으로 나아갔다. 당시의 정치적 혼 란을 빚어낸 당사자들은, 크게 세 계열로 구분 지어질 수 있다. 일제하 사회체제의 연장에서 자본주의국가의 유지를 의도한 우익의 입장, 사회 주의 국가 건설을 지향하는 좌익진영의 입장, 수정자본주의 내지는 사 회민주주의 입장을 취하면서 계급협조와 통일민주국가 수립을 주장한 여러 중간파의 입장이 그것이다.[10] 각자의 신념 혹은 욕망에 의한 극한 의 정치대립은 한반도의 정치 상황을 점점 파국으로 몰아가고 있었다.

본토의 정치적 상황이 각 세력의 대립에 의한 혼란의 연속이었다면, 같은 시기 제주의 상황은 오히려 안정적이었다. 해방이 이루어진 후, 제 주는 일제의 철수에 따른 행정과 치안의 공백, 친일 행위자들에 대한 보 복행위 등으로 인한 혼란에 직면하여, 이러한 혼란을 잠재우고 치안을

---

10) 방기중, 『한국근현대사상사연구』, 역사비평사, 1992, 13~14쪽.

유지하기 위한 자치조직을 형성하기에 이른다. 그렇게 지역 유력인사를 구심점으로 한 자생적인 마을 공동체를 기반으로 건국준비위원회가 결성되었고, 이후 인민위원회로 개편되었다.[11] 육지의 어느 지역보다도 제주도 지역 인민위원회의 영향력은 강력했다.[12] 인민위원회의 결성과 더불어 청년·부녀·문화운동이 활발히 전개 되었고, 인민위원회 소속의 청년들로 구성된 치안대의 활동이 이루어졌다. 치안대의 활동에는 친일 행위자에 대한 처벌도 포함되어 있었지만, 도·읍·면의 인민위원 중에서도 대표급 인물에 속하는 이들에는 일제 치하의 면장을 지낸 인사들이나 행정요원으로 종사했던 이들도 포함되어 있었다. 이는 인민위원회가 광범한 민중을 끌어들이기 위한 통일전선적 성격을 지니고 있었음을 뜻한다. 본토의 정치 상황이 좌파와 우파, 중도주의 노선의 각축이었다면, 제주에서는 좌파 유력자들에 의해 우파가 흡수된 형태로 중도적인 자치세력이 형성되어 있었던 것이다. 대립보다는 공존을 모색하며, 제주민들은 본토의 정치적 혼란이 안정되고 통일민족국가 수립을 위한 구체적인 행보가 이루어지기만을 기다리고 있었던 상황이었다.

그러나 본토의 정치적 대립은 남한의 자유민주주의 노선과 북한의 인민민주주의 노선으로 정리되었고, 중간파는 양측에 흡수되거나 와해되었다. 이러한 귀결은 현실적으로 군정의 영향력이 강한 상황 하에서 결과적으로 미·소의 군정세력과 밀착된 집단이 승리할 수밖에 없었던 상황에 의한 것이다. 이로써 정치권력 집단의 외세 의존적인 태도가 강화

---

11) 이정주, 「4·3에 관한 생애사로 엮은 제주 '호미'마을의 역사」, 『제주도연구』 17, 제주도연구회, 2000, 60쪽.

12) 커밍스는 그 이유로서, '해방 후 인구의 급속한 증가, 일제 통치와 미군정 통치 사이의 비교적 긴 공백기, 통신 및 교통의 불편, 농민의 급진적 역사, 비교적 분화된 직업구조, 지배적인 좌파의 온건한 정책' 등을 지적하며, 제주도가 인민위원회가 성장할 수 있는 최적의 조건을 갖추었다고 지적하였다(브루스 커밍스 저, 김자동 역, 『한국전쟁의 기원』, 일월총서, 1986, 353~354쪽).

될 수밖에 없었다. 중간 항이 없는 양극단의 대립구도 속에서 좌우익은 아무런 완충작용 없이 부딪히게 되었고, 양 진영 지지자들의 움직임도 점점 폭력적인 양상을 띠기 시작했다. 민족의 외부자일 뿐인 미·소의 입장에 따라 좌우익의 갈등은 돌이킬 수 없는 지경으로 치달았고 분단은 고착화되어갔다. 이러한 민족 분열은 민족 대다수가 원한 것이 아니었다. 특히 일찌감치 공존의 구도를 만들어 놓고 민족국가의 수립을 기다리고 있던 제주민들에게 있어서는 더더욱 뜻밖의 상황이었을 것이다.

1차 미소공위의 결렬 후, 미소공동위원회의 재개를 촉구하는 시위가 산발적으로 벌어지고 있던 상황 하에, 제주 인민위원회 또한 1947년 3·1절 기념집회를 주도적으로 추진하였다.[13] 이에 1946년 대구의 10월 항쟁을 경험한 미군정은 대규모 집회에 촉각을 곤두세운 채 이날의 집회를 통제하고자 하였다. 그런데 집회 도중 기마 경찰이 탄 말에 아이가 치이는 사건이 일어났다. 아이와 충돌한 사실을 몰랐던 것인지 의도한 것인지는 알 수 없으나, 경찰은 아이를 내버려 둔 채로 지나가려 했고, 이를 목격한 군중들이 야유를 퍼부었다. 그 순간 경찰이 군중을 향해 발포하면서 6명이 사망하는 유혈사태가 발생하게 되었다.

이에 대한 항거로써 제주에서는 학교와 관공서, 심지어는 경찰까지 참여하는 총파업이 일어났고, 이를 남로당의 선전활동에 의한 좌익세력의 준동으로 치부한 미군정은 응원경찰병력과 서북청년단 등의 극우 청년단체를 대거 파견함으로써 물리적인 진압을 시도하였다. 이와 같은 미군정의 실정과 극우청년단체원의 횡포에 분노한 제주의 좌익세력은, 1948년 5·10단선이 결정되자 마침내 온건한 노선을 버리고 무장투쟁의 기치를 내걸게 된다.[14] 이리하여 1948년 4월 3일부터 1954년에 이르기

---

13) 제주4·3진상규명및희생자명예회복위원회,『제주 4·3사건 진상조사보고서』, 2003, 107~109쪽.

까지 제주도 전역에 거쳐 막대한 피해를 빚어낸 4·3사건이 발발하게 되었다. 바야흐로 통일국가 수립에 대한 열망이 한 민족 간의 이념전쟁에 대한 각오로 전환되는 순간이었다.

최초 무장대에 의해 제주도 24개의 지서 중 11개의 지서가 습격을 받게 되고, 미군정은 제주의 경찰력으로 사태를 해결하는 데 한계가 있다고 인식하여 4월 중순부터 본토의 경찰력과 경비대, 우익단체원들을 대거 증파했다.[15] 이로써 무장대의 활동은 잠잠해졌으나, 산으로 들어간 무장대와 마을 사람들 간의 연대를 의심한 토벌대에 의해 지속적인 폭력이 가해지고 많은 주민들이 처형되었다. 1948년 10월 17일에는 산간마을에 대한 소개령이 내려지면서 삶의 터전인 마을 전체가 불태워지기도 하였고, 1950년에는 예비검속이 이루어지면서 한 지역에서 수백 명의 주민들이 집단 처형되기도 하였다. 이처럼 4·3로 인한 인명피해와 재산피해는 막대하였다. 뿐만 아니라 그러한 시공간 속에서 제주민들이 감당해야 했던 육체적 정신적인 피해는 감히 말이나 숫자로 가볍게 표현할 수 없는 것이었다.

3. 제주민의 구술 생애담을 통해 본 4·3트라우마의 양상

1) 서북청년단에 의한 폭력

제주 3·1발포사건이후 총파업에 들어간 제주를 물리적으로 진압하기 위해, 부족한 경찰력을 벌충하기 위한 서북청년단의 대거 투입이 이

---

14) 제주4·3연구소, 『제주항쟁』 창간호, 실천문학사, 1991, 249쪽.
15) 제민일보 4·3취재반, 『4·3은 말한다』 2, 전예원, 1994, 65쪽.

루어졌다.[16] 서북청년단의 단원들은 관공서나 민가에 기거하며 공안임
무를 수행하였는데, 공식적인 지위는 없었기에 봉급도 받지 못하였으므
로 뇌물을 요구하거나 공갈을 일삼고, 보호비를 징수하기도 하면서, 반
항하는 주민들에게는 할 수 있는 최고의 방법으로 잔인하게 대했다.[17]
실제로 민가에 기거하던 서북청년단원들은 대부분 방세를 지불하지 않
았고, 방세를 요구하는 주민들에게 협박과 폭력을 일삼았다는 증언을
들을 수 있었다.

> 밭에 농사저논 것도 말헐 사람이 없고, 소 말을 둘러서 막 다 먹어불
> 고, 주민들 중에 달랜 사람도 없어났어요. 뭔말 허믄 이젠 삼대까지 앗아
> 분댄 허니까니, 죽여분댄 허니까니 그 못했지. 그래 해서 그런 걸 못허고,
> 말도 못걷고 숨이 탁 맥혀서 얘길 못해봤어요. 말만 하믄 죽인다 허니까
> 니 이제, 집빌려 줬다가 이제 집세받잰 해도 고랑 쏘아 죽여 불잖아, 서북
> 청년이. 그렇게 해노니까 겁이 나서 말헬 수가 없어[18].

구연 된 내용을 보면, 서북청년단이 농사지어 놓은 것을 마음대로 가
져가 먹고, 주민들의 소와 말을 잡아먹어도 값을 달라는 말을 할 수가
없었다고 한다. "삼대까지 죽여버린다"는 위협이 그저 위협으로만 끝나
지 않았던 상황에서, 제주민들은 말 한마디를 따질 수 없는 '숨 막히는
상황' 속에 살아가야만 했다. 이처럼 민간단체인 서북청년단은 사실상
공적인 공안기구로서의 역할을 수행하면서도, 공적 기관으로서의 고삐
가 매어지지 않은 상태였다. 따라서 이들의 손으로 이루어진 민간 감찰
과 용공분자 색출작업은 전혀 제어되지 않은 상태로 극도의 폭력성을

---

16) 제민일보 4·3취재반, 『4·3은 말한다』 1, 전예원, 1994, 151쪽.
17) 위의 글, 436쪽.
18) 윤한숙(여, 1924년생), 제주도 제주시 조천읍 북촌리, 2012년 2월 6일 구연.

띠게 되었다. 죄 없이 끌려가 그들에게 고문을 당한 한 제보자는 그때의 고통을 평생 잊을 수 없었노라고 말한다.

> 그냥 옷을 이 처녀들. 여자들은에 옷을 다 벗겨놓고 주리여. 그땐 이런 우리 입는 빠쓰가 없었수게. 해녀, 연날 입어난 해녀 옷들 알지예? (조사자: 소중이?) 예, 소중이. 그거 입고 몸빼 하나 입고 소중이 그만 이 유방을 가린 거지. 그것을 잡아댕겨 다 찢어지고. 그래 난 부끄럽지도 않아, 아픈 생각만,
> '아, 죽여도 그냥 곱게 죽여두라. 이렇게 말고 곱게 죽여두라.'(중략)
> [조사자: 요새도 그때 꿈도 꾸고 그러세요?] 아이고 나오지. 꿈에도 막 심어가는 거도 같고, 막 심어가고.
> "저년 잡아 오라"
> 하민 잡으로 오민 막 후닥딱 뛰어 나오고. 이제도 기억나, 이제도. 이제도 경 야네 아부지가 정신 차리라 안 해시믄.
> "아유, 나 말려줍서. 나 아무 죄도 없수다."
> 하두 그냥 머리끄댕이 끌구, 그땐 그 저고리 골름으로 하잖수꽈, 골름. 막 그걸 죽인다고 막 짤라부리고, 짤라 묶으구, 꼬촛물 들일 때 참 고통 받았수다. 이렇게, 나무에 이렇게 돌아매가지고 이 가재 덮어그네 꼬촛물 바카쓰에 꼬촛물 탕.19)

중산간 마을에 살았던 제보자는 그저 "부엌 밖으로 나왔을 뿐"임에도 청년단원의 손에 끌려가 모진 고문을 당해야만 했다. 저녁 시간에 부엌을 나선 이유가 산폭도들에게 연락을 하기 위해서라는 억지에 의한 것이었다. 모진 구타와 더불어 입고 있는 옷을 찢어 성적인 모멸감을 주고, 거꾸로 매달아 고촛물을 들이부었던 그들의 횡포는 아직까지도 제보자의 내면에 심각한 상처로 남아있다. 지금에 이르러서도 꿈에서 그때의 공포를 재경험하며, 누군가가 다잡아주지 않으면 쉽게 정신을 차

---

19) 고승녀(여, 1931년생), 제주도 서귀포시 대정읍 상모리, 2009년 1월 17일 구연.

릴 수 없을 만큼, 서북청년단에 대한 트라우마는 제보자에게 현재의 상
처로서 강한 영향력을 발휘하고 있는 것이다.

국가 권력에 의해 용인된 폭력을 휘두르며, 공포로써 주민들 위에 군
림하였던 서북청년단의 힘은 그들의 경찰보조 업무에서만 발휘된 것이
아니다. 누구도 그들을 거스를 수 없었던 상황에서 무분별하게 행해진
여성들을 향한 성폭력의 위협은 아직까지도 몸서리쳐지는 공포의 기억
으로 남아있다.

> 이거는 거짓말 아니요. 정말 그럴 수가 있는가 그거야. 들어봐요. 오
> 늘 여자를 데려왔다 아이요. 삼가에 양치구 각시가 왔대. 각시라믄 부인
> 말이죠. 양치구는 산에 올라간 사람이죠. 심어왔대.
> "잡아왔다."
> 그래, 밖에서 지금 취조하고 있어. 옷 몽땅 벗겨요. 아주 처절하게 그
> 냥 막-, 그건 뭐 얘기할 수가 없어.[20]

여성의 몸에 행해진 성적 폭력에 대해서는 당사자는 물론 그러한 상
황을 목격하였거나 전해 들은 경우에도 쉽게 이야기하지 못했다. 여성
제보자의 경우 옷이 벗겨진 상태에서 고문을 받았다는 이야기들을 구현
하면서 그러한 상황이 성적인 폭력으로 이어졌을 가능성을 시사하지만,
구연은 구타 장면에 한정되며, 남성 제보자의 경우에도 차마 그 상황을
입에 올리지 못한다. 성적인 담론이 터부시 되는 사회에서 피해자의 이
야기를 함으로써 이중의 피해를 입히게 되는 상황을 꺼리게 되는 것에
더해, 아무런 저항력이 없는 여인들의 존재성이 철저하게 유린당하였던
당시의 상황이, 화자들에게 차마 "얘기할 수가 없는" 기억으로 남아있는
것으로 생각된다.

---

20) 양용해(남, 1931년생), 제주도 제주시 삼도1동, 2014년 1월 22일 구연.

여성이라는 생래적 조건에 의하여 치욕적인 폭력을 감당해야 했던 여성들은, 거기에서 그치지 않고 자신의 몸에 폭력을 행사한 남자의 아내가 되어야 하는 기가 막힌 사연의 주인공들이 되었다. 서북청년단은 이북 태생으로서 자신의 경제적 기반을 가지지 못하였기에 자신의 정착 기반으로 여성을 이용하였던 것이다. 그들은 마음에 드는 여성을 강간한 후 결혼을 요구하였다. 뿐만 아니라 여성의 남성 친족을 볼모로 결혼을 강요하기도 하였다. 마을마다 서북청년단원과 결혼하여 마을을 떠난 여성들이 몇 있다고 전하지만, 주민들은 이에 대해 자세히 이야기하기를 꺼린다.[21]

서북청년단은 민간단체로서 공권력의 묵인 내지는 용인을 등에 업고, 지역적으로 아무런 연고가 없던 제주민들에게 철저한 외부자로서 폭력을 행사하였다. 그리고 그러한 폭력은 제주사회에 '외부인의 공포'를 강하게 각인시켜주는 역할을 하였다. 역사적으로 제주사회에 있어서 '외부인'의 존재는 재앙을 몰고 오는 존재로 기능하였던 적이 많았다. 고려조의 탐라병합, 몽골의 탐라총관부 건설, 잦은 왜구의 침입은 물론이거니와, 구한말 천주교 세력과의 갈등에 이르기까지, 제주는 다양한 외부의 존재에 의해 숱한 부침을 겪어야 했던 것이다. 그러한 제주사회에 있어서 서북청년단이라는 외부의 존재는, 있던 상처를 덧나게 하여 '외부인의 공포'를 극도로 끌어올리는 역할을 하게 되었다. 서북청년단에 대한 공포를 떠올리며 치를 떨고, 그러한 공포를 다시 외부로 전가하여, 육지의 사람들에 대한 경계심을 강하게 형성하도록 만들게 되었으리라 짐작 된다. 오늘날 제주민들이 보여주는 타지역 사람들에 대한 배타성의 연원이 서북청년단에 의한 외상적 기억에 의한 것일 수 있음을 생각

---

21) 이정주, 「4·3에 관한 생애사로 엮은 제주 '호미'마을의 역사」, 『제주도연구』 17, 제주학회, 2000, 89쪽.

해 볼 수 있는 대목이다.

2) 삶의 터전을 잃은 고통

제주민들에게 있어서 4·3에 관련하여 잊을 수 없는 고통 중 하나는 안전한 삶을 영위할 수 있는 터전을 상실하게 된 것이었다. 4·3이 발발하고 산간으로 숨어든 무장대 세력의 진압이 더디어지자, 그해 10월, 진압세력은 초토화 작전을 선포한 후, 해안선 5km 바깥의 모든 마을에 소개령을 내리기에 이른다. 말 그대로 '빈대 잡으려 초가삼간 다 태우는' 형국으로, 진압의 용이성만이 고려되고, 그로 인해 제주민들이 받아야할 고통은 전혀 고려되지 않은 조치였다. 이는 4·3의 주축인 무장대 세력뿐 아니라 전체 제주민을 '빨갱이'로 인식하였던 당시 정권의 시각이 주요하게 작용한 것이었다. 그들에게 제주민들은 보호받아야 할 국민이 아니라, 국가를 위협하는 불순불자일 따름이었던 것이다.

> 우리들이 소개령이 내려가지고, 그거는 뭐냐면은 그 당시 조병옥이가 경무부장이야, 조병옥이. 제주도에 내려와가지고,
> "제주도 놈들은 전부 빨갱이니까"
> 어 쉽게 말하면 초토화 작전이지,
> "완전히 초토화 시켜라. 빨갱이들 다 쓸어버려라."
> 이렇게 해가지고 해안지대에서 5km 외에 있는 데는 출입을 통제해가 지구, 모-든 차엄폐물 이걸 전부, 밭담도 높으면 밀어내고, 소나무가 하나 있어도 그게 은폐물이 될까봐 그걸 베 버리고, 5km 내외를 전부 그렇게 정지하게 됐어요. 또 그러고 있는 가운데 11월 달에 중산간 이상 마을에 소개령이 내렸어요, 소개령이. 어 밑으로 내려오라 이기야.
> "내려오믄 집은 불태와 없애버리겠다."
> 왜 그러냐, 인민군들이 와서 주거도 할 수 있고 그러니까, 그대로 중산

간 뒤서는 산에 무장대하고 내통하기 때문에 도저히 이 사태를 갖다가 진
압시킬 수 없다고 봐가지고 소개령을 내린 거야.[22]

소개령으로 인해 저항조차 하지 못하고 삶의 터전을 고스란히 남의
손에 잃어야만 했던 제주민들은, 해안가에 위치한 마을로 들어가 살라
는 권고를 받았다. 하지만 주민들의 이주를 강요하면서도, 당국은 이주
를 위한 아무런 절차도 마련하여 주지 않았고, 하루아침에 집을 잃은 주
민들은 마땅히 의탁할 곳 없는 막막함을 느껴야만 했다.

> "여러분 죄송합니다. 이제 집에 들어가서 못 살면, 못 살면은 내일은
> 함덕으로 소까이를 오시오. 이사를 오시오."한 거야.
> 완 보니까 이동네 집, 저 철학관네 집, 옆에 집 쪼그만한 집 하나 살았
> 고, 집 하나 살았고난, 그 사람들은 도새기 잡아 친척간 멕이고 그냥 사람
> 은 들어오지도 못하게 해. 지네 친척만 거두고.[23]

위에 구연 된 내용은 조천읍 북촌리 소개 당시에, 그곳에 거주하였던
제보자의 경험을 이야기한 것이다. 당시 조천초등학교 운동장에 모인
주민들에게, 단상에 올라온 연대장이라는 사람이 "함덕으로 소개하라"
고 하였다. 그러나 함덕으로 갈 수 있는 주민들은 몇 없었다. 제보자의
경우 시댁의 일가친척들이 함덕에 모여 살았기에 그들의 일원으로 편입
하여 살아갈 수 있었지만, 아무런 연고가 없는 이들은 함덕으로의 이주
를 함덕 주민들에게 거부당하였다고 한다. 진압 책임자들은 함덕으로
소개하라고 하면서도, 실제의 정착을 위한 조치들은 고려하지 않는 무
책임한 행태를 보였던 것이다.

---

22) 양용해(남, 1931년생), 제주도 제주시 삼도1동, 2014년 1월 22일 구연.
23) 현덕선(여, 1928년생) 제주도 제주시 조천읍 북촌리, 2014년 1월 21일 구연.

마을이 불태워진 상황에서 살던 마을에도 살지 못하고, 그렇다고 해서 해안 마을로의 정착도 용이하지 않았던 주민들은 그 막막함을 이렇게 표현한다. "마을에서도 못 살고, 산에서도 못 산다"는 말이다. 마을에서는 경찰과 군인, 서북청년단의 횡포에 의해서 정상적인 삶의 영유가 불가능한 상태였고, 그나마도 집과 터전이 불에 휩싸여 사라져 버린 경우가 많았다. 그렇다고 해서 해안으로의 정착도 용이하지 못하고, 산으로 들어가기에는 산에 있는 무장대들도 위협이 되었던 상황이었다. 그러므로 많은 주민들은 말 그대로 '산과 마을 사이'에 살아가며 어느 한 쪽으로도 거취를 정하기 힘든 상황에 놓이게 되었다.

> 나이도 경 살당 줄을 때도 잘 반드시양 멩이 졸랑 죽어져시믄 허주마는 그 모소완에 막 그냥 이디서 경찰은 경찰대로 죽이래 가지, 산에선 산에대로 폭도덜 죽이래오지 허믄 어느 사람사 이녁이 죽일거 산디.(중략)
> 그 우리도 아무 분시도 우리도 몰라수게게. 아무 분시도 모른디, 그냥 그집 카부난에 이젠 그 어욱 비어당, 이젠 비니루나 있져. 비니루 이시믄 비니루 더끌건디, 그냥 그 어욱 비어다네 걸로 나무꿰차다네 그디 시난에 그냥 물로 내려오지 못하게 돼서, 이래 우리 그때 열아홉 살에난 우리광 오빠광 이래 내려오믄 이디서 죽이는 거라.
> 이디서 경찰들이 이디서 죽이고, 저디 살믄 또 산에서 죽이고 겜난 어디 갈 데가 어신거 아니. 엄막헌디 쇠알래 그냥 완 쏘아부난 어디서 쏘아분지도 몰라.[24]

위의 제보자는 4·3당시에 중산간 마을에 거주하고 있었다. 그러던 중 살던 마을이 불태워지고 이후의 거취를 정하지 못한 상황에서, 살던 마을 터에 풀을 베어다 깔아 한기를 막고 지내게 되었다. 그것은 매우 위험한 선택이었다. "물 쪽으로 내려가면 경찰들이 죽이고, 산쪽으로 가

---

24) 부순녀(여, 1930년생), 제주도 제주시 화북동, 2009년 1월 16일 구연.

면 산에서 죽이는", 양측의 위협을 모두 감당해야만 했던 것이다. "명이 잘라져 죽어졌으면" 하였다는 제보자의 말에서 당시의 절망적인 상황인식이 절절하게 드러나고 있다. 그러한 중에 제보자의 오빠는 말 그대로 "어디서 쏜 지도 모르는" 총에 맞아 목숨을 잃었고, 제보자 또한 한쪽 다리에 총상을 입어 불구의 몸이 되어야만 했다. 지금도 제보자의 다리에 패어있는 흉터는 당시의 절망과 오빠를 잃은 슬픔, 사경을 해매이던 공포를 끝없이 환기하도록 하는 각인이다.

이처럼 당시 수많은 주민들이 삶의 터전을 잃고 해매이다 목숨을 잃었다. 그리고 살아남은 사람들에게는 생의 지반을 잃어버린 공포가 기억으로, 또 실제의 상처로 생생하게 남아 있다. 그처럼 절망적인 상황 속에서 제주를 벗어나 삶을 이어가는 길을 택하기도 하였다. 많은 이들이 배를 타고 부산과 목포로 몸을 피했으며,[25] 심지어는 끔찍한 식민 지배의 주체였던 일본으로의 망명도 줄을 이었다.[26] 많은 이들이 해방된 조국을 버리고 억압자의 땅으로 돌아가고자 하였던 것은, 4·3당시의 절박한 상황을 분명히 알 수 있게 한다.

3) 예비검속, 배반자적 권력에 의한 상처

4·3당시의 상황은 그야말로 죽음이 지척에 놓인 상황이었다. 군경과 무장대간의 전투로 인한 죽음은 말할 것도 없고, 군경의 검거에 의한 민간인의 죽음, 군경 가족 및 민보단원에 대한 무장대의 보복 공격에 의한 죽음 등, 실제 전투원의 죽음보다 양측의 폭거에 의한 민간인의 죽음이

---

25) 이원녀(여, 1939년생), 제주도 제주시 조천읍 복촌리, 2012년 2월 6일 구연.
26) 4·3을 전후하여 대략 5천~1만 명가량의 제주민들이 일본으로 건너간 것으로 추산된다. 김창후, 「4·3과 재일제주인」, 『제주학회 학술발표논문집』 1호, 제주학회, 2010, 33~47쪽 참조.

오히려 주를 이루었다. 특히 무장대에 의해 두 명의 군인이 피살된 것에 대한 보복으로 북촌리 주민들 전부를 대상으로 이루어진 군대의 무차별 학살은, 당시의 제주민들이 죽음과 얼마나 가까이에 있었는지 말해주는 사례이다.[27]

숱한 학살이 자행되었으며 그때의 공포가 제주민들에게 트라우마로 작용하고 있다는 것은 분명하다. 그러나 그것은 고금을 통틀어 전쟁이 일어난 지구상의 어느 곳에서든 벌어졌던 일이며, 제주 4·3의 경우에 특별한 것은 아니다. 제주 4·3에서 특히 문제시될 수 있는 것은, '지배 권력의 배반에 의한 학살'이라고 할 수 있었던 '예비검속'에 의한 학살이라 하겠다.

> 1950년 8월 20일, 그 날은 견우와 직녀가 오작교를 건너서 만난다는 칠월 칠석이었다. 당시 남제주군 대정면 서기였던 아버지 이현필(李賢弼) 씨가 한밤중에 잠을 자다가 경찰에게 불려나갔다. 밤중에 불려나간 아버지는 그날 새벽 이미 예비검속됐던 마을 사람 250여 명과 함께 모슬포 주둔 아무개 부대 군인들에 의해 총살, 암매장 됐다. 마치 사람으로 젓갈을 담듯이, 그렇게 말이다.[28]

---

27) 제보자에 의하면, 당시 무장대에 의해 두 명의 군인이 피살된 후 무장대를 추격하는 과정에서, 무장대가 먹다가 버리고 간 음식 바구니가 발견되었다고 한다. 해당 부대의 대대장은 그 음식바구니가 분명 북촌리 주민들이 제공한 것이리라 판단하고 모든 북촌리 주민들을 현재의 조천초등학교 운동장에 집결시켜 차례대로 끌고 가 학살했다. 당시 군경 가족들만이 그 화를 피할 수 있었으며, 100여 명씩 열을 지어 4열까지 죽음을 당했을 때 해당 부대의 연대장이 달려와 중지시켰다고 한다. 현덕선(여, 1928년생) 제주도 제주시 조천읍 북촌리, 2014년 1월 21일 구연.

28) 박도, 「제주 섬소년이 민간인학살 추적자 된 사연」, 『오마이뉴스』, 2004.4.26.
- http://m.blog.naver.com/imitek21/120002001030, 검색일시: 2014.4.17, 검색어: 섯알오름

위의 내용은 예비검속으로 돌아가신 아버지로 인해, 민간인 학살 추적자의 삶을 살게 된 이도영 박사의 증언을 기사화 한 것이다. 1949년 4·3사태가 공식적으로 종결되고, 정부에서는 죄를 묻지 않는다는 조건으로 산으로 올라간 주민들의 자진 복귀와 신고를 독려하고, 좌익세력의 회유와 속죄의 명목으로 입산자 가족 및 복귀자들을 특별 관리하였는데 이를 보도연맹이라 한다. 말하자면 명단을 통한 감시를 받아들이는 대신 '용서하겠다.'라는 입장을 표명한 것이다. 그러나 1950년 한국전쟁이 발발하자 정부에서는 전국적으로 보도연맹원을 체포 구금하였다. 이때 제주지구 계엄 당국에서도 820명의 주민을 검속했다. 북한군이 밀고 내려오는 와중에 내부적으로 동조할 준동세력을 사전에 정지한다는 명목이었다. 당시 모슬포 경찰서 관내 한림, 한경, 대정, 안덕 등지에서도 374명이 검속됐는데, 이들 중 149명을 대정읍 상모리 절간 고구마 창고에 수감하였다가 1950년 8월 20일 4~5시경 집단학살하였다. 이보다 앞서 새벽 2시경 한림지서에 검속되었던 63명도 계엄 당국에 의해 총살당하여 이곳에서의 희생자는 212명에 이른다.[29] 이것은 현재까지의 공식적인 기록이지만, 이도영 박사의 주장에 의하면 조금 더 많은 숫자의 사람들이 한꺼번에 희생되었고, "사람으로 젓갈을 담듯이" 한꺼번에 매장되었다.

용서를 빌미로 보도연맹에 가입시킨 이들을, 죄를 짓지도 않은 상태에서 '죄를 지을 것이 무서워' 제거한 이 같은 행위는 보편적 인권과 법치주의를 심각하게 왜곡하는 일이었다. 무엇보다도 큰 문제는 그것이 보도연맹원들에 대한 일종의 배신행위였다는 점이다. 4·3의 공포에 시달리던 제주민들은 국가가 공인한 안락한 삶을 희망하며 보도연맹에 가입하였다. 그러한 이들을 안락을 약속했던 국가의 손으로 학살하였다는

---

29) '섯알오름 학살터', 『디지털서귀포문화대전』- http://www.seogwipo.gradculture.net

점에서 심각한 배반행위라고 하지 않을 수 없다. 믿고 의지하려 했던 국
가에 의해 배반당하고 죽어간 영혼들은 물론이거니와, 그 뒤에 남겨진
가족들의 상처는 아물지 못한 채로 남아있다.

> 6·25사변 후에이, 7월 달쯤일 텐데, 양력으로, 에- 아버지도 웃통 벗
> 고, 제도 웃통 벗고, 조그만 밥상을 받아갖고, 그때만 해도 제주도 쌀밥이
> 어덨어요. 그이 보리쌀이지, 보리쌀. 먹고 있는데 경찰관이 말을 타고 마
> 당 안으로 탁- 들어왔어요. 아버지 이름 부르면서,
> "여기 양창부 있나?"
> 아버지가,
> "예 접니다."
> "쌀 가지고 나와."
> (중략)
> 아버지가 손을 갖다가 이렇게 묶으잖아요. 그때는 왜 그 포승줄이라는
> 거, 그 끄나풀로 이렇게 손을 묶으대요. [조사자: 무턱대고?] 아이고- 그때
> 는 뭐 무턱대고지, 뭐. 아버지 손을 딱 묶으고, 그걸 내가 달려들어가지고
> 왜 그러냐고 할 수 없잖아요. 그거 어떡헐 거요. 턱- 말타고, 말안장 우에
> 다가 그 노끈을 딱 묶으고(한참을 오열하고서) 그게 아버지 모습이 마지
> 막이에요.(중략)
> 아버지는 그때 7월 6일 날 밤에, 양력으로 8월 20일인가 19일인가 그
> 날 밤 호명해서 불러나간게 그게 마지막이었다고, 그게 나중에는 그게 국
> 제공항이에요, 국제공항. 아버지하고 아버지하고 같이 학살당한 유해는
> 한 구도 발견하지 못했어요. 그게 뭐냐? 지금 활주로 밑에 있어요. (바닥
> 을 손으로 강하게 두드리며)활주로 밑에 있어요.[30]

위 제보자의 아버지는 동생이 입산하였던 경력으로 인해 보도연맹에
가입하였다가, 예비검속의 대상이 되어 허무한 죽음을 맞았다. 일가족

---

30) 양용해(남, 1931년생), 제주도 제주시 삼도1동, 2014년 1월 22일 구연.

이 모여 소박한 저녁 식사를 하던 평온한 일상 속에 갑작스레 등장한 기마 경찰이 별다른 말도 없이 아버지를 말에 묶어 끌고 갔고, 그것이 아버지의 마지막 모습이었다. 그 모습을 세세하게 구연하다가 돌연 숨이 가쁘도록 흐느끼며 한참을 진정하지 못하는 구연자의 모습에서 아직도 그 상처에 흐르는 피가 멎지 않았음을 짐작할 수 있다. 4·3의 진상을 규명하기 위한 여러 가지 사업들이 이루어지던 중에, 예비검속 희생자의 유해가 발굴되기도 하였지만, 아직도 제보자의 아버지는 제주 국제공항의 활주로 밑에 묻혀있는 상태이다. 지하에서 꺼내어지지 못한 부친의 유해가, 아직 치유되지 못한 제보자의 상처를 상징하는 동시에, 아직도 도려내지 못한 우리 역사의 환부를 보여주는 듯하다.

4) '죄인 아닌 죄인'의 낙인

학살과 폭력의 폭풍이 지난 후에도, 살아남은 이들에게는 또 다른 폭력이 가해졌다. 그것은 국가 차원의 '연좌제'라는 폭력, 자신을 의심의 눈초리로 바라보고 '죄인'으로 만드는 주변 사람들에 의한 폭력이었다. 그렇게 죄를 짓지도 않은 사람들이 '죄인 아닌 죄인'으로서 움츠리며 살아가며, 살아가는 내내 그 가슴의 상처를 키워나가야 했던 것이다.

> 고등학교 졸업 때까지 고된 농사일에 매달리며 살아야만 했다. 할아버지는 손자를 먹물쟁이보다 철저한 농사꾼으로 만들려고 했지만, 소년은 고교를 마치자 그 뜻을 저버리고 뭍(대구)으로 나갔다. 그는 학비 전액 면제 혜택의 장학금을 받는 국립사범대학에 입학해 졸업했지만 신원 조회 관계로 제주도에서 발령이 몇 달 동안 늦어졌다. 이도영 씨도 연좌제라는 망령에 시달리기 시작한 것이다.(중략)
> 1978년 미국 유학을 결심하고 수속을 밟을 때도 신원 조회에 걸려 떠

날 수가 없었다. 1년 여를 줄다리기 하다가 대학 선배의 도움으로 간신히 미국으로 떠났다. 이듬해 아내에게 초청장을 보냈지만 아내 또한 번번이 출국이 좌절됐다. 충격을 받은 아내는 그만 실성하여 식음을 전폐한 상태에서 침을 맞다가 운명했다.[31)

위의 내용을 보면, 연좌제로 인해 국내에서 뜻한 대로 삶을 영위하지 못하고, 간신히 미국으로 건너가 새로운 인생을 계획해야 했던 이도영 박사의 사연을 엿볼 수 있다. 억울하게 아버지를 잃은 것으로도 모자라, 능력을 갖추고도 교육자로서의 뜻을 펼칠 수 없었고, 신세계에서의 삶을 개척하는 단계에서는 숱한 절망으로 인해 아내를 잃는 아픔까지 겪어야 했다. 그 상처는 결코 잊을 수 없는 것이며, 미국으로 건너간 이후의 삶에까지 영향력을 미치고 있다. 그가 '민간인 학살 추적자'로 불리우며 평생을 바쳐 민간인 학살이라는 국가적 범죄의 증거들을 찾아 헤매도록 만든 것도, 그가 지니고 있는 4·3트라우마의 영향이라고 할 수 있을 것이다.

연좌제의 폭력보다 더 심각할 수 있는 것은, 생활 속에서 마주치는 주변인들에 의한 의심의 시선일 것이다.

그때 당시는 친구도 어서불고,
'나영 노는 사람은 다 이상허게 볼일거난, 무사 저 사람에게 피해주넨.'
허영, 나 혼자 솔솔솔솔- 또 일본에서 외삼춘네 옷덜 행 보내도, 그런 반들반들한 옷을 못입었뎅 허난. 저거 저추룩 헌거시 저추룩햄땐 내가 왜 들어? 그냥 허죽헌거 그냥 입고. 요 쌀밥이라도, 요 이제는 쌀밥도 버리지? 버려부는디, 옛날엔 제사때나 허민 쌀밥인디, 부자집엔 쌀밥들을 사

31) 박도, 「제주 섬소년이 민간인학살 추적자 된 사연」, 『오마이뉴스』, 2004.4.26: http://m.blog.naver.com/imitek21/120002001030(검색일시: 2014.4.17, 검색어: 섯알오름).

가도 그런거라도 허민.

"저추룩 못살고 저추룩헌 것이 정 햄젠."

허카부덴 부가 보민 숨 막혀난. 그런 정도로 핸 살았덴 허난. 죄인도 지금은 그자락은 안햄실거라.[32)]

위의 제보자는 입산자인 오라버니로 인해 온 가족이 죽음을 맞는 상황 속에서 홀로 살아남았다. 가족을 잃은 슬픔도 슬픔이지만, 자신을 죄인 취급하며 일거수일투족에 의심을 보내는 주변 사람들의 시선이 더욱 큰 상처로 남아있다. 제보자는 자신과 친근하게 지내는 이는 모두 의심 받는 상황에서 늘 홀로 지내야 했다. 일본에 거주하고 있던 외삼촌이 좋은 옷을 보내주어도 의심을 받을까 입지 못했으며, 어쩌다 쌀밥이 생겨도 의심을 받을까 봐 먹지를 못했다. 입산자의 가족이라는 이유만으로, '언제라도 죄를 지을 수 있는 사람'이 되어, 그 자신은 죄가 없음에도 언제나 '죄인 아닌 죄인'으로서 남의 시선을 의식해야만 했던 것이다.

실제로 4·3당시 무장대와 토벌대의 상호 보복이 가해지고, 그에 따라 마을 공동체의 신뢰관계가 파괴된 상황에서 주민들은 개인감정이 있는 사람을 '찔러버리는' 일이 잦았다. 이웃끼리 서로를 감시하고 고발하고 살해하는 상황에서 "친구도 없고 이웃도 없고 말 한마디 못하는" 생활을 해야 했다. 말 한마디 잘못하면 "밤에 잡혀가든지" 경찰의 비위에 거슬리면 "낮에 잡혀가든지" 어느 쪽으로든 고달프고 두려운 생활이었다.[33)] 이러한 상황 속에서 '폭도의 가족'으로 낙인찍힌 제보자는 언행을 더욱더 조심해야만 했고, 철저하게 고립된 삶을 살아가며 그 가슴의 상처는 더욱 커져만 갔다. 그것은 이웃들과의 관계에서만 한정된 문제가

32) 김인근(여, 1938년생), 제주도 제주시 화북동, 2009년 1월 16일 구연.
33) 이정주, 「4·3에 관한 생애사로 엮은 제주 '호미'마을의 역사」, 『제주도연구』 17, 제주학회, 2000, 68쪽.

아니었다.

> 겐디 나가 예를 들어 시집 식구 시부모한티 영했다 정했다. 아버지 시아버지 살 때는 그렇게, 시어머니는 아닌디, 어디로 직접적인 아닌 간접적으로 4·3사건 걸로 오란 무슨 일이 들착거리쳐지면,
> "야, 저런 집이서 온 아니 따문에……"
> '느 따문이여.' 영 허믄 편안할 건디, 간접적으로 스윽 허게시리 그것이 그렇게 그냥, 무시것허래 시집을 와 져신고 무시것 허래, 그것이 말하기 곤란할 정도로.34)

제보자의 시아버지는 4·3과 관련하여 말이 나돌 때마다, '며느리를 잘못 들였다'는 뉘앙스로 눈치를 주면서 제보자의 마음을 아프게 했다. 자식이 홀로 남을 것을 걱정한 어머니의 유언에 따라 시집을 가면서, 외로움을 떨치고 새로운 가족과의 유대를 형성하고자 했던 제보자는, 그러한 관계에서도 죄인의 낙인을 떨쳐버릴 수 없음을 깨닫고 절망하게 되었던 것이다. 이러한 일이 일반적으로 경원시 되는 시부모와의 관계이기에 벌어진 것으로 이해할 수도 있지만, 4·3이라는 괴물은 친부모와 자식 간의 관계마저도 파괴해 버릴 만큼 무서운 위력을 보여준다.

> 나가 내일 아측은 총살시겪직 허고, 나 이 어른은 달아난 줄 모르고, 소문은 못 들으난.
> '내일 아츰은 총살을 시키잰 햄구나. 이 노릇을 어떵허코.'
> 해이리 친정어멍 사난. (중략) 밤 동짓돌 새로 흔시에, 담 넘엉 못가크라, 애기 져부난. 담, 이런 담 알아? (조사자: 예.) 어멍네 집에 새로 흔시에 가난 어멍이 영 굴아. 나가,
> "어머니, 어머니."

---

34) 김인근(여, 1938년생), 제주도 제주시 화북동, 2009년 1월 16일 구연.

영 문 두드려 봐도 대답을 안허여.
"아이고 어머니 문 엽서게. 나우다게, 나우다."
"거 누게냐?"
"아이 나 이만허고 저만허고 이 문 엽서 나 들어가쿠다."35)

위의 제보자는 무장대의 주도세력이었던 시아주버니로 인해 시부모
와 동서가 몰살을 당하고, 본인도 곧 죽게 되리라는 위협 속에서 친정으
로 피신을 가고자 한다. 극한 난리 속에서도 친가족이라는 울타리만은
자신의 의지가 되어줄 것이라 믿었던 것이다. 그러나 사정을 들은 제보
자의 아버지는 놀랍도록 냉정한 반응을 보여주었다.

아이고 어멍하고 아방허고는 틀리게. 우리 아바지 하는 말은,
"느 강 죽어불라. 느 하나 죽어부는 게 좋죽느네."
오라방 이제 네 성제 이제 죽은 오라방은 열슬 안되고 그 아래 스무
슬, 서른다섯 그 4·3사건때 보난.
"이젠 느 이디오랑 해이리 부락 사람들 알믄, 이젠 느 폭도 질럼잰허먼
느 스뭇 총살시키는디 가불즉, 느네 오라방 때 거시기 물들엄즉 허멍 이
제 오랑 소곤소곤"
그땐 아니해도 햄잰허멍 막 경 했주게.
"경허난 이제 느 오라방네 다 이제 총살시키믄 느 어떵헐디. 느 하나가
죽어부는 게 편안허다. 편안허다."
허멍 우리 아버지가 막 가랜만 몰아쳐게.
아이고 겨난 우리 어머니,
"아이고 헐 수 어따. 니네 아버지가 정허는 거 헐 수 어따. 니네 오라
방들 따문에 느 하나가 죽어부러사주게."36)

35) 현신봉(여, 1921년생), 제주도 서귀포시 남원읍 신례리, 2009년 1월 17일 구연.
36) 위의 구연.

아버지의 말인즉, 제보자의 오빠까지 반역도로 엮일 수 있으니 집에 들일 수 없다는 말이었다. 심지어는 "너 하나가 죽어버리는 것이 편안하다."라는 모진 말로 딸의 가슴에 상처를 남겼다. 모두가 죽을 수 없다는 모진 결단이었겠으나, 의지할 곳을 찾아 위험천만한 먼 길을 찾아온 딸에게는 너무도 가혹한 말이었다. 제보자는 당시의 아버지를 떠올리며 끊임없이 눈물을 훔쳐내었다. 아마도 끝까지 아물지 않을 상처일 것이다.

4. 4·3트라우마 재생산의 문제와 그 치유의 길

지금까지 제주민들의 구술생애담 자료를 통하여 4·3트라우마의 양상을 가늠해보았다. 그렇다면 문제가 되는 것은 어떻게 그러한 상처들의 치유가 가능할 것인가 하는 점이다.

> 나 그 4·3사건 때에 지나오멍 고통받은 건 죄인 아닌 죄인으로. 겐디 요즘에 저번에 나 나냥으로 경허난, 남편이 허는 말이 작사작곡핸. 나 그 4·3사건때 말허여그넹 이제 나 보다도 더 기쁜 사람 나오랜 허랜겐. 그 때는 죄인이라난디, 지금에 대해서는 나만이 기쁜 사람 없댄겐. 난 죄인을 벗어났잰겐, 우리 부모님들도 다.
> 게낸 저 평화 그 무슨 재단 간 연구소에서 가노란, 저 위에도 가낸 위패아진디, 거기 간 어머니신디 강 아버지영. 저 아버지 이제 죄인이 아니우댄. 아버지, 아버지영 언니들 오빠 다 죄인이 아니우댄. 지금 오빠 잘못이여 누구 잘못이여 헐 거 어시 시국을 못 만낭 영 돌아가셨지만은 그때는 죄인으로 어느 한 구석에서만 헌디, 이제는 죄인이 아이고 이제 막 떳떳허게 댕겹시난 아버지도 죄인이 아니우댄.[37]

---

37) 김인근(여, 1938년생), 제주도 제주시 화북동, 2009년 1월 16일 구연.

4·3이 발발하고 한국전쟁을 경과하여, 군사독재의 질곡을 거치기까지 4·3에 대해서는 '공산폭동'이라는 공식적인 명명 이외의 다른 접근이 일체 허용되지 않았다. 그러한 동안 위의 제보자는 '폭도들의 가족'으로서, 그 자신도 죄인으로서의 삶을 살아야만 했다. 피해자의 입으로 4·3을 이야기 할 수 없는 상황 속에서는, '죄인 아닌 죄인'으로서의 명예를 벗고자 하는 제보자의 소망은 이루어질 수 없는 꿈일 뿐이었다.

그러다가 80년대 이후 민주화가 진척되고 90년대 이후로부터는 4·3의 진상을 규명하기 위한 노력들이 줄기차게 이어졌다. 그리고 마침내 노무현 대통령 시절에는, 진상규명에 이어진 대통령의 공식적인 사죄가 이루어짐으로써 4·3에 관한 국가의 죄가 공인되기에 이르렀다. 이로 인해 위의 제보자와 몰살당한 가족들은 '죄인 아닌 죄인'의 신분에서 신원 되었다. 죄인으로 몰려 죽은 오빠와 아버지도, 나머지 모든 가족도, 그리고 죄인으로 몰려 죽은 가족들로 인해 같은 죄인으로 취급받으며 살아왔던 제보자도 모두 떳떳한 피해자의 신분을 획득하게 된 것이다. 그것은 제보자의 평생에 걸친 한이 풀어지는 일이었다. 평생의 소원이 었던 신원의 기쁨이 위의 내용에 분명하게 드러나고 있는 것이다. 이처럼 덮어 억누르던 과거의 진실을 밝혀내고, 고통받았던 피해자들에게 죄가 없었음이 공인되는 것만으로도, 피해자들의 트라우마는 상당히 완화될 수 있음을 알 수 있다.

그러나 다시금 정권이 교체되고 남북관계가 악화되면서, 4·3을 이야기하는 제주민들의 태도도 소극적으로 변하게 되었다. 2009년 조사 당시에 누구나 자청하여 4·3을 이야기하려 했던 것에 반해, 2012년 조사 시에는 확연하게 조사 참여 희망자가 줄어드는 상황을 경험하였다. 특히 2014년 조사에서는, 『제주 4·3사건 진상조사보고서』의 작성 당시 적극적인 제보자였다는 이유로 추천을 받아 연락하였던 많은 조사 후보들이 방문 허락을 구하는 전화를 냉정하게 끊어버리며, "나는 그런 거 모른다"는 말로 조사를 회피하였다. 보수성향의 정권이 들어서고 북한과의 대결 양상이 강화되면서, 역사적 트라우마로서 막 치유의 길로 들어서던 4·3의 외상이 금방이라도 실제의 상황으로 재현될 수 있다는 두려움을 불러오게 된 것으로 여겨진다. 어쩌면 제주민들의 뇌리에는 그 옛날 예비검속의 소용돌이에 스러져간 수많은 보도연맹원들의 모습이 스쳐 갔을지도 모를 일이다. 최근에는 국무총리후보자의 물망에 오른 인사의 입에서 "4·3폭동"이라는 말이 나올 정도이니, 그러한 제주민들의 태도변화를 충분히 이해할 만하다.

이러한 점에서 볼 때, 4·3트라우마의 치유를 위하여 무엇보다 우선되어야 할 것은, 4·3로 인한 상처들을 온전히 드러낼 수 있도록, 자유롭게 당시의 기억과 그로 인한 아픔을 토로할 수 있는 '안전한 환경'을 조성하는 것이다. 실제의 PTSD(외상 후 스트레스 장애)치료에 있어서도, 외상 환자들이 안정감을 느낄 수 있는 환경과 지지관계 속에서 외상의 기억을 재구성할 수 있어야만 치유가 가능하다고 본다.[38] 4·3트라우마의 치유에 있어서도, 피해자들이 자신의 증언으로 인해 다시금 고통을 받을 수 있다고 인식하는 상황에서는 그 상처의 전모를 밝혀내기도 어렵거니와, 적극적으로 치유 활동을 이어가기도 어렵다. 따라서 정치적 상황이나 남북관계의 변화에 관계없이 모든 것을 속 시원히 털어놓을 수 있는 환경이 조성되지 않는 한, 4·3은 그들의 가슴속에 응어리진 채 풀리지 않는 트라우마로서 영향력을 잃지 않을 것이다. 요컨대 4·3에 대해 정치적 이해관계를 떠나 사실 그대로를 밝히고자 하는 정부와 연구자들 및 민간단체들의 노력과, 그것을 위한 여건 조성이 우선되어야 한다는 것이다.

---

38) 주디스 허먼 저, 최현정 역, 『트라우마』 플래닛, 2007, 260~291쪽 참조.

참고문헌

강두봉(남, 1927년생), 제주도 제주시 조천읍 조천리, 2012년 2월 6일 구연.
고승녀(여, 1931년생), 제주도 서귀포시 대정읍 상모리, 2009년 1월 17일 구연.
김인근(여, 1938년생), 제주도 제주시 화북동, 2009년 1월 16일 구연.
부순녀(여, 1930년생), 제주도 제주시 화북동, 2009년 1월 16일 구연.
양용해(남, 1931년생), 제주도 제주시 삼도1동, 2014년 1월 22일 구연.
윤한숙(여, 1924년생), 제주도 제주시 조천읍 북촌리, 2012년 2월 6일 구연.
이원녀(여, 1939년생), 제주도 제주시 조천읍 복촌리, 2012년 2월 6일 구연.
현덕선(여, 1928년생) 제주도 제주시 조천읍 북촌리, 2014년 1월 21일 구연.
현신봉(여, 1921년생), 제주도 서귀포시 남원읍 신례리, 2009년 1월 17일 구연.

건국대학교 통일인문학연구단,『코리언의 역사적 트라우마』, 선인, 2012.
권귀숙,「아방도 없고 허난 밥도 없고 - 제주 4·3의 여성사」,『4·3과 역사』
        제11호, 제주4·3연구소, 2012.
김창후,「4·3과 재일제주인」,『제주학회 학술발표논문집』1호, 제주학회,
        2010.
문무병,「4·3트라우마의 눈물치료와 4·3해원상생굿」,『4·3과 역사』제11호,
        제주4·3연구소, 2012.
박경열,「제주 여성 생애담에 나타난 4 3의 상대적 진실」,『인문학논총』47,
        건국대학교인문학연구단, 2010.
박도,「제주 섬소년이 민간인학살 추적자 된 사연」,『오마이뉴스』, 2004.4.26.
        - http://m.blog.naver.com/imitek21/120002001030
박찬식,「제주지역의 4월혁명과 지역사회의 변화」,『제주도연구』34, 제주학회,
        2010.
방기중,『한국근현대사상사연구』, 역사비평사, 1992.
브루스 커밍스 저, 김자동 역,『한국전쟁의 기원』, 일월총서, 1986.

'섯알오름 학살터', 『디지털서귀포문화대전』- http://www.seogwipo.gradculture.net.

월터 J. 옹 저, 이기우·임명진 역, 『구술문화와 문자문화』, 문예출판사, 1995.

이정주, 「4·3에 관한 생애사로 엮은 제주 '호미'마을의 역사」, 『제주도연구』 17, 제주학회, 2000.

주디스 허먼 저, 최현정 역, 『트라우마』, 플래닛, 2007.

제민일보 4·3취재반, 『4·3은 말한다』, 전예원, 1994.

제주4·3연구소, 『제주항쟁』 창간호, 실천문학사, 1991.

제주4·3진상규명및희생자명예회복위원회, 『제주 4·3사건 진상조사보고서』, 2003쪽.

함한희, 「증언, 생활사, 구술사 - 기억의 구술과 역사: 4·3의 경험과 재일제주인, 그리고 한국 현대사」, 『4·3과 역사』 제9·10호 합본호, 제주4·3연구소, 2011.

제5장 빨치산을 통해 본
분단체제 강화기의 국가폭력

-전남 빨치산 사례를 중심으로-

박현숙*

1. 빨치산의 역사적 배경

'빨치산'은 주전선의 배후나 측면에서 그때그때의 형편에 따라 아군을
도와 적군을 교란시킬 목적으로 활동하는, 민간인으로 조직된 유격대를
뜻하는 러시아어 partizan(빠르띠잔)에서 유래하였다. 우리나라에서는 미
군정 시기 남북분단을 확정짓는 단독정부 수립을 반대하며 일어난 민중
들이 지리산을 비롯한 태백산 한라산 둥지의 산악지대에서 무장투쟁을
전개하였는데, 이를 '구빨치'라고 부르고, 한국전쟁 시기 지리산, 태백산,
회문산, 백아산 등을 중심으로 활동한 유격대를 '신빨치'라고 부른다.[1]

---

* 건국대학교 국어국문학과 강사

우리나라 빨치산의 형성배경은 일제강점기 항일운동으로 거슬러 올라간다.

1920년대는 3·1운동의 실패 이후 독립운동이 문화적 민족주의와 급진적 민족주의로 분열되는 시기였다. 문화적 민족주의자들은 자치운동을 통해 일본과 허용하는 범위 내에서 교육과 문화, 산업의 발전을 주장했다. 급진적인 민족주의자들은 공산주의자들과 사회주의자들로 구성되어서 민족해방운동을 전개했다. 부르주아지 민족주의자들은 3·1운동을 이끌었지만, 이들의 자치운동은 그 한계를 드러냈으며, 곧 사회주의사상이 만연해져 1925년에는 조선공산당이 결성되었다. 공산주의자들은 1926년 6·10만세운동을 이끌었으며, 이것은 전국적으로 학생들의 동맹휴학과 데모를 불러일으켰다.2) 1929년 11월 3일 광주고등보통학교, 광주농업학교, 전남 사범학교 학생 등 연합 시위운동은 12월 서울지역으로 전이되면서 전국으로 확산되어 전국적 학생 맹휴 시위운동으로 이어졌다. 일제의 감시와 탄압을 받으면서도 학생비밀결사의 항일운동은 계속 되었고,3) 1945년 8월 15일 해방을 맞았다.

해방의 기쁨도 잠시, 38선을 경계로 미군과 소련군이 한반도를 분할점령 후 군정을 실시한 신탁통치문제로 민족 내부의 분열이 시작되었다. 신탁통치로 인한 좌우 갈등은 1946년 9월 총파업, 10월 항쟁으로 이

---

1) 최기자, 「역사의 재발견: 여성빨치산들의 삶과 투쟁」, 『여성과 사회』 제14호, 한국여성연구소, 2002, 161쪽.

2) 윤택림, 『인류학자의 과거여행』, 역사비평사, 2003, 207쪽.

3) 학생비밀결사는 1930년대 전반에는 사회주의계열 중심의 독서회와 반제동맹으로 활동이 활발하게 이루어졌으나 후반에는 일제의 탄압이 더욱 심해지면서 독서회 명칭은 많이 사라지고 연구회, 크럽, 친목회 등을 사용하여 활동하였고, 운동은 민족주의적 성격의 조금 더 부각되었다. 1940년대 전반기에는 20명 이내의 적은 구성으로 조직되었고, 사회주의계열의 운동 목적이 더욱 부각되었다(윤선자, 「광주학생운동 이후 학생운동의 변화」, 『한국독립운동사연구』 제35집, 독립기념관한국독립운동사연구소, 2010, 73~90쪽 참조할 것).

어졌고, 1947년 모스크바 3상회의 결정으로 단독정부 수립을 위한 남한의 단독선거가 진행되자 1948년 제주도에서는 단독정부 수립에 반대하는 4·3사건이 일어났다. 군은 제주도 4·3사건 진압작전을 위해 14연대를 파병시켰으나 1948년 10월 19일 밤 여수읍 신월리에 주둔하고 있던 14연대가 출동을 거부하고, 여수, 순천 주변을 장악하면서 여순사건이 일어났다.

한국전쟁 이전의 남한 빨치산 활동은 여순사건을 계기로 본격화된다. 여순사건 주도세력은 지방에서 호응한 좌익세력과 결합하여 무장세력을 형성하여 추격하는 정부군과 전투를 벌였으며, 반란은 장기적인 빨치산 투쟁으로 변화하게 되었다. 지리산을 중심으로 한 전남 지역의 빨치산들은 14연대 반군과 그에 호응한 지역 좌익세력 및 이들에게 동조하는 주민들로 주로 구성되었다.4) 1948년 제주 4·3 사건과 여순사건을 거치면서 사회주의 변혁운동은 대중운동 형태에서 무장투쟁 형태로 변화된다. 여순사건 직후 1949년 초쯤에는 자생적으로 몇몇의 남로당 유격구가 형성되었다. 이후 체계적으로 정비된 형태로 빨치산 투쟁이 이루어진다.5) 남북이 점차 정치적 긴장이 고조되면서 빨치산은 1949년 이승만 정권에 적극적인 공세, 이른바 '9월 공세'를 펼친다. 격렬해진 빨치산 활동을 토벌하기 위해 정부는 1949년 9월 28일 지리산 지구에 전투사령부를 설치한다. 1950년 3월까지 실시된 국군의 대대적인 동계토벌 작전으로 빨치산은 괴멸적인 타격을 입는다.6) 그로 인해 한국전쟁 직전

---

4) 이선아, 「한국전쟁 전후 빨찌산의 형성과 활동」, 『역사연구』 제13호, 역사학연구소, 2003, 161쪽.
5) 북한 당국과 남로당 지도부는 월북한 남로당원과 지지자들을 북한지역의 유격대 양성소인 강동정치학원에서 훈련시켜서 남한으로 침투시켰다(G-2 Peoridic Report #1004: 이선아, 위의 논문, 165쪽 재인용).
6) 한국정치연구회 정치사분과 지음, 『한국현대사 이야기주머니』 1, 녹두, 1993, 183쪽.

빨치산의 무장투쟁은 거의 약화되기에 이른다.

한국전쟁 발발 후 빨치산은 1950년 7월부터 전쟁수행을 위한 활동으로 전환한다. 인민군 점령기, 대다수의 빨치산은 자신의 지역으로 복귀하여 점령지역의 당 및 사회단체, 인민위원회 활동 등을 통해 적극적인 사회주의 사상의 실천적 기반을 다져나가려고 한다. 그러나 1950년 9월 15일 인천상륙작전으로 전세가 역전되어 인민군의 퇴로가 차단되자 지방좌익 세력이나 협조자들은 월북을 하거나 다시 입산을 한다. 그리고 퇴로가 차단된 인민군도 함께 입산을 한다. 이 시기에 입산하여 빨치산 활동을 한 사람들을 '신빨치'라고 부른다. 빨치산은 한국전쟁 직후 인민유격대가 새롭게 편성된다. 전남도당은 1950년 하반기에 불갑, 유치, 지리산, 백운산, 조계산 노령 6개 지구당 체제로 재편하여 토벌대와 전투를 벌인다. 정부는 1950년 10월 7일부터 1951년 3월 31일까지 '공비' 토벌작전을 수립한다. 동계대작전(1950년 말~1951년 초), 춘계공세(1951년 초), 동계토벌작전(1951.12.1~1952.3.15)으로 호남 일대의 유격대는 치명적인 타격을 받으며,[7] 1954년 군의 토벌 총력전으로 전남 유격대의 지휘부들과 대원들이 상당수 전사하거나 검거됨으로써 빨치산은 무력화된다.

사회주의 사상을 기반한 이들의 운동은 항일독립운동과 사회주의운동을 거쳐 남북분단의 현실을 타개하기 위한 통일운동으로 이어지고 있다.

---

7) 최정기, 「전남지역의 한국전쟁과 민중의 고통」, 『지역사회학』 제12권 제2호, 지역사회학회, 2011, 151쪽.

2. 그들은 왜 빨치산이 되었나?

빨치산은 전후 60년의 세월이 흘렀어도, 좌우익 갈등의 중심에 놓여 있다. 빨치산은 좌익의 상징성을 지닌다. 그렇기 때문에 연좌제가 사라진 현재까지도 빨치산 활동을 한 인물과 관련을 맺은 사람은 한국사회에서 자유로울 수 없다. 이는 사상과 이념의 문제를 옳고 그름의 논리로 접근하기 때문이다. 반공·냉전 이데올로기의 정치적 메커니즘에 의해 옳고 그름의 문제로 접근하는 순간 우리의 역사는 한 발자국도 미래로 나아갈 수 없다. 반목과 갈등의 역사만 거듭될 뿐이다. 평화와 화해의 역사로 나아가기 위해서는 빨치산의 문제를 사상의 자유, 같고 다름의 논리로 접근할 필요가 있다. 필자는 이 관점에서 왜 그들이 빨치산이 되었는지 입산자들의 증언을 통해 살펴보기로 한다.

1) 집안 인물의 사상적 영향

빨치산은 사상의 신념에 의해 자발적으로 입산을 한 경우가 많다. 자발적 빨치산의 경우 사회주의 사상을 경험하게 된 동기는 다양하다. 그중 신뢰하는 집안 인물의 사상적 영향을 받은 사례가 적지 않다.

전라남도 보성군 회천면 봉강리 영광정씨 정해룡 집안은 보성의 대표적인 좌익가문이다. 이 집안사람들은 한국전쟁 보성 인민군 점령 시 여러 직책을 맡아 활동하였다. 인민위원회 활동을 한 정해룡을 비롯하여 아내, 삼촌, 5촌, 6촌, 10촌까지 중요 직책을 맡아 활동을 하였다. 연합군의 인천상륙작전으로 인민군의 전세가 역전되자 인민군 점령 당시 활동했던 봉강 집안사람들 10여 명은 입산하여 빨치산이 되었다. 개중에는 겨우 목숨을 부지한 이도 있고, 월북한 이도 있다.

　봉강 집안사람들의 사회주의 사상 선택은 일제강점기부터 항일운동,
민족해방운동에 앞장섰던 신뢰받는 집안 인물들과 집안 분위기의 영향
이 지대했던 것으로 보인다.

　빨치산으로 활동하다가 일림산 토벌과정에서 토벌대가 쏜 총탄에 두
눈을 실명한 정**는 자신의 사회주의 사상적 기반을 일제치하 민족주의
적 성향으로 결합된 가풍, 엘리트 작은조카의 항일운동 경력, 일제 학도
병 징집에 징용을 피하기 위한 이들의 은신처를 마련했을 만큼 민족해
방운동에 앞장섰던 집안 분위기에서 찾고 있다.[8]

　봉강의 조부 정각수는 창씨개명을 거부하고 상해임시정부에 거액의
독립자금을 희사하였는가 하면, 봉강 정해룡은 무상교육기관 양정원을
설립하여 민족의 인재 양성에 힘을 쏟았고, 춘궁기에는 적극적으로 구
휼 활동에 힘을 쏟았다. 봉강의 재종형 정해두는 광주공립농업학교에
항일 비밀 학생조직 성진회 활동과 광주학생운동에 깊이 관여한 일로
구속되어 3년 6개월 옥살이를 한 바 있다.[9] 또한 정해두, 정해룡, 정해

---

8) '당시 우리 집안은 지주 가문으로서의 철저한 유교적 전통과 일제치하에서의
　민족주의적 성향이 결합된 가풍을 지니고 있었다. 작은조카가 경성제국대학
　예과를 거쳐 일본 동경제국대학원을 다니는 동안 항일운동에 관련돼 옥고를
　치렀던 것도 이 무렵의 일이었다. 일제의 학도병 징집이 기승을 부리던 시절
　에는 서울에서 그의 선배, 후배, 동료들이 여남은 명씩 몰려 내려와 큰댁은
　징용을 피하기 위한 은신처로 변하기도 했다.'(정**, 『월간중앙』 1990년 2월호,
　509쪽)

9) 광주학생운동은 1929년 10월부터 1930년 3월까지 전국 13府 · 218郡 · 2島 중 12
　부(92.3%) · 81군(37.2%) · 1도(50.0%)의 학교들이 참여한 대규모 · 장기간의 학
　생운동이었다. 북으로는 함북 회령, 남으로는 전남 제주에 이르기까지 전국
　13도는 물론, 중국의 관내 · 간도와 노령 · 일본 · 미주에도 영향을 미쳤다. 국
　내외 280여 학교가 학생운동에 참여한 것으로 추정된다. 따라서 '전국적'은
　물론 '국내외'에서의 민족운동이었고, 1920년대에서 1930년대로 넘어가는 시
　점에 일어난 민족운동 발전의 분수령이었다. 그래서 광주학생운동은 1920년
　대 학생운동은 물론 민족운동을 '총결산'했다고 평가한다(조동걸, 「광주학생
　운동의 성격과 역사적 의의」, 한국역사연구회 · 전남사회학회 공편, 『광주학
　생운동연구』, 아세아문화사, 2000, 302쪽).

진이 8월 16일 해방 기념 군중대회를 주도하여 신사를 불태우기도 하였다.[10] 이러한 집안 인물들의 적극적인 항일활동은 자연스럽게 집안사람들이 사회주의 사상을 옹호하는 분위기를 조성한다.

해방이후 봉강 집안사람들은 정해진에게 직접적인 영향을 받게 된다.

> 당시 둘째 조카는 지하공산당원으로서 서울에서도 비중 있는 역할을 담당하고 있었다. 그는 보성에서 유일하게 경성제국대학을 거쳐 동경제국대학 대학원에까지 유학한, 말하자면 보성이 낳은 '인물'이었다. 어린 시절 이런 조카를 가까이서 지켜본 나로서는 일종의 존경심 같은 마음을 갖고 있었다. 그는 자신에게 엄격한 생활태도를 지닌 데다 해박한 사람이었다. 아무튼 서울에서 조카와 만난 이래 나는 그의 영향을 크게 받았다. (…중략…) 조카의 충고 속에 나는 혁명에 관한 기본 이론들을 공부했고, 앞으로의 삶도 '계급해방'이라는 역사적 요청에 따라 걸어갈 것을 결심했다.[11]

정해진의 숙부 정**는 수기를 통해 큰집 작은조카 정해진에게 가장 큰 사상적 영향을 받았다고 밝힌다. 정해진은 1916년에 출생하여 보성에서 소학교를 졸업하였다. 중등교육을 받으면서 보성을 떠나 광주에서 거주한다. 그는 광주공립고등보통학교를 우등생으로 졸업하고 경성제국대학에 진학하였는데, 이때 사회운동에 깊이 관여한다. 이후 동경제국대

---

10) '45년 8월 16일. 해방 바로 다음날 목격했던 일들은 더욱 나를 들뜨게 했다. (…중략…) 아무튼 면사무소 앞에서 그 집회를 마친 군중들은 '신사'부터 불태웠다. (…중략…) 이튿날, 일본 순사들을 가득 채운 한 대의 트럭이 (…중략…) 어제의 군중대회를 주도한 사람을 만나고 싶다는 것이었다. 그들이 지목한 사람은 바로 내 친형(정** 씨)과 큰 댁의 두 조카(정해롱·정해진 씨), 그리고 작은집 조카(정해두 씨)였다. (…중략…) 내가 자라온 집안의 분위기가 이러했기 때문에 나 또한 어릴 적부터 이런 영향을 깊게 받았다.'(정**, 『월간중앙』 1990년 2월호, 510쪽)

11) 위의 잡지, 519쪽.

학대학원에 진학하여 일본으로 유학을 떠난다. 정해진은 유학시절 국제
공산당 정치당원으로 활약한다. 정해진은 유학시절에도 방학이면 고향
에 돌아와 마을 청년들을 가르쳤다고 한다. 정해진은 해방직전 김선우
(훗날 전남 빨치산 도당부위원장)와 함께 인천 군수공장에서 노동운동
을 하다가 발각되어 연행되기도 한다. 한국전쟁 시기에는 서울시 인민
위원회 선전부장, 인천시 인민위원장으로 활동하다가 9·28수복 이후
전세가 역전되자 가족과 함께 월북한 인물이다.

정**는 보성이 낳은 엘리트 조카 정해진의 엄격한 생활태도와 해박함
을 지켜보면서 일종의 존경심을 갖고 있었다고 밝힌다. 정해진은 정**에
게 정씨가문이 겪고 있는 현재의 고통은 역사가 변화되는 데에 필연적
으로 나타나는 현상에 불과하니 이를 올바로 받아들이고 혁명에 적극
나설 수 있는 사상적 의지와 준비가 필요하다는 충고한다. 정**은 이후
학습을 하고 사회주의 사상을 받아들이기로 결심하게 된다. 훗날 정**
형제들은 모두 입산하여 빨치산이 된다. 형은 토벌대에게 체포되어 총
살을 당하고, 누이는 전투 중 사망하고 만다. 그리고 정**은 전투과정에
서 두 눈에 총상 입고 실명한다.

전남 여성빨치산 이**의 경우에도 혼자가 아닌 가족들이 같은 사상을
가진다. 이** 역시 항일운동부터 적극적으로 가담했던 인물들로 인해 형
성된 집안 분위기가 매우 큰 영향을 미친다. 이**은 보성 회천면 출신으
로 김선우 사령관의 기요원[12] 출신이다. 이**의 오빠는 6·25 이전 도당
연락책으로 예비검속 때 구속되어 형무소에서 죽임을 당하고, 남동생은
구빨치였다가 재입산하여 전사한다.

이 집안의 경우 삼촌은 고창고보 민족학교를 졸업했고, 동경 유학생

---

12) 기관, 기업소 안의 중요한 문건을 다루고 보관하는 직책의 일꾼이라는 뜻의
북한어이다.
(http://krdic.naver.com/detail.nhn?docid=5796400 네이버 국어사전 참조).

활을 했던 이모들은 1919년에 항일운동을 하다가 퇴학 처분을 받는다. 그리고 직계가족 오빠는 서석국민학교 6학년 재학 중 광주학생사건이 일어났을 때 이모들을 쫓아다니면서 일본 학생들에게 돌을 던지기도 한다. 이모들은 해방 후 여성동맹 활동을 하였고, 큰이모와 작은이모, 오빠 모두 배일사상으로 항일운동에 적극 가담한다. 이후 가족들은 자연스럽게 사회주의 사상을 받아들이게 된다. 이**은 이러한 집안분위기의 영향으로 자연스럽게 이 길이 자신들이 갈 길이라고 생각하고 삶의 신념이자 철학이 되었다고 말한다.[13]

앞서 봉강마을의 정**의 증언을 통해서도 알 수 있듯이, 영향력을 지닌 인물들은 사상에 기반한 언행일치의 태도, 해박함 등으로 주변인들에게 깊은 신뢰감을 주어 주변인들이 그들의 사상을 거부감 없이 자연스럽게 받아들이게 한다.[14]

---

13) '우리 가정사정을 말하자믄 우리 오빠가, 우리 이모들이 전부 항일투사여. 이모들이. 우리 인자 삼춘도 그러고. 삼춘은 저기 서중 떨어지고 고창고보로 갔어. (…중략…) 학생사건이 천구백십구년에 일어났어. 우리 작은이모 학교대닐 때에. 큰이모, 큰이모도 학교 대닐 때에 그리고. 작은 이모는 해방 후에 졸업했어. 퇴학맞어서. 그릉께 우리오빠가 서석국민학교 육학년 때 학생사건이 일어났지. 긍게 이모들 따라 댕김서 다 인저 돌 져서 날르고 요러고 이 일본 놈, 저 학생들을 돌 던지고. 육학년들도 요 서석국민학교 다 그랬대. 그래서 그때부터 우리 말하자믄 우리 오빠가 배일사상이 들었어. 긍께 해방후에는 인제 자연스럽게 사회주의사상으로 가제이 (…중략…) 그렇께 자연적으로 인자 이것이 우리 갈 길이라고 생각허고 진리다고 생각허고 또 인자 커서는 이것이 하나의 신념이 되고 또 아조 철학이 되고 이. 그렇게 되야분 것이여. 뒷이 돌아볼 것이 없어.'(이**(여, 84세), 2013.5.23, 전라남도 광주시 북구 일곡동, 박현숙 외 조사).

14) 해남윤씨 집성촌 강진 수동마을의 경우, 윤가현과 윤순달이 마을 사람들에게 사상적으로 큰 영향을 미친다. 수동마을 사람들은 윤순달, 윤가현이 학벌 좋고 머리가 좋은 사람들이라 그들의 지도로 마을과 나라가 편해질 것이라고 생각했다. 윤순달이 곧 전기가 들어오고 농지 정리가 이루진다는 말을 했는데 실제 이루어졌던 일화나 내년에 가물 것이니 나락을 심지 말고 콩을 심으라는 말을 했는데, 실제 그렇게 이루어졌다는 마을 사람들의 증언을 통해서 그들에 대한 마을사람들의 신임도를 확인할 수 있다(염미경, 「양반가문의 한

전남유격투쟁사 인명록에 수록된 전남 빨치산 수는 1,035명에 달한
다.[15] 여기에 100여 명이 넘는 인원이 정**와 이**의 사례와 같이 누군가
의 형제, 남매, 부자, 부부, 삼촌, 사촌, 시누이, 조카, 사위이다. 한 집안
사람들이 각자의 신념에 따라 입산하여 빨치산 활동을 펼친 인물들이
10%에 해당한다. 이를 통해 집안의 사상적 배경이 자발적 빨치산들의
이념과 사상 형성에 지대한 영향을 미쳤음을 확인 할 수 있다.

2) 부조리한 사회구조

이들이 입산하여 빨치산으로 활동하게 되는 계기를 보면 가장 많은
것이 개인의 사상적 신념에서이다. 이들의 사회주의 사상적 배경에는
부조리한 사회에 대한 변혁의 꿈과 희망이 기반하고 학습을 통해 신념
이 된다.

여성빨치산 이**은 광주 사범학교를 졸업하고 보성군 회천면 율포초
등학교 교사로 첫 발령을 받아 재직하던 중 한국전쟁을 맞이한다. 이**
은 원래 의사가 꿈이었지만 가난하여 학비가 국비인 사범학교를 선택한
다. 그녀가 꿈을 포기하고 사범학교를 선택한 배경에는 가난이라는 가
정 환경적 요인이 있었다.

> 사범학교는 원래 머리 좋고 돈 없는 사람이 가는 학교 아니여. 또 우리
> 학교 다닐 때만 해도 전부 국비였어. 나라서 돈을 받고 다녔어. 그랑께
> 머리 좋고 가난한 사람들이 다 사범학교를 온 것이여. 그렇게 해방이 되
> 니까 전부 여가 좌익일색이었어. (…중략…) 우리학교는 그렇게 심했지.

국전쟁 경험」, 『호남문화연구』 제29집, 전남대학교 호남문화연구소, 2001, 240
   쪽 참조).
15) 정관호, 『전남유격투쟁사』, 선인, 2008, 311~409쪽.

전부가 구십구퍼센트가 다 인자 좌익이었지.[16]

이**의 증언처럼 당시 공부는 잘 하지만 돈이 없어서 사범학교를 선택하는 사람이 많았다. 그래서 프로레타리아 혁명의 사회주의 사상은 가난한 배운 자, 그들에게는 절박하게 와 닿았고, 평등한 세상의 변화를 위해 온몸을 불사르겠다고는 각오를 다지게 된다. 이**이 빨치산이 된 실제적 배경은 사범학교에서의 소그룹 학습이다. 항일운동에 앞장섰던 그녀의 가족사적 배경은 사회주의 사상을 자신의 신념으로 자연스럽게 받아들이고 자발적 학습동기 유발의 직접적 원인이 된다. 이**은 가족들에게 영향을 받은 사상적 기반이 사범학교에서 학습을 통해 신념화 되었다. 한국전쟁 발발 전후로 오빠 부부와 동생을 한꺼번에 잃고, 터전마저 국군에 의해 전소되는 경험을 통해서 그녀의 신념은 더욱 강화되었고,[17] 신념을 지키기 위해 빨치산이 되었다. 자신의 신념에 의한 실천적 삶을 선택한 것이다.

또 일제강점기에 경험한 항일운동의 모범적 인물의 영향과 해방 후 부조리한 사회구조에 대한 반발심으로 사회주의 사상을 받아들인 경우도 많다.

최창순 할아버지께서 해방이 되니까 그래도 왜정 때는 그때는 보성 북국민학교예요. 보성 북국민학교. 어. 제일 넓은 광장이죠. 국민학교 운동

---

16) 이**(여, 84세), 2013.5.23, 전라남도 광주시 북구 일곡동, 박현숙 외 조사.
17) '우리오빠는 거시기 죽고 형수도 죽고 우리 남동생은 빨치산해서 죽고 우리 집은 자연적으로 국군들이 와서 태와부렀어. 그러고 인제 우리 여동생이 하나 있는디 여동생이 여그 우리 어므니하고 광주로 인자 쫓겨왔지. 그래갖고 여동생도 사범학교를 나와서 선생하다 정년하고이. 그리고 둘이 남았어. 칠남매에서. 다 죽고 우리 여동생 한나하고.'(이**(여, 84세), 2013.5.23, 전라남도 광주시 북구 일곡동, 박현숙 외 조사).

장이. 그때는 그 뭐 학생이 천 육, 칠백 명씩 이렇게 되았으니까. 거기
나와서 그 완장을 찼어. 어렸을 때니까 우리는 뭐이라고 썼는지 몰랐지.
아마 인민위원회 위원장이라고 아마 완장을 찼을 거예요. 완장 차고 한복
차림으로 올라오서서 연설을 했어요. 연설을 하는데 아마 지금도 기억에
또렷이 남는 것이, 그 여태까지 그 우리 그 조선동포들이 이렇게 굶주리
고 수탈당하고 이렇게 했으니까 이제는 우리도 그 좀 배부르게 배꼽이 요
강꼭지가, 요강꼭지라는 건 우리나라 옛날에 요강 있죠. 요강 꼭지가 되
게 놓고 삽시다 그런 연설을 하드라고요.[18]

　구빨치 비무장대원으로 활동했던 김**은 사회주의 사상을 받아들이게
된 배경에는 마을에서 항일운동을 했던 최창순의 영향이 크다고 말한
다. 해방 후, 굶주리고 수탈당하는 조선동포들의 배꼽이 요강꼭지처럼
튀어나오도록 배불리 먹게 살자는 그의 연설에서 가난한 농민의 아들인
김**은 희망을 보았다. 자신에게 평등한 세상의 희망을 보여준 어른이
예비검속 때 구속되는 것을 보고 그는 부당하다고 생각했고, 그 부당함
을 개선하기 위한 행동을 실천한다. 부모님이 재력이 있는 사람도 아니
고 많이 배워서 유식한 분들도 아닌 가난한 농민의 아들인 그가 뜻있는
친구들을 모아 최창순 석방을 요구하는 전단을 만들어 붙인 것이다. 그
일이 알려지면서 좌익계열의 사람들이 그를 찾아왔고, 그는 학습을 하
면서 사회주의 사상을 받아들였다. 그런데 김**가 사회주의 사상을 받아
들인 계기가 최창순 구속에만 있지 않다.

　내가 꼭 확고한 자본주의에 대한 뭣을 알아서 꼭 그런 것보다도, 그런
것보다도 그 일제세력들이 다시 활개를 친다는 그 하나의 반감. 이것이
그 상당한 영향을 받았을 거예요 그것이 더. 근데 그때 보면은 무슨 뭐
보성 같은 데도, 보성에 읍에 무슨 상회 무슨 상회 무슨 상회 좀 이케 먹

───────────────

18) 김**(남, 82세), 2013.7.9, 전라남도 목포시 자택, 박현숙 외 조사.

고 살고 쫌 이른 사람들은 전부다 왜정 때 일본사람 밑에서 모도 그 하든 사람들이 그른 사람들이 다 쫌 먹을 만하게 살고. 또 일본사람들한테 재산을 많이 물려받어가지고 해방 후에. 일본사람들 가버리니까 그거 또 물려받어가지고 운영허고. 이른데다 결사적으로 이자 반대를 하겠지. 공산주의 나눠먹기, 공산주의는 싹 니 것 내 것 없이 나눠먹는 거로만 그렇게만 생각허는데. 이자 그른 생각에서 그렇게 이자 했겠지요. 당연한 거야, 그 사람들. 그 사람들대로 입장에서 또 보느는.[19]

김**은 일제강점기 때 일제에 기생하여 자신의 출세를 위해 활개 하던 친일파들이 처벌을 받기는커녕 미군정 하에 다시 요직을 맡고 활개 하는 모습을 보면서 부조리한 현실에 대한 반감이 매우 컸다. 이러한 부조리한 현실이 그를 빨치산의 길을 선택하게 하였다.

많은 빨치산 경우 사회주의 사상에 공감하고 받아들이기보다는 해방 후에도 이어지는 친일파의 득세에 대한 반감과 신탁통치를 반대 이유로 사회주의 사상을 받아들인 사례도 많다.

일제 말기 그 생활이나 8.15 해방 뒤 생활이나 똑같아요, 민간인들 생활은, 생활 형편이라는 것은. 왜 똑같냐면은 그놈들이 그놈들 아닙니까, 전부다잉. 8.15 해방 돼가지고 일제 때 그거 한 놈들이 다 그대로 그 자리에서 지켜서 인자 우리 그 민간인들을 착취해먹고 그랬으니까. 그렇게 이제 가장- 못된 것이 순경들하고 면서기들이거든요. 예? 해방 후에도 마찬가지여, 그놈들이 다. 그래서 인제 그런 관계 속에서 해방 후에도, 음- 48년도, 49년도까지 그 선자가 있고 공출이 있고 두 개가 있어요. 일제 때랑 똑같다니까. 그래서 인제 그렇게 해주고 면서기들이 인자 와서 인자 선자 같은 거 안 봐주문 이게 또 와서 또 인자 뭐 압수해가고 말이지. 또 인자 그게 지금 같으면 가택수색해서 뺏어가기도 하고 그래 그렇고 했어.[20]

---

19) 김**(남, 82세), 2013.7.9, 전라남도 목포시 자택, 박현숙 외 조사.

비전향장기수 김**은 20년 넘게 지주집안에서 머슴을 살던 소작인의 아들이다. 김**의 가족들은 힘겹게 일 년 농사를 지어서 지주에게 소작료 바치고 관에 공출 바치고 나면 십여 식구 식량이 일 년 내내 모자라 늘 배를 곯아야 했다. 어린 김**에 눈이 비친 해방은 일제강점기와 달라진 것이 하나도 없는 부조리한 세상 그대로였다. 일제강점기에 민간인에게 수탈과 착취를 일삼던 순경이나 면서기와 같은 공무원들은 해방이 되어서도 안위를 보장받은 채 여전히 민간인들을 착취했다. 힘없는 민간인들에 대한 모함과 억울한 죽음도 계속 목격했다.

억울한 죽음의 위협을 가족들이 직접 경험하기도 했다. 1949년 여름 빨치산에 의해 경찰버스가 전복되어 7명의 경찰 중 6명이 사망하는 사건이 벌어지자 경찰은 경찰버스 통행로를 빨치산에게 밀고한 자를 색출하기 시작했다. 김**의 부친은 산 속에서 숫돌 캐는 일을 했는데, 사건 당일 굴 밖에서 총격소리가 들리자 무서워서 웅크리고 있다가 수색대에 발각되었다. 부친은 밀고자로 오인을 받아 총살당할 위기까지 처했으나, 아는 경찰 덕분에 간신히 목숨을 부지할 수 있었다. 또 한 번은 입산했던 마을 주민이 마을에 들어오면서 김**네 헛간 잿더미 속에 무기를 몰래 숨겨놓았다. 그런데 경찰의 수색으로 그 무기가 발각되자 김**가족들이 끌려가 죽을 만큼 구타를 당한 후에야 겨우 목숨을 부지한 일도 있었다.

김**에게 큰 충격적인 사건 하나는 체육선생님의 억울한 죽음이다. 체육선생님이 평소에 잘 알고 지내던 경찰과 술자리에서 말다툼을 벌였다. 그런데 경찰이 갑자기 체육선생님에게 빨갱이라면서 총으로 쏴 죽인 것이다. 선생님의 시신을 지서 도로가에 두었지만 빨갱이라고하면 무조건 쏴 죽여도 상관없던 시절이라 두려움에 아무도 시신을 거두지

---

20) 김**(남, 79세), 2013.8.1, 서울시 광진구 화양동 건국대학교, 박현숙 외 조사.

못했다.

부당하고 부조리한 세상을 목격한 어린 김**은 대부분의 마을 청년들이 사회주의 사상을 받아들여 활동하는 모습, 일제강점기에도 한글을 배워야 한다면서 끝까지 한글을 가르쳤던 민족주의자 훈장님, 사회주의 사상이 반영된 농민운동가, 적기가 등을 배웠던 야학공부, 그리고 누나의 빨치산 활동 등의 영향으로 서서히 사회주의 사상을 받아들이고 어린 나이에 빨치산이 된다.

3) 생존형

입산한 사람들 가운데는 사회주의 사상이나 신념과는 무관하게 죽음의 위협에서 벗어나 살기 위해서 산에 오른 사람들도 적지 않다. 친일파가 청산되지 못하고 미군정 하에서 친일파 득세하는 지역에서는 식민지 치하에서 친일파에게 눈 밖에 났던 마을이나 인물은 이승만정권 이후에도 계속 타격을 받았다. 가족이나 친인척 중에 그와 관련된 사람은 낙인찍혀 생명의 위협을 받는 일이 비일비재했다.

> 그렇게 되니까 가족적으로 그렇게 되니까, '잽히면은 같이 죽을 것이다.'하고 생각 하고 인자 피신을 한 거지. 빨치산으로 간 것이 아니라 자기 생명을 유지하기 위해서 하나의 갔다고 그렇게 봐야지. 자수를 허고 그래갖고 저는 인자 학교를 가갖고나와 갖고 교사를 10여 년……21)

정**은 속성 2년제 사범대학을 졸업하고 10년간 교육공무원을 역임했다. 그는 자신은 사회주의 사상과는 무관한 사람이라고 말한다. 그런데

---

21) 정**(남, 83세), 2014.7.12, 전라남도 보성군 겸백면 마을회관, 김종군·박현숙 외 조사.

그는 입산했다. 이유는 사회주의 사상을 가진 가족으로 인해 잡히면 같이 죽을 것 같아서 생명을 유지하기 위해서이다. 자신은 빨치산으로 입산한 것이 아니라 피신이라고 명확하게 선을 그었다.

보성 겸백에서는 하동정씨 집안의 종손이 광주에서 유학을 하면서 사회주의 사상을 섭렵한다.[22] 해방이후 월북했다가 한국전쟁 때 인민군 남부군 사령관이 되어 고향을 찾는다. 이후 전세가 역전되자 입산하여 빨치산 활동을 하던 중 토벌대에게 비트가 발각되어 죽임을 당한다. 그 외에도 하동정씨 집안에서 빨치산 활동을 했던 인물이 여럿 있다. 그로 인하여 월북한 인물의 가족들은 경찰에게 총살을 당하기도 했다. 이런 실정이다 보니 한 집안사람인 정**에게 입산은 생명을 유지하기 위한 불가피한 선택이었던 것이다. 생존을 위한 입산자에 대한 증언은 전라남도 담양에서 만난 서**제보자를 통해서도 확인할 수 있다.

> 지금 생각허면은 그 사람들은 장소를 피했제, 그 사람들이 피해를 줘서 피한 게 아닌 같애. 그것이 바로 난리여. 죄도 없는 사람이 피했단 얘기야. 죄도 없는 사람들이 (…중략…) 지금 생각허면 빨치산이라는 사람들이 특수한 사람들이 아니라니까. 으뜩게 보면 나도 못났지만, 나보다 더 못난 사람들도 자기 가족이 좀 무심허게 되고 경찰들헌테 좀 당할 거 같으니까 안당해도 당할 거 같은 사람들은 무조건 올라간 것이여. 아무리 선량한 농민이고 아무것도 모르는 사람들이 그래가지고 그 사람들이 결국 묵고 살라니까 (…중략…) 밤에만 동네 와갖고 곡식을 가져가. 먹고 살라니까. (…중략…) 아께도 말했지만 아무것도 몰르는 사람들이, 정치도 모르는 아-무것도 모르는 사람들이 따라서 올라가서 반란군이 돼버린 거야.[23]

---

22) 김종군, 「분단체제 속 사회주의 활동 집안의 가족사와 트라우마」, 통일인문학 제20회 국내학술심포지엄자료집 『코리언의 역사적 트라우마 실상과 치유』, 2014., 83쪽.

23) 서**(남, 76세), 2012.1.30, 전라남도 담양군 용면 두장리, 박현숙 외 조사.

서**는 빨치산을 특별한 사람이 아니라고 말한다. 사회주의 사상을 가진 가족, 혹은 경찰에게 낙인찍힌 가족들로 인하여 경찰에게 당하게 될 것이 두려워 무조건 입산한 사람들로서 사상도 정치도 모르는 그저 선량한 농민이라는 거다. 그렇게 입산한 그들이 산에 먹을 것이 없으니 먹고 살려고 밤에 동네에 내려와 곡식을 가져 갔고, 그들이 반란군이 되어 버렸다고 말한다.

> 우리 누나하고 나하고. 내려가가지고 또 입산을 시켰거든요, 우리 아버지랑 다. 왜 입산을 시켰냐 하믄, 그때는 제2국민병이 제도가 있었어, 제2국민병이래가지고. 그 제2국민병은 나이 관계로 가는 거 없거든요. 이거 채 가믄 제2국민병들, 채병대가 그 해가지고 그 추울 때 그냥 다 띠어먹고 해서, 제2국민병들 뭐 하여튼 얼어 죽어도 많이 죽었거든요. 그래 그 놔두면은, 집에 놔두면은 제2국민병 또 들어갈까봐잉, 그래서 그걸 염려해서 인자 동네 가서,
> "입산을 하라. 쪼끔만 더 있으면 인자 우리가 영광해방작전 우리가 계획하고 있고."
> 우리가잉, 그렇게 그 선전을 했지.[24]

전남 무장빨치산 김**은 누이와 함께 빨치산으로 활동하던 중 마을로 내려가 부모님과 이웃들에게 입산을 권유한다. 국민방위군으로 참전하는 것을 막고, 부모와 이웃들을 살리기 위해서다. 정부는 중공군의 개입으로 전쟁이 악화되자 국민방위군을 긴급 조직한다.[25] 국민방위군 입영

---

24) 김**(남, 79세), 2013.8.1, 서울시 광진구 화양동 건국대학교, 박현숙 외 조사.
25) 1950년 말 「국민방위군설치법」에 의하여 만 17세에서 40세 미만의 제2국민병으로 조직되었던 군대, 중공군의 한국전 개입으로 악화되어 가는 전쟁 상황을 타개하기 위하여 정부는 그 해 12월 17일 「제2국민병소집령」을 발동, 약 50만 명의 장정들을 전국 각지의 51개 교육연대에 분산 수용하여 국민방위군을 편성하였다. (http://terms.naver.com/entry.nhn?docId=525216&cid=46628&categoryId=46628, 한국민족문화대백과, 한국학중앙연구원).

조건이 되는 사람이면 누구나 참전을 하거나 살고 싶으면 도피를 해야
하는 상황이다. 이때 국민방위군으로 참전하지 않고 입산을 선택한 사
람들도 많을 것으로 본다. 부모를 살리기 위한 김**의 입산 권유든, 참전
을 피하기 위한 스스로의 선택이든 모두 살기 위한 생존의 목적으로 입
산이 이루어진 경우이다.

> 인자 불갑산으로 인자 우리가 이동을 하게 돼, 50년도에 12월경에, 12
> 월 초에. 이동을 하는데 그 피난민들이 인자 많이 있잖아요. 그래 피난민
> 들을 우리가 이자 어떻게 달고 다닐 수가 없잖아요, 산에서. 우리도 싸워
> 야 되니까. 그래서 인자 우리가 몇 가서는 선전을 했어요.
> "다 내려가라. 인자 내려가서 살 수 있는 자는 밖에서 살아야지. 산에
> <u>있으믄 다 죽으니까 다 내려가라.</u>"
> <u>몇 번 이렇게, 그래도 그 능선에서 안 내려간 사람은 우리하고 같이 싸</u>
> <u>우게 된 거여, 내려간 사람 다 내려가고. 그래서 안 내려간 사람들 누구</u>
> 냐? 우리 유가족들이여. 유가족들은 들어가면 다 죽으니까. 긍게 유가족
> 들은 많이 남았거든요. 그 유가족들은 산에서 다 죽었지마는, 그래서 산
> 에서 그 피난민하고 올라가지고 끝까지 우리하고 같이 싸운 사람을 우
> 리가 인자 투쟁인민이라고 그 이름 명칭을 그렇게 붙여, 투쟁인민이라고
> 잉. 긍게 그런 명칭을 붙이고 그랬는데.26)

전남 무장빨치산 김**의 증언에서도 생존을 위해 입산을 선택한 사람
들의 수가 많았음을 확인할 수 있다. 김**이 태청산에 입산했을 때 연합
군 병력이 점점 좁혀 들어오고 있어서 더 이상 능선에서 버틸 수가 없는
상황이었다. 그래서 불갑산으로 이동이 불가피했다. 그런데 빨치산 대
원들이 많은 피난민을 모두 데리고 이동하는 건 무리였다. 살기 위해 산
으로 피신했다는 겸백면 정**의 증언에 의하면 피신한 사람들이 백 명,

---

26) 김**(남, 79세), 2013.8.1, 서울시 광진구 화양동 건국대학교, 박현숙 외 조사.

이백 명씩 몰려다녔다고 한다. 그래서 빨치산 대원들은 피난민들에게 산에 있으면 죽으니까 다 내려가라고 여러 번 설득을 한다. 김**은 그들을 피난민이라고 칭했다. 그들의 입산 목적이 피난임을 알 수 있는 대목이다. 오로지 살기 위해 산에 오른 사람들이기에 이제 살기 위해서는 하산해야 한다는 빨치산의 말에 많은 피난민들이 하산을 하였다. 그들의 하산 역시 살기 위해서인 것이다. 그때 하산 인원이 많았다는 것은 입산자 중 사회주의 사상과 무관한 사람들이 많았다는 것을 반증한다. 그러나 하산하지 않고 끝까지 빨치산들과 함께 있었던 이들은 사회주의 사상과 관련이 있었던 유가족들이다. 하산을 하면 좌익 가족이라는 이유로 그들은 죽임을 당할 수밖에 없는 상황이었기에 그들 또한 살기 위해 끝까지 산을 선택할 수밖에 없었던 것이다.

3. 분단서사가 빚어낸 국가폭력과 상처

1) 사상전향의 고문

국가안보라는 이유로 국가는 다른 사상을 인정하지 않았다. 사상이 다르다는 이유로 타자를 배제하고 억압을 한다면 이는 진정한 민주주의 국가가 아니다. 그런데 국가는 '빨치산' 그들에게 사상의 자유를 허용하지 않았고, 다름을 인정하지 않았다. 빨치산에게 가장 많이 자행된 국가폭력은 사상전향의 고문이다.

빨치산 그들에게 내려지는 법량은 매우 높다. 자신의 신념과 사상을 지키기 위해서 청년은 장년, 노년이 될 때까지 감옥에서 한 평생을 보내야만 했다. 감옥은 억압적 국가기기구의 하나다, 감옥은 국가의 억압적

인 성격을 직설적으로 나타낸다는 점에서 국가체제의 성격과 직결되어 있다고 할 수 있다.[27]

1973년 7월에는 법무부, 내무부, 중앙정보부가 합동으로 '전향공작 전담반'이라는 것을 만들었고, 이 전향공작 전담반에는 교도소 내 폭력사범을 비롯한 일반 재소자들을 참여시켰다. 전향공작은 좌익사범이나 비전향장기수 외에 경미한 반공법 위반자에 대해서도 광범위하게 이루어졌다.[28]

전남 무장빨치산 김**의 경우 대전교도소 독방에 있다가 1973년 9월 15일 광주로 이감된다. 11월 14일부터 직접적인 사상전향 고문을 받게 된다. 처음에는 0.75평 방에 12~13명씩 수용하여 누울 자유를 주지않았다. 그리고 15일 민방위 훈련이 끝나면 떡봉이라는 폭력깡패이 동원되었다. 이들은 복도에 다니면서 무작위로 수감자들을 불러내어 구타를 가했다. 고함소리와 신음소리가 끊이지 않았다고 한다. 11월 14일부터 이듬해 2월까지 이루어진 1차 사상전향공작으로 김**과 함께 이감된 64명 중 47명이 전향을 했다.

남은 17명의 비전향자들에게는 더욱 가혹한 고문이 이어졌다. 김**의 몸을 발가벗겨 거꾸로 매달아 놓고 물에 적신 로프로 몸을 때렸다. 그러면 피부껍질이 여기저기 벗겨지고 온몸은 피투성이가 되었다. 그래도 버티면 대꼬챙이로 항문을 찌르는 고문을 가했다. 피범벅이 된 김**의 고문자국을 보고 이튿날 바로 전향서를 작성하고 나간 이도 있었다.[29]

---

27) 김귀옥, 「1960~70년대 비전향장기수와 감옥의 일상사」, 『역사비평』 봄호(통권 94호), 역사비평사, 2011, 261쪽.
28) 『월간 말』 2008년 9월호, 126~127쪽.
29) '인자. 지하실로 데리고 가가지고 인자 이러고 묶어가지고 거꾸로 달아매지. 저 우에다 달아매가지고 깨 핼씬 벗겨놓고, 그래가지고는 이제 저 로프줄잉, 로프줄 이거가지고 물 묻혀가지고 한 번씩 딱 때리믄, 이게 딱 걸치고 나믄 이게 가죽이 벳겨지거든요. 피가 막 나잖아요. 그렇게 인자 내가 고문을 당했

그 다음은 물고문이 이어졌다. 수족을 뒤로하여 로프로 묶고 수건을 물에 적셔 입을 막은 뒤 주전자에 담긴 물을 들이부었다. 숨이 막힐 것 같으면 물고문을 중단하고 한 두 시간씩 구타가 이어졌다. 물고문과 구타는 주전자에 담긴 물 2리터를 다 사용할 때까지 반복되었다. 그 고통을 못 견디고 전향서를 쓰는 이들도 생겨났다. 그럼에도 김**이 여전히 전향의사를 밝히지 않자 세면대에 물을 채워놓고 머리를 눌러 물을 먹이며 더 큰 고통을 주는 방법으로 물고문을 가하기도 했다.30) 점점 강도가 세어지는 고문으로 전향자는 더욱 늘어났다.

김**은 가족들을 동원해 이혼서류와 전향서를 들고 와서 하나를 선택하라고 강요하기도 했다. 음식물을 가지고 장난치기도 하고, 물 공급을

거든요. 그래도 인자 끄떡 없고, 그러자 인자 내중엔 이 항문도 찌르고 말이지, 그 대꼬지로잉, 항문 찌르고, 별 오만가지 것을 다 했거든요. 그래가지고 인자 안 되니깐 이자 방으로 데리고 가래. 방으로 데려가가지고 인자, 이 구랭이 허물 벗고 이 피가 막 났잖아요. 그래서 인자 그 강원도에서 온 그때 62살 먹은 정○○ 동지라고 있어. 내 이렇게 당한 것을 보고, "나는 김** 동지처럼 이렇게 되면, 나는 죽지 못 산다."그래가지고 그 이튿날인가 손들고 나간 그런 친구가 있어요.'(김**(남, 79세), 2013.8.1, 서울시 광진구 화양동 건국대학교, 박현숙 외 조사).

30) '내중 인자 물고문을 시작했어, 이제 물고문은 물고문 틀을 공장에서 맞춰가지고 와요. 물고문 틀은 왜냐면은, 이게 인자 고문 틀을 딱, 판자잉, 딱 해놓고, 앞에다 이래 세우고 여그를 딱 파거든. 이거 딱 파믄 여그가 목이 들어가잖아요. 딱 들어가믄 이 곤봉으로 양쪽 하박을 딱 꽤. 그럼 꼼짝달싹 못 하는 거여, (…중략…) 꼼짝 못 하게. 그렇게 해놓고 타월을 물을 적셔가지고 입을 틀어막는 거여. 그렇게 해가지고 주전자 2리터짜리, 그 한 말짜리, 이거를 갖다가 이제 부어. 그러믄 숨이 막히잖아요. 그럼 막히고 그러믄 인자 살짝 풀어줘. 그러믄 한두 시간 또 맞고, 또 하고, 이제 이런 식으로 해서 한 2리터가 다 떨어질 때까지 물고문을 시키는 거여. 그러믄 이것을 견디지 못해가지고 또 쓰겠다고 나간 사람이 많이 있어요. 그걸 몇 차례 당해도 끄떡없으니까 내중에는 인자 어떤 식이냐믄 인자 그 세면장에잉, 그 물 부어놓고 거그다 이제 목 집어넣어놓고 말이지, 물 막 먹게 해가지고 또 끌어내고 인자 이 작업 시키거든요.'(김**(남, 79세), 2013.8.1, 서울시 광진구 화양동 건국대학교, 박현숙 외 조사).

안 하기도 했다. 찬바람에 얼어 죽게 방치해 두고, 고통을 못 견뎌 자살하도록 만들고, 병들어 죽을 지경인 마지막 순간까지도 '전향하면 약을 주겠다'고 회유하며 죽도록 내버려두었다는 증언도 있다.[31]

전향을 거부하는 여성빨치산에게 가해지는 국가폭력은 더욱 가혹하였다. 욕설과 고문, 독방 감금은 일상적이었고, 너무 추워서 교도관들조차도 드나들지 않은 구석진 독방에 며칠씩 감금시키기도 하였다.[32]

국가는 1974년 20년 만기 출소 달포를 앞둔 형제들을 동원하여 전향을 권고했지만 김**은 끝내 이를 거부했다. 그러자 전향담당자자가 구둣발로 목을 밟아 누른 뒤 구타를 하였는데 이 과정에서 갈비뼈 한 대가 부러졌다. 치료를 받게 되면 그것이 약점이 되는 것이 싫어서 식음을 전폐하고 몇 달을 그냥 앓았다. 심한 고통에 자살충동을 여러 번 느꼈다고 한다. 그러나 자살은 마지막 저항의 수단으로 선택하기로 마음먹는다. 그만큼 그들에게 사상과 신념은 목숨과도 바꿀 수 없는 것이었다.

가혹한 사상전향 고문을 견뎌낸 빨치산에게 국가는 그들의 만기출소마저도 허용하지 않았다. 김**은 1974년 4월 28일 만기출소였으나 출소하지 못했다. 이유는 '교도소에서 만기 전에 어떤 행위를 했을 때 최고 사형까지 구형할 수 있다'는 반공법 9조 2항을 적용하여 감옥살이를 2년 더 연장시켰다. 감옥살이 연장 자체가 그들에게는 더할 나위없는 고문이었다. 그런데 박정희 정권은 1975년 7월 16일 '사회안전법'을 제정하여 이미 출소한 빨치산들의 주거지를 제한하고, 주거지 경찰서장에게 일정 사항을 신고하게 한 뒤 지시 받도록 하거나, 심지어 재범의 우려가 있다는 명분으로 재판도 없이 청주보안감호소에 다시 구금하였다. 폭력에

---

31) 『월간 말』 2008년 9월호, 127쪽.

32) 최기자, 「여성빨치산의 경험과 기억을 통한 여성주의 역사쓰기의 시도」, 『여성과 평화』, 제4권, 2005, 206쪽.

못 이겨 찍은 '전향서'도 감호처분의 방패막이가 될 수 없었다.[33] 김**은 1989년 사회안전법이 폐지된 후에야 35년 9개월 간의 옥살이를 마치고 가석방으로 출소할 수 있었다.

김**이 국가이념과 다른 사상과 신념을 버리지 않은 대가는 반평생의 수감생활이었다. 그리고 그는 비전향장기수가 되었다. '비전향장기수'는 국가가 사상을 같고 다름이 아닌 옳고 그름의 잣대로 휘두른 잔혹한 폭력의 다른 이름이다.

2) 비인도적 · 반인륜적 폭력

세상에서 인간성이 가장 말살되는 냉혹한 전쟁에서도 전쟁포로에 대한 기본적인 인권이 존재한다. 전쟁포로 대우에 대한 제네바협약에서는 어떤 때에도 항상 인도적 대우, 인간적 존엄성 손상 금지, 음식과 구호품 제공, 정보를 알아내기 위해 압박 금지, 전쟁포로의 죽음이나 건강상의 심각한 위협을 불러일으킬 수 있는 어떤 불법적 행동이나 태만행위도 금지시키고 있다. 그러나 이념전쟁에서는 비인도적이고 반인륜적인 공권력에 의한 폭력이 자행된다.

대표적인 몇 몇 사례를 들어보면 1949년 9월 14일 군경의 가혹한 처우에 반기를 들고 재소자 전원이 탈옥하는 사건이 벌어졌다. 탈옥수는 곧 군경에게 모두 체포되었다. 그 후 이들에게 가해진 처벌은 매우 잔혹하였다. 가가호호 끌고 다니면서 한 명씩 문간에서 살해하고 마당에 팽개쳤다. 그리고 1950년 7월 광주형무소 사상범 기결수와 미결수 집단 학살이 일어났다. 또 가장 많이 알려진 사건으로 보도연맹원들에 대한 무법

---

33) 김진환, 「빨치산, 역사의 격랑에 선 사람」, 『역사비평』 봄호(통권 94호), 역사비평사, 2011, 312쪽.

살해가 일어났다. 1952년 2~3월경 광주형무소 좌익수들이 천막 가사에
서 집단몰살 당하는 일이 벌어지기도 했다.[34] 또한 여성빨치산에게는
공권력에 의한 성폭행이 자행되었다. 토벌대가 빨치산 토벌과정에서 여
성빨치산을 겁탈하려고 하였고 이를 거부하는 여성은 총살을 당했다.[35]
빨치산 포로수용소에서도 마찬가지였다. 중학교 다니다가 잡혀온 어린
소녀빨치산들을 감찰과 헌병이 데리고 가서 공포탄을 쏘거나 살해 위협
으로 성폭행을 자행했고, 계속 거부할 때는 총을 쏘아 죽이는 경우도 있
었다.[36]

　전시상황에만 비인도적이고 반인륜적인 폭력이 가해진 것이 아니다.
한국전쟁 휴전 이후 한국사회의 좌우이념 갈등은 더욱 심화되었다. 그
여파로 좌익사범에게는 여전히 반인륜적이고 비인도적인 폭력이 자행
되었다. 대표적인 사례가 시각장애인 정**에 대한 처우이다.

　　51년 9월 초, 뜸하던 군경의 공세가 다시 시작됐다. 우리는 공세를 피

---

34) 정관호, 『전남유격투쟁사』, 선인, 2008, 217~219쪽 참조.
35) '우리 그 지구당위원장 그 비서 동지라고, 홍○○ 라고 이 그 여성동무가 저
　　목포 스테아 여중 3학년인가 돼. 그 홍○○ 라고 얼굴도 예쁘고 그런데, 그 여
　　성동무가 거그서 인자 그 화악산에서 죽었는데, 총을 맞고 했는데 걔들이
　　그 여성동무를 겁탈을 할려고 그랬어. 그래서 겁탈을 끝까지 반대했거든요.
　　그래서 그 여성동무한테 집중사격을 해가지고 거그서 쏘아서 죽인 거여.'(김
　　**(남, 79세), 2013.8.1, 서울시 광진구 화양동 건국대학교, 박현숙 외 조사).
36) "밤이 되면 좀 괜찮다 하는 애들을 감찰과 헌병이 불러. 대개가 중학교 일학
　　년 이학년 삼학년 댕기다가 잡혀온 애들인데, 그런 애들을 데리고 가는 거야.
　　성폭행을 하는 거야. 한 번은 막 총소리가 탕 나는 거야. 성폭행을 할라면 막
　　반항을 하니까 총을 탕 쏴. 사람이 죽인다 글면 "살려줘요." 그러지 "좋다." 할
　　수가 없는 거야. 그러니 거기서 공포를 먼저 탕 쏘는 거야. 그럼 그 사람들은
　　기가 죽어. 그래도 반항하면 막 쏘아버려, 진짜 죽여. 사람은 성폭행을 한 번
　　당하면 자신이 없어져. 그래 작고 애들이 거기에서 이용당하는 그런 애들도
　　있어.'(최기자, 「여성빨치산의 경험과 기억을 통한 여성주의 역사쓰기의 시도」,
　　『여성과 평화』, 제4권, 2005, 204쪽).

하기 위해 하루는 일림산에, 다음날은 오봉산으로 옮겨 다니고 있었다. 그날은 일림산 골짜기에서 잠이 들었다. (…중략…) 서너 명씩 한조가 되어 막 숟가락을 들 참이었다. "땅, 따따따따" 요란한 소리가 들리는 순간 나는 얼굴에 화끈함을 느끼며 그대로 앞으로 쓰러졌다. (…중략…) 내가 다시 깨어난 것은 다음날 저녁이었다.

"당신들은 누구요? 내가 시방 어디에 있소?"

"움직이지 말게. 자네 눈에 총을 맞았어."[37]

빨치산 활동을 하던 정**는 일림산에서 아침식사 직후 토벌대가 쏜 총탄이 두 눈을 스치면서 실명을 하게 되었다. 시각장애인이 된 정**는 1980년 11월 어느 날 서울수사기관에 끌려간다. 1967년 5월, 한국전쟁 당시 월북했다가 두 번째 남파한 작은조카 정해진을 만난 일 때문이었다.[38] 그 일로 1981년 정○○과 정**, 정△△, 정××, 정##이 간첩혐의로 구속되는 보성가족간첩단사건이 터진다. 대법원 최종판결이 정○○은 사형, 정**는 12년 형, 정△△은 7년 형, 정××와 정##은 집행유예로 결정된 사건이다.[39]

정**은 간첩단사건에 연루되어 서울 수사기관으로 끌려갔다.

그해(80년) 말 수사기관으로 끌려간 나는 밤낮을 가리지 않는 조사를

---

37) 정**, 『월간중앙』 1990년 2월호, 525쪽.

38) 정해진이 북에서 온 사실을 알고 있는 봉강의 3남 정○○, 정**에게는 또 다른 걱정거리가 있었는데, 1965년 정해진이 북에서 내려올 때 가져온 소련제 기관총과 실탄 230여 발, 탄창 3개가 문제였다. 서울에서 공무원 생활을 하던 정○○의 고민을 알고 증조부 정**는 1975년 가을에 초등학교 교사로 있던 정△△에게 그동안의 모든 사실을 알리고 같은 길을 가자고 제안하는데, 정△△은 흔쾌히 수락한다, 그리고 총기를 닦고, 안전한 곳으로 옮기는 일을 함께한다. 봉강 사후에 북과의 연락에 필요한 난수표를 잃어 버려 이후 북과의 접선은 이루지 않은 것으로 보인다(김종군, 「분단체제 속 사회주의 활동 집안의 가족사와 트라우마」, 통일인문학 제20회 국내학술심포지엄자료집 『코리언의 역사적 트라우마 실상과 치유』, 2014, 87쪽).

39) 대법원 판결, 1982.2.9. 81도3040(김종군, 위의 자료집, 같은 쪽에서 재인용).

받았다. 조사 시작 전에 엄청난 구타를 당했다. 눈이 안 보이니 어디서 날아올지 모를 몽둥이에 대한 공포는 더욱 컸다, 당시만 해도 신군부의 서슬이 시퍼렇던 시절이라 조사과정의 살벌함이 어떠했을지는 누구나 짐 작이 갈 것이다. 며칠 동안의 심한 몽둥이 세례 끝에 발톱들이 빠져 나갔 다, 그들은 내가 사실 그대로를 이야기 하면 항상 그 이상을 원했다. 자연 히 안했던 일도 했다고 불지 않을 수 없었다. 삶에 대해 완전히 체념했고 차라리 나를 죽여줬으면 하는 생각뿐이었다.[40]

그는 취조과정에서 정해진을 만나서 무슨 지령을 받았는지 질문을 받 았다. 그의 답변은 한결같이 별 죄의식 없이 혈육을 만났고, 지시받은 일은 없다면서 북에서 소경에게 무슨 지시를 했겠냐고 대답했다. 그러 면 어김없이 구타당했다. 일반 좌익수와 동일한 방식으로 취조가 이루 어졌다. 결국 구타로 인해 손톱과 발톱이 빠졌고, 보이지 않기 때문에 어디에서 몽둥이가 날아오는지 알 수 없어서 공포는 더욱 컸다. 그는 결 국 고통을 견디다 못해 취조자가 원하는 대로 조서를 작성하였다고 한 다. 그 진술로 인하여 정**는 '간첩죄' '간첩방조죄' '국가보안법 위반죄'를 적용받았다.

정**가 서울구치소로 송치되었을 때 삼청교육대 바람이 구치소에도 혹독하게 불어 닥친 시기였다. 시각장애인이었지만 구치소에서 훈련 때 면 일반 재소자와 똑같이 기합을 받고 구타를 당했다. 줄을 잘 못 지킨 다는 것과 동작이 느리다는 이유가 가장 많았다. 두 눈이 모두 보이는 정상인의 행동을 시각장애인에게 요구했던 것이다.

대법원에서 그는 12년 최종 판결을 받고 수감생활 시작하였다. 주변 에 도움 없이는 아무것도 할 수 없는 시각장애인을 1년 이상 독방에 수 감시켰다. 국가는 그를 시각장애인이기 이전에 좌익사범이라는 것에 더

40) 정**, 『월간중앙』 1990년 2월호, 532쪽.

큰 의미를 둔 것이다. 그는 감옥문이 열려 있어도 열린 줄 몰라서 12월의 눈보라를 안고 자야 했고, 간수들은 그의 실명한 눈이 무섭다고 밥 넣어주는 시간 외에는 아무도 오지 않아 절대 고독의 나날을 보냈다. 어떤 날은 넘어져서 앞니가 부러지고 이마가 벽에 부딪혀 찢기기도 하는 고달픈 생활의 연속이었다.[41] 시각장애인에게는 너무도 가혹한 수형이었다. 이는 눈에 보이는 신체적 장애보다 보이지 않는 사상에 강박적으로 천착한 결과이다. 그는 결국 실어증 증세를 보이고 만다. 이후 다른 수감자들과 함께 생활하다가 8년의 수감생활을 넘긴 1988년 12월 21일 양심수 석방 조치로 만기를 4년 남기고 출소하였다. '앞을 못 보는 분을 감옥에 이렇게 오래 가둬놓는 경우는 세상에 여기 밖에 없을 것'이라던 박석률의 말처럼 이는 우리 사회 속 깊숙이 뿌리내리고 있는 이념갈등, 분노, 원망의 분단서사가 만들어낸 폭력이다.[42]

　정**는 사상범이기 이전에 도움이 필요한 시각장애인이었다. 그리고 여느 집과 같이 한 가정의 가장이었다. 자녀의 등록금을 걱정하고[43] 오랫동안 영어의 몸이 되어 아들과 딸의 결혼식에 참석할 수 없어서 참담했던 심정을 드러내는 자상한 아버지였다. 그리고 혼자서 자식을 키우고 가르쳐 낸 아내에게 고마움을 표할 줄 아는 자상한 남편이었다. 그는 수기를 통해 누군가 생애의 희망이 무엇이냐고 묻는다면, '의술이 발달

---

41) 이산, 『민족21』 91호, 2008년 10월 1일자.

42) 정운채(「정몽주의 암살과 복권에 대한 서사적 이해」, 『통일인문학논총』 제53집, 건국대학교인문학연구원, 2012, 386쪽)는 애착심이 증오심으로 돌변하면서 상대방과의 관계를 철저히 단절적으로 파악하는 서사를 분단서사라고 명명한다.

43) '신학기가 다가오니 ○○, △△의 등록금 문제가 또 다시 무거운 부담으로 되겠는데 어떻게 처리되려는지 궁금하구나. 하나라도 빨리 졸업하였으면 하는 마음 태산같다. 너무도 미력한 형편에 심란하기만 하여 자책하면서 잘 대처하기만을 바랄 뿐이다.'(이산, 『민족21』 91호, 2008년 10월 1일자에 실린 편지내용의 일부로 정**가 큰아들에게 쓴 것이다).

해 잃어버린 두 눈을, 아니 한 눈만이라도 찾아 아내와 아이들, 세상을 한번 보고 싶다'고 말하겠다고 밝혔다. 그날이 조국이 통일되는 날과 겹친다면 더없이 좋겠다는 말과 함께.[44) 국가이념과 다른 사상을 가진 그였지만 사상보다 앞선 건 가족애였다. 정**에게 가해진 국가의 비인도적인 처우는 인간적인 면모와 고민을 배재한 채, 이념과 행위만을 평가함으로써 자행된 국가폭력이라 할 수 있다.

3) 낙인찍기의 공포감 조성

좌우이념 전쟁은 우리에게 깊은 불신의 분단서사를 남겼다. 혈육이면서도 내가 살고, 나머지 가족들이 살기 위해 국가에서 인정하지 않는 사상과 이념을 가진 가족은 외면해야만 하는 반인륜적 행위가 강요되었다.

> 인자 그 외삼촌은 도망을 와가지고 어머니한테 하룻밤만 자게 해달라고. 어머니 하는 말이 외삼촌한테 "니 혼자 왔냐?" 그러니까 외삼촌 하는 말이 "아니, 누구랑 같이 왔다고." 그런게 우리 어머니 하는 말이 "그러면은 절대로 못 잔다. 빨리 가라." 그래갖고 외삼촌은 그 사람하고 같이 갔는디, '어디 가서 만나자.' 그랬는디 그 사람은 안 오더래요. (…중략…) 인자 바로 경찰들이 같이 오더래요. 그러면서 근게는 그렇게 되면 냇물을 따라서 간갑더만. 그래야지 되는가봐. 그래갖고 외삼촌은 지금도 어머니한테 서운하다 그래. 그래 인자 여명이 터오고 있는데 자기는 절박할 거 아니에요? 그런데 누나가 그렇게 매정하게 쫓아버렸다 이거여.[45)

---

44) 정**, 『월간중앙』 1990년 2월호, 536쪽.

45) 정장옥(여, 1921), 2014.7.12, 전라남도 보성군 보성읍 봉산리, 김종군·박현숙 외 조사(제보자의 딸이 어머니에게 전해 들은 이야기를 조사자들에게 들려주었다).

정장옥은 하루는 빨치산 활동을 하던 사촌동생이 경찰의 감시를 피해 누이를 찾아와 하룻밤만 재워달라고 요청하였다. 그런데 누이는 매몰차게 거절을 했다. 이유는 동생만 온 것이 아니라 낯선 이와 함께 왔기 때문이다. 어린 시절 사촌오빠의 사회주의 활동으로 인하여 사촌오빠의 가족들이 뿔뿔이 흩어졌고 정장옥의 집에는 외숙모가 구덩이를 파서 그 안에 은거해 있었다. 그런데 외숙모가 경찰에게 발각되어 총살당했다. 그 광경을 목격한 바 있는 누이에게 동생과 낯선 이의 방문이 얼마나 공포스러웠을지 짐작하고도 남음이다. 하지만 누이에게 외면당하고 발길을 돌려야만 했던 동생은 아직도 그날 누이의 행동이 몹시 서운하다.

> 아이 피란 나가서 산디, 거 지서 있는 디서. 거시기 "세칙들 손 들어라" 헝게 손을 안 들어도 괜찮은디. [조사자 : 세칙이 뭡니까?] 반란군들 심바람 해주는 사람. 안 허믄 죽인다 헝께 그렁께 손등께. 글때 작전 들어가서 죽었어 지서 앞에다 그날 아척에 톡톡톡톡 다 놔서 죽여부렀어. 군인들이. 그래가꼬 울도 못해요 다 죽일라고 항께 가족들. 우리도 반란군 가족이라고 말도 못했어.[46]

한국전쟁 전후의 이념갈등에 양민들은 자신의 사상과 이념과는 무관하게 살기 위해서 어느 진영이든 시키는 대로 하는 것이 현명하게 살아남는 방법이었다. 밤에 반란군이 내려와서 밥을 해달라고 하면 밥을 해주어야 했고, 심부름을 시키면 산까지 심부름을 다녀야 했다. 낮에 경찰이 들어와 죽이지 않을 테니 반란군에게 밥해 준 사람, 심부름 해준 사람 자수하라고 하면 순박하게 자수를 했다. 그런데 이는 경찰이 부역자를 색출하기 위한 유인책이었다. 그렇게 자수한 이들은 총살을 당했다.

---

46) 윤옥연(여, 83세), 2012.2.20, 전라남도 나주시 다도면 덕림2구 마을회관, 박현숙 외 조사.

234 식민/이산/분단/전쟁의 역사와 코리언의 트라우마

가족의 시신이 지서 앞에 널브러져 있어도 보는 이는 눈물을 흘릴 수조차 없다. 반란군 가족이라는 낙인이 찍히는 순간 모든 가족의 목숨이 위험해지기 때문이다. 낙인찍기의 공포감 조성은 가족의 죽음 앞에서 애도를 표하는 가장 기본적인 인간의 도리조차 허용하지 않았다.

직접적으로 사회주의 활동을 했던 집안의 가족들은 국가의 감시와 통제로 극심한 공포와 불안감에 지옥 같은 일상을 살아야 했다. 그리고 연좌제로 인한 나머지 가족들의 고통은 이만저만한 것이 아니었다.

월북한 정해진의 집안 봉강집안에서는 일부 가족들이 극심한 스트레스로 인하여 정신병을 앓았다. 봉강의 본댁은 정신병의 명확한 원인을 밝힐 수는 없지만 큰딸과 큰아들을 낳은 이후부터 조금씩 이상한 행동을 보이기 시작했는데, 1946년 2월에 낳은 막내아들을 눈밭에 버리기까지 하였다.[47] 봉강의 아내에 이어 장남과 차남도 정신 이상증세를 보인다. 차남의 경우에는 순천고등학교를 마치고 육군사관학교에 합격을 한다. 그런데 신원조회에서 집안의 사회주의 활동 내력과 삼촌의 월북 사실에 연좌가 되어 결국 불합격처리가 된다. 이후 방황하다가 전남대 영문과에 진학하였으나 이후 정신병 증세를 보였다.[48] 이처럼 사회주의 활동 인물의 집안사람들은 낙인찍기로 인한 극도의 공포감을 감당하지 못하고 정신병을 앓지 않으면 그 현실을 받아들이고 감당해야만 살아나갈 수 있었다. 어쩌면 낙인찍기에 대한 공포감에 짓눌리기 보다는 연좌제를 사실상 무시할 수 없는 우리 사회풍토로 일찌감치 받아들이고 연좌제와 관련 없는 진로 선택이 현명한 대처였을지도 모른다. 하지만

---

47) 가족들은 본댁이 봉강의 사회주의 활동으로 집안에 가해지는 탄압에 따른 극도의 공포감, 삼천 석 살림이 자신과 한 마디 상의도 없이 독립자금, 정치자금으로 희사되는 것에 대한 소외감으로 고통받았다고 진술한다(김종군, 「분단체제 속 사회주의 활동 집안의 가족사와 트라우마」, 통일인문학 제20회 국내학술심포지엄자료집 『코리언의 역사적 트라우마 실상과 치유』, 2014, 93~94쪽 참조).
48) 위의 자료집, 같은 쪽 참조.

개인이 삶을 영위하는 데 자의적 선택이 아닌 국가의 억압과 통제에 의해 선택이 강요된다면 이 또한 가폭력이 된다.

4. 통합서사를 통한 화해와 치유의 길

한국사회는 반세기가 넘도록 좌우이데올로기 이념논쟁이 지속되고 있다. 이념갈등으로 인해 발생한 한국전쟁은 한국인에게 가장 큰 상처와 고통을 안겨주었고 이념 갈등과 대립을 더욱 공고화시켰다. 과거의 좌우갈등은 이제 한국사회 내 남남 갈등, 세대 갈등으로 세분화되는 양상까지 보이고 있다.[49]

'빨치산'은 한국전쟁기 좌우갈등의 중심에 놓여있었다. 빨치산 활동가들에게 '빨치산'은 자신의 사상과 신념의 상징이자 정체성이다. 하지만 민초들은 경찰과 함께 자신들을 수탈하고 착취했던 공포의 '반란군'으로 인식한다. 민초들은 경찰도 반란군과 동일하게 인식한다. 반란군은 밤의 공포였다면 경찰은 낮의 공포였다. 우익의 입장에서는 '빨치산'은 없애야 하는 적으로 인식된다. 그렇기 때문에 빨치산의 서사는 세대 갈등, 이념 갈등을 조장하는 분단서사로 활용될 가능성이 많다. 세계 유일의 분단국가인 우리에게 주어진 과제는 통일이다. 통일의 한 발을 떼기 위해서는 좌우익 갈등의 서사가 분노와 원망, 상처의 서사로 고착화되어서는 안 된다. 먼저 화해의 손길을 내밀고 통합서사를 만들어 나가야 한다.[50]

---

49) 김종군은 「한국전쟁 체험담 구술에서 찾는 분단 트라우마 극복방안」(『문학치료연구』 제27집, 한국문학치료학회, 2013, 116쪽)에서 분단과 전쟁으로 야기되어 우리의 현재 삶에 심각하게 영향을 미치는 상처를 분단 트라우마라고 명명하고 있다.

통합서사의 길로 나아가 위해서는 무엇보다 좌익의 문제를 억압과 통제의 반공·냉전 이데올로기적인 기존의 접근 방식에서 벗어나 탈이데올로기적 접근이 절실하게 필요하다.

먼저 과거정부에서 2006~2010년 사이 진실·화해를위한과거사정리위원회를 만들어 과거의 잘못된 역사를 바로 잡으려는 노력을 했던 것처럼 지속적으로 왜곡된 역사는 바로잡고 갈등과 대립의 역사에 화해의 손길을 내밀어야 한다.

2010년 진실·화해를위한과거사정리위원회 진상규명 작업이 마무리되어갈 무렵 당시 예비검속 관련 285접수 건수의 100% 진실규명이 이루어졌다. 그리고 보도연맹 관련 2,383접수 건수에서 2,358(98.9%)건의 진실규명이 이루어졌고, 4건은 보류되었다. 민간인 부역혐의는 295접수 건수에서 252(85.4%)건이 진실규명이 이루어졌고, 47건은 조사진행(2010.6)중이었다. 그리고 군경에 의한 희생자 관련 접수건수가 2,351건에서 1908(81.1%)건이 진실규명이 되었고, 375건이 조사진행(2010.6)중이었다. 군경에 의한 희생자 중에는 사상과 무고한 양민들도 포함되어 있을 것으로 본다.[51] 이후 진실·화해를위한과거사정리위원회에서 한국

---

50) 정운채(「정몽주의 암살과 복권에 대한 서사적 이해」, 『통일인문학논총』 제53집, 건국대학교인문학연구원, 2012, 398쪽)는 자신을 거부하거나 자신을 의도적으로 물리친 상대방을 미워하거나 배척하지 아니하고 그 덕을 기리고 화합하는 모습을 보이는 서사를 '통일서사'라고 명명한다. '통일서사'는 이 글에서 지향하는 통합서사와 유사한 의미를 지닌다. 김종군은 「한국전쟁 체험담 구술에서 찾는 분단 트라우마 극복방안」(『문학치료연구』 제27집, 한국문학치료학회, 2013, 126쪽)에서 화합이나 평화의 메시지를 담고 있는 서사, 가해자와 피해자가 화해하는 방식으로 구술하는 서사, 온정의 서사, 변론의 서사를 통합서사로보고 있다. 김종군은 서사의 내용뿐만 아니라 구술자의 구술방식과 태도까지포함하여 통합서사의 의미를 규정한다. 박현숙(「여성 전쟁체험담의 역사적 트라우마 양상과 대응방식」, 『통일인문학』 제57집, 건국대학교인문학연구원, 2014, 113~118쪽)은 갈등과 대립의 부정적 상황을 부정하지 않고 받아들이고 감당해내는 이해·포용·긍정·극복의 서사를 통합서사의 의미로 사용하고 있다.

51) 김동춘, 「한국전쟁과 학살, 그 기억과 전쟁」, 『제주4·3연구소 학술대회』, 제

전쟁 전후 군경에 의한 민간인학살 분야에 관해 162편의 사건조사보고서와 1권의 종합보고서를 발간하여 희생자 16,106명의 명예회복 조치를 위한 근거를 마련했다.[52]

2008년 1월 노무현 대통령의 울산보도연맹 사건 희생자 가족에 대한 국가차원의 사과가 한 번 있었다. 대통령의 사과는 국가 차원의 사과라는 점에서 상징적 의미를 지닌다. 그러나 국방부나 경찰청 등 관련 정부기관은 위원회에서 계속되는 권고요구에도 불구하고 여러 가지 명분을 제기하여 위원회의 결정에 대해 공식적인 불복의사를 표하였다.[53] 공권력에 의한 많은 민간인들의 희생에 대한 국가적 차원의 사과와 배·보상의 후속작업이 다음 정부로 이어지지 못함으로써 아픔과 상처의 역사는 밝은 미래로 나아가지 못하고 정체되어 있다. 민간인 희생에 대한 보다 적극적인 정부의 사과가 이루어져야 한다. 여기에는 좌익인사의 가족이나 관련 희생자까지 포함해야 할 것이다. 국가의 적극적인 진실규명과 관대한 화해의 손길은 갈등과 대립의 분단서사를 극복하고 화해와 치유의 길로 나아가는 실천의 첫 걸음이 될 것이다.

통합서사로 나아가기 위해서는 이념갈등의 직접적인 당사자들과의 화해 방법도 모색해야 한다. 항일운동에 힘써왔던 좌익계열 인물에 대한 객관적인 재평가가 그 하나의 실천적 방법이 될 수 있다.

좌익가문의 사람들이 빨치산이 된 배경에는 해방 이전에 항일운동·민족해방운동 가족사가 있다. 조국의 독립을 위해서 일제강점기 서슬 퍼런 감시 속에서도 거액의 독립자금을 희사하는가 하면, 조선의 인재 양성을 위해 민족학교를 설립하기도 했다. 가문에는 곳간을 열어 마을

주4·3연구소, 2013, 117쪽.

52) 김상숙, 「과거청산을 위한 역사적 진실규명과 진실화해위원회 보고서」, 『사회와 역사』 제104집, 한국사회사학회, 2004, 335쪽.

53) 김동춘, 「한국전쟁과 학살, 그 기억과 전쟁」, 『제주4·3연구소 학술대회』, 제주4·3연구소, 2013, 118쪽.

사람들의 구휼 활동을 펼치기도 했고, 구속을 감수하고 학생운동을 주도하며 적극적으로 항일운동에 가담하기도 하였다. 해방이전 항일운동에 앞장섰던 많은 세력가문들이 해방 이후에 사회주의 운동 대열의 중심에 서서 좌익노선을 견지했다. 그 가문의 사람들은 월북한 가족이나 좌익활동 경력의 가족이 있다는 이유로 국가로부터 감시와 통제를 받아왔고, 공동체에서조차 외면과 배제를 당해왔다. 사회주의 사상을 선택했다는 이유로 좌익세력가문들의 선대에 펼쳤던 항일운동·민족해방운동사는 지금까지 제대로 평가받지 못하고 있다. 이제 그들에게 서서히 화해의 손길을 내미는 온정적인 태도가 필요하다.

강진일보사에서 2012년 기획특집으로 총 10회 '비운의 공산주의자 윤순달'을 연재하여 월북자 윤순달의 삶을 재조명한 바 있다.[54]

기사의 논조는 공산주의자, 빨갱이라는 이데올로기적 시각에서의 평가를 경계하고 새로운 시각에서 접근해야 한다는 것이다. 조선공산주의 운동이 항일독립운동의 수단으로 시작되었는데, 윤순달 역시 공산주의를 활용한 독립운동가였다고 평가한다. 적어도 일제강점기부터 공산주의로 활동했던 윤순달은 독립운동가로 재평가 받아야 하며 해방 이후의 행적은 그 행적대로 평가가 이루어져야 한다는 입장이다.[55]

좌익가문, 좌익인물의 객관적인 재평가는 사상적 탄압을 받으며 통한의 삶을 살고 있는 가문, 가족들에게는 해원의 장이 될 수 있을 것이다. 이는 우리 사회에 공고히 뿌리내리고 있는 갈등과 대립의 분단서사를 풀어내는 작은 실마리가 될 수 있다.

---

54) 강진인물사 기획특집은 2012년 5월부터 2014년 6월까지 총 11명의 강진인물에 대해 연재하였다. 그 인물은 김충식, 윤순달, 윤기석목사, 함동정월, 김재명장군, 윤한봉, 김향수회장, 김우식, 황호동, 남일장군, 금오스님이다. 이중 윤순달 기획특집은 2012년 7월 3일부터 2012년 9월 11일까지 연재되었다.
55) 『강진일보』, 2012년 7월 10일자 참조할 것.

참고문헌

김**(남, 82세), 2013.7.9, 전라남도 목포시 자택, 박현숙 외 조사.

김**(남, 79세), 2013.8.1, 서울시 광진구 화양동 건국대학교, 박현숙 외 조사.

서**(남, 76세), 2012.1.30, 전라남도 담양군 용면 두장리 게이트볼장, 박현숙 외 조사.

윤옥연(여, 83세), 2012.2.20, 전라남도 나주시 다도면 덕림2구 마을회관, 박현숙 외 조사.

이**(여, 84세), 2013.5.23, 전라남도 광주시 북구 일곡동 자택 조사, 박현숙 외 조사.

정**(남, 83세), 2014.7.12, 전라남도 보성군 겸백면 마을회관, 김종군 · 박현숙 외 조사.

정장옥(여, 1921), 2014.7.12, 전라남도 보성군 보성읍 봉산리 자택, 김종군 · 박현숙 외 조사.

『강진일보』, 2012년 7월 10일자

『민족21』 91호, 2008년 10월 1일자.

『월간 말』, 2008년 9월호.

『월간중앙』, 1990년 2월호.

김귀옥, 「1960~70년대 비전향장기수와 감옥의 일상사」, 『역사비평』 봄호(통권 94호), 역사비평사, 2011.

김동춘, 「한국전쟁과 학살, 그 기억과 전쟁」, 『제주4 · 3연구소 학술대회』, 제주4 · 3연구소, 2013.

김상숙, 「과거청산을 위한 역사적 진실규명과 진실화해위원회 보고서」, 『사회와 역사』 제104집, 한국사회사학회, 2004.

김종군, 「한국전쟁 체험담 구술에서 찾는 분단 트라우마 극복방안」, 『문학치료연구』 제27집, 한국문학치료학회, 2013.

김종군, 「분단체제 속 사회주의 활동 집안의 가족사와 트라우마」, 통일인문학 제20회 국내학술심포지엄자료집 『코리언의 역사적 트라우마 실상과 치유』, 2014.

김진환, 「빨치산, 역사의 격랑에 선 사람」, 『역사비평』 봄호(통권 94호), 역사비평사, 2011, 312쪽.

박현숙, 「여성 전쟁체험담의 역사적 트라우마 양상과 대응방식」, 『통일인문학』 제57집, 건국대학교인문학연구원, 2014.

염미경, 「양반가문의 한국전쟁 경험」, 『호남문화연구』 제29집, 전남대학교 호남문화연구소, 2001.

윤선자, 「광주학생운동 이후 학생운동의 변화」, 『한국독립운동사연구』 제35집, 독립기념관한국독립운동사연구소, 2010.

윤택림, 『인류학자의 과거여행』, 역사비평사, 2003.

이선아, 「한국전쟁 전후 빨찌산의 형성과 활동」, 『역사연구』 제13호, 역사학연구소, 2003.

정관호, 『전남유격투쟁사』, 선인, 2008.

정운채, 「정몽주의 암살과 복권에 대한 서사적 이해」, 『통일인문학논총』 제53집, 건국대학교인문학연구원, 2012.

조동걸, 「광주학생운동의 성격과 역사적 의의」, 한국역사연구회 · 전남사회학회 공편, 『광주학생운동연구』, 아세아문화사, 2000.

최기자, 「역사의 재발견: 여성빨치산들의 삶과 투쟁」, 『여성과 사회』 제14호, 한국여성연구소, 2002, 161쪽.

최기자, 「여성빨치산의 경험과 기억을 통한 여성주의 역사쓰기의 시도」, 『여성과 평화』, 제4권, 2005.

최정기, 「전남지역의 한국전쟁과 민중의 고통」, 『지역사회학』 제12권 제2호, 지역사회학회, 2011.

한국정치연구회 정치사분과 지음, 『한국현대사 이야기주머니』 1, 녹두, 1993.

제6장 분단이 남긴 또 다른 상처, 납북어부

강미정*

1. 분단의 심연

1957년 이전에는 북한의 남쪽 어선 나포 사건이 드물었지만 어로저지선 확대로 군사경계선 바로 밑까지 어로 작업을 할 수 있게 된 1957년부터 북한은 동해 및 서해상에서 대대적으로 어선을 나포하기 시작했다. 그리하여 1961년에 어선 납북 문제가 군사정전위원회에서 거론되면서 북한 측에서는 우리 해군 함정의 영해 침공과 공격행위를 중단하라고 요구하고 남한 측은 어부 납치는 휴전 협정 위반행위라며 어부들의 조속한 송환을 요구했지만 큰 진전은 이루어지지 않았다. 그 이후 1965년부터 일어나기 시작한 동해안 피랍은 남북한의 갈등이 최고조에 이르렀

---

* 건국대학교 인문학연구원 KU연구전임교수

던 1967년과 1968년에 절정에 달하게 되고 그 때에 납북되었다가 돌아오지 못한 납북어부는 160명으로 전체 미귀환자의 절반에 다다랐다. 그리고 비록 1979년대 이후 어선의 피랍사건은 줄어들었지만 월선어업과 귀환납북자에 대한 처벌과 구속이 크게 강화되어 무리한 법 적용과 불법 수사 고문, 일상적 감시 등으로 인하여 귀환한 어민들은 인권을 짓밟힌 채 숨죽여 살 수밖에 없게 되었다.[1]

이로 본다면 남과 북의 대치상황이라는 외적 현실에서 고스란히 피해자로 남게 된 것은 힘없는 납북어부들인 셈이다. 그리고 1960년대와 1970년대의 어쩔 수 없었던 현실이라고 묻어두기에는 납북어부로 살아오거나 납북어부의 가족으로 살아오는 현재까지의 삶이 너무나 고단하다. 그들은 위태로운 고비를 넘긴 뒤에 찾아오는 삶의 안정을 기대했지만 우리 사회에서 여전히 소외되면서 개인적 피해를 감내해야하고 인생의 어그러짐에 묵과할 수밖에 없는 형편에서 크게 나아가지 못하고 있다.[2]

납북어부들은 대부분 10대에서 30대에 이르는 때에 납북되었다가 돌아왔었고 그 뒤로 몇 십년동안 납북의 체험으로 인한 족쇄에서 자유로울 수 없었다.[3] 단적으로 말하여, 그들은 우리 사회에 돌아온 뒤에도 쉽사리 자신의 원래 자리로 돌아가거나 평범한 삶을 영위하기가 어려웠다. 분단체제하에서 북한을 다녀왔다는 경험만으로도 그들은 위험하고 가까이해서는 안 될 존재처럼 인식되었기 때문이다. 물론 2000년 이후

---

1) 엄경선, 장재환 지음, 『동해안 납북어부의 삶과 진실』, 설악신문사, 2008, 63~69쪽.
2) 엄경선, 장재환 지음, 『동해안 납북어부의 삶과 진실』, 설악신문사, 2008.
3) 이지선, 「전후 납북돼 미귀환 516명 추정… 어부 출신이 대부분」, 『경향신문』 2014.02.20. "납북됐을 당시 이들(납북어부)의 연령은 대부분 20~30대(약 60%)이고, 10대도 22%에 이른다."

부터 납북어부에 대한 법적인 처리와 그들의 피해상황에 대한 보다 적극적인 위무의 노력들이 이어지고 있기는 하다.[4] 하지만 오랜 세월의 무관심과 냉대 속에서 핍박받았던 납북어부들에 대한 반성적 접근과 이해는 계속될 필요가 있다.

이러한 납북어부들에 대하여 기왕의 연구자들은 국가폭력에 관한 측면에서 조명해온 바도 있다. 그에 따라 연구의 방향은 크게 두 가지로 전개되어 왔다. 하나는 우리나라의 국가폭력의 어두운 일면들에 대한 고발하는 것을[5] 중심으로 진행된 연구이며, 다른 하나는 국가폭력으로 상처 받은 사람들의 트라우마를 진단하면서 치유를 모색할 것을 강조한 연구이다.[6] 특히 치유와 관련된 연구는 희생자나 가해자에 대한 연구의 축적만으로는 잘못된 역사의 고리를 단절하기가 용이하지 않음을 강조하면서 그들의 사연을 밝히고 그들의 삶에서 우리가 귀 기울여야 할 사

---

4) 엄경선, 장재환 지음, 『동해안 납북어부의 삶과 진실』, 설악신문사, 2008, 134 쪽. "2000년 이후 탈북 납북어부와 국군포로가 국내로 귀환하고 남북 이상가족 상봉을 통해 납북어부와 국군포로, 납북 KAL기 승무원과의 가족 상봉이 이뤄지기도 했다."

5) 홍성흡, 「국가폭력 연구의 최근 경향과 새로운 연구방향의 모색」, 『민주주의와 인권』 7집 1호, 전남대학교 5.18연구소, 2007, 6쪽. "향후 국가폭력에 대한 연구는 지금까지의 희생자 중심의 연구와 함께 가해자들에 대한 연구도 이루어져야 할 시점에 와 있다. 특히 일국적 차원에서 국가폭력에 대한 분석적 작업과 함께 비교연구를 수행하기 위한 준거기준을 마련하는 것이 필요하다. 또한 연구 주제의 측면에서 국가폭력의 구체적 사실을 확인 · 정리하는 작업과 국가폭력과 관련한 표상과 담론을 분석하는 작업을 동시에 진행해야 만 한다. 그리고 이론적인 작업과 함께 경험적 연구를 진행하기 위해서는 학제 간 협동연구를 통해 그 상승효과를 넓혀 나갈 필요가 있다."

6) 김종군, 「구술을 통해 본 분단 트라우마의 실체」, 『통일인문학논총』 51집, 건국대학교 인문학연구원, 2011.5, 57쪽. "속초지역의 또 다른 분단 트라우마의 극한 양상은 납북어부와 그 가족에게서 찾을 수 있다. 휴전이후 현재까지 4000명 가까운 숫자가 납북되었고, 안타깝게 귀환하지 못한 경우도 있지만 대부분은 남으로 돌아왔다. 그런데 이들의 귀환 후 삶은 죽음보다 더 고통의 나날이라고 한다. 북의 체제를 경험했다는 이유로 간첩의 혐의를 뒤집어씌우기도 하고, 정보기관의 감시는 10년이 지나도 그치지 않는다고 했다."

안을 돌아보기를 요구한다.

그리고 1960년대와 1970년대의 어쩔 수 없었던 현실이라고 묻어두기에는 납북어부로 살아오거나 납북어부의 가족으로 살아오는 현재까지의 삶은 너무나 고단하다. 그들은 위태로운 고비를 넘긴 뒤에 찾아오는 삶의 안정을 기대하지만 우리 사회에서 여전히 소외되면서 개인적 피해를 감내해야하고 인생의 어그러짐에 묵과할 수밖에 없는 형편에서 크게 진전되고 있지 못하다.[7)]

이처럼 오랜 시간동안 납북어부들이 침묵할 수밖에 없었음에는 대량학살이나 반인권적 행위의 표면화나 대중화와 같은 주요 이슈들이 관심의 대상이 되는 동안 납북어부에 대한 논의의 자유로움과 관심의 표출, 대안마련의 모색이 상대적으로 등한시된 탓도 없지 않다. 이제 세월의 흐름 속에 사라지고 있는 그들의 상처는 누가 알리고 치유의 길로 이끌어 갈 수 있겠는가. 여전히 과제 진행형으로 남아 있는 문제이다. 그렇기에 납북어부 사례에 대한 탐색은 계속되어야 하고, 여전히 마음 속 응어리와 불안감으로 인하여 힘겨워하는 납북어부들을 위하여 필요한 치유방안이 무엇인지 고민할 수밖에 없는 것이다.

2. 남북분단의 상처, 납북어부

남북분단의 아픈 상처로 자리 잡게 된 납북어부의 문제는 언제부터 어떻게 진행되어 온 것인가. 이와 관련하여 1960년대 후반의 기사를 보면서 생각해보기로 한다.

---

7) 엄경선, 장재환 지음, 『동해안 납북어부의 삶과 진실』, 설악신문사, 2008.

1968년 1월 16일 중앙일보 「풍어 뒤엔 납북의 불안」이라는 기사를 보면 동해안 명태 잡이의 실태와 납북사태에 대한 관계자들의 이야기를 통해 현실적인 대안을 내놓았다. 월선 조업이 궁핍한 소형영세어민에 의해 이뤄지기 때문에 단속만으로는 근절되지 않고 계속 이어지고 있다며, 장기대책으로는 선박의 대형화로 공해상 조업을 유도하고, 단기대책으로는 해군 함정 5척, 해양 경찰 5척을 추가 배치해야 한다고 보도했다.[8]

위 기사에서도 알 수 있듯이 당시의 납북어부들은 소형 배를 몰고 어업을 하던 영세어민들이다. 그들은 경제적으로도 자유롭지 못하고 보호받지 못한 사람들이다. 그들의 삶의 위태로움은 "풍어 뒤엔 납북의 불안"이라는 중앙일보의 헤드라인을 통하여 간결하면서도 함축적으로 드러난다. 만선을 위한 소망과 북한으로 넘어갈지도 모른다는 불안의 겹쳐짐은 가난을 벗어나기 위한 작은 희망이 북방한계선을 넘는 위험과 겹쳐져 있음을 뜻하고 있기 때문이다. 이는 그 당시에 배를 타고 조업을 나갔던 어민들의 숙명 같은 것인지도 모른다. 풍랑에 몸을 띄우고 풍어를 바라면서 조업을 해야 하는 어민들은 육지에서 다른 일을 하는 사람들에 비하여 죽음의 위협에 더 많이 노출되어 있음은 익히 짐작할 수 있다. 그런데다가 남북한의 분단 상황에 따라 나뉜 바다에서는 풍랑과 같은 자연적 요인과 더불어 인간이 그어놓은 인위적 경계선도 그들의 조업을 위협하는 또 하나의 요인이 되었기 때문이다. 그런 탓에 1960년대 후반 날 서린 분단의 대립 상황에서 바다는 노다지이면서 수렁 같은 곳이었다.

그렇기에 위에 인용된 기사에서 언급되고 있는 장기와 단기 대책들은 위험요인들을 모두 없앨 수는 없어도 위험요인들을 줄일 수 있는 대안

---

8) 엄경선, 장재환 지음, 『동해안 납북어부의 삶과 진실』, 설악신문사, 2008, 86쪽.

처럼 보인다. 그러나 그 대안은 적극적으로 실천되지 않았고, 어부들에
대한 보호도 보장되지 않은 것이 당시 현실이었다. 그러했던 현실을 잘
설명해주는 경우로 1968년 당시에 납북되었다가 돌아온 태영호 사건을
돌아본 2008년의 기사를 들어 볼 수 있다.

> 1968년 6월 4일 전북 부안군 위도면의 강대광(선주), 정몽치(선장), 박
> 헌태, 이종섭, 박상용, 강용태(이상 선원), 전남 여수의 박종윤(기관장),
> 박종옥(선원) 8명은 위도항에서 태영호를 타고 연평도 근해 해상에서 병
> 치잡이를 하다가 7월 3일께 북한 경비정에 나포됐다. 4개월 동안 억류됐
> 다가 연평도 해상에서 풀려났다. 1969년 4월 사건을 이송 받은 전주지방
> 검찰청 정읍지청은 수사를 진행해 '반국가단체인 북괴의 지배하에 있는
> 지역으로 탈출했다'는 혐의로 강대광 등 7명을 기소해 선고를 내렸다. 이
> 사건의 쟁점은 태영호 선원 8명이 여수경찰서와 부안경찰서에 구속영장
> 도 없이 불법 구금되어 조사를 받았다는 것. 또한 부안경찰서 정보과 수
> 사관은 태영호 선원 5명을 강제 연행해 월선 및 탈출 사실을 인정할 것을
> 강요하며 구타 및 물고문을 가했다는 의혹이 불거졌다. 2008년 7월 재심
> 무죄 판결을 받았다.[9]

위 기사는 1968년에 태영호를 타고 조업을 나갔다가 북한 경비정에
나포되었던 사건의 전말을 압축적으로 담아내고 있다. 당시 민간인 어
부 8명에 대한 그 당시의 선고 내용과 그들에게 처하여 졌던 가혹행위
에 대한 억울함은 무려 40년의 시간이 지난 뒤에야 풀리게 된다. 그렇게
소모된 40년의 시간을 돌아보면 앞서 언급한 1968년의 중앙일보에서 납
북어부 사태를 줄이기 위하여 내어 놓은 대안이 무색할 정도이다. 만일,
1968년에 1월에 중앙일보에서 내놓았던 월선에 대한 대책이 고려되었다

---

9) 최영진, 「누명 벗은 과거사, 검찰은 묵묵부답」, 『위클리경향』 798호, 2008.
   11.4.

면 1968년 6월의 태영호의 나포는 없을 수도 있었을 것이기 때문이다. 이에 대하여 당시 상황을 충분히 이해하지 못한 낭만적인 전망일 뿐이라고 일축하기에는 어부들이 억울하게 감내한 40년의 시간은 너무나 길다.

정부 차원에서 준비되었어야 할 충분한 대책이 제대로 갖추어지지 않은 결과는 동해안의 가난한 어부들에게만 부메랑이 되었을 뿐이다. 그에 대한 여파로 그들이 타고 있던 태영호만 경로이탈이 된 것이 아니라, 그들의 인생도 몇 십년동안 저당 잡힌 채 유령선처럼 떠돌 수밖에 없게 된다. 여기에 덧붙일 것은 1973년에도 납북어부들은 나라를 위협할 가능성이 있다는 것만으로도 간첩으로 매도되는 존재였다는 점이다. 이와 관련하여 1973년의 납북어부들에게 선고되었던 대법원의 판결사례를 들어볼 수 있다.

> 1973년 9월 12일 대법원은 납북어부에게 간첩죄와 반국가단체 찬양 고무죄를 인정하는 판결을 내렸다. 대법원은 이 판결에서 피고인이 북한 지역임을 알고 자의로 군사분계선을 넘어가 고기잡이를 한 이상 북한의 기관원과 만날 것을 예측했을 것이므로 예비군 활동 상황 등 군사기밀을 누설하고 북한을 고무 찬양한 행위는 강요에 의한 행위라는 이유로 면책될 수 없다"고 판시, 간첩죄 반국가단체고무찬양 등 부분에 무죄를 내린 원심을 파기했다.[10]

분단 상황에서 실수로 경계선을 넘어 북녘 땅을 밟았다가 돌아오는 사람들에게는 낙인처럼 냉대의 시선과 문제적 인물이라는 굴레가 덧씌워진다. 전쟁의 고통과 적대적인 감정이 팽배한 시대에 객관적으로 정

---

10) 엄경선, 장재환 지음,『동해안 납북어부의 삶과 진실』, 설악신문사, 2008, 102쪽.

황을 돌아볼 수 있는 여지는 그리 많지 않았다. 70년대에 선고되었던 대법원의 판결은 당시의 경직되어 있는 정국의 일면이면서 반공과 보안에 경도되어 있는 형국을 고스란히 보여준다. 열악한 환경 속에서 생계유지를 위하여 살아가는 데 급급한 어민들은 많이 배우지도 못하고 많은 경험도 쌓지 못한 교육적으로는 열외에 속해 있는 경우이다. 그들은 시대가 요구하는 발언이나 조심해야 할 여러 가지 사안들에도 무지한 사람들이다. 그러나 분단 정국의 차가운 시선 앞에서 그러한 어민들이 과연 군사기밀을 누설할만한 존재가 될 수는 있는지의 여부는 고려되지 않는다. 아니 기밀이라는 것이 무엇인지도 모를 사람들이었음에도 불구하고 그들은 북한을 다녀온 자신의 소소한 경험을 누설하기만 해도 고무찬양죄목에 결박된다.

같은 민족임에도 불구하고 분단된 나라에서는 보호 받아야 할 영세한 사람들도 보호받지 못한 채, 조금이라도 불미스러운 상황이 발생되면 마치 병균이라도 있는 양 격리 조치되어야 할 존재로만 인식되었던 것이다. 더군다나 남북한의 경색된 분위기에서 남한의 어부로 북한을 다녀온 사람은 고향으로 귀향하는 그 순간부터 잠재적 위험을 갖고 있는 존재가 된다. 거대 세력이 힘겨루기를 할 때에 그 속에서 일어나는 폭풍 때문에 미미한 존재들은 산산조각난다. 고래 싸움에 새우 등이 터지듯이 남북한 분단의 거대한 소용돌이 앞에서 가난한 어부는 이제 납북어부의 틀에 갇히면서 자신 및 가족의 인생이 저당 잡히고 감시와 냉대에 적응해야하는 국면에 빠지게 된 것이다. 그리고 납북어부는 남북분단의 또 다른 상처가 되어버린다.

3. 돌아온 고향, 그리고 간첩혐의

고향에 돌아왔지만 환대하는 가족들과의 짧은 만남 이후에 계속되는 문초 앞에서 납북어부는 심신이 망가지고 간첩혐의라는 굴레에서 빠져 나오지 못하는 긴 세월을 살아가게 된다. 그렇게 납북어부를 대상으로 자행된 폭력의 실상은 그들의 전언을 통해 생생하게 전달된다. 납북어 부의 입을 통하여 전해지는 콘도의 비밀 장소 속 고문은 소름끼친다. 그 곳의 한편에서는 평화로운 가족모임이 이루어지고 있었기 때문이다.[11] 한 공간에서 어떤 사람들은 즐겁게 휴식을 누리고 있는데 어떤 사람은 끔찍한 고문을 당하고 있었다는 사실은 이중적이며 분열된 현실을 그대 로 보여준다. 그것은 하나의 사회가 운영되기 위하여 어느 한편에서는 폭력과 공포가 기반을 유지하기 위해 이용됨을 단적으로 드러내는 것이 기도 하다. 또한 정치적 폭력으로 사회구조를 지탱하려는 공포 문화 를[12] 우려케 하는 것이기도 하다.[13]

---

11) "안** : 내가 명성콘도 지하에 붙잡혀 갔는데, 나중에 알았지 명성콘도라는 것 을…삼일동안 전기고문에 두들겨 맞아서…그리고 영랑호 있는 곳에 있는 콘 도에서 전기고문을 당했다. 옆집에는 놀러온 사람들의 소리가 들리는데…애 들 소리가 다 들리고…(중략)내가 글을 못 쓴다고 전기고문을 당한 게…야 이 새끼들 맨날 와서. 나를 하라고 해놓고 수사비를 5백만 원인가 1천만 원인가 를 탔는데 그것으로 색시집 가서 먹고…내가 대전에서 상고에 썼다가 지웠어 요."(안** 구술, 2013년 1월 4일, 강원도 고성군 가진읍, 김종군·강미정 외 조 사).

12) 홍성흡, 「국가폭력 연구의 최근 경향과 새로운 연구방향의 모색」, 『민주주의 와 인권』7집 1호, 전남대학교 5.18연구소, 2007, 17쪽. "공포문화는 사회통제 의 추악한 수단으로 '집합공포'를 창출해 내는데, 이 과정에서 '학살 등에 대 한소문, 뒷이야기, 우회적인 경고와 위협 등을 통해 사람들 간에는 상호의심 의 분위기가 형성된다. 고문과 학살, 실종의 장면들이 사람들의 뇌리에 깊숙 이 각인되어 언제나 감시받고 있다는 강박에 사로잡히게 만든다'(Green 1995, 105)는 것이다."

13) 홍성흡, 「국가폭력 연구의 최근 경향과 새로운 연구방향의 모색」, 『민주주의

　납북어부를 대상으로 자행된 고문의 현실은 그들의 범법행위가 있건 없건 간에 공포분위기로 사회를 유지하려고 했던 국가폭력적 단상으로 경계되어야 할 사안이 된다. 게다가 납북어부들의 간첩혐의가 모호한 상태에서 판결이 이루어지고 억울하게 죄인으로 치부된 것은 북한에 대한 경계와 두려움이 지나쳤던 과거 정세와 맞물려 있는 것이기도 하다. 그런 점에서 납북어부가 고향으로 돌아와 겪을 수밖에 없던 고통의 시간들은 바로 우리 역사속의 분단정국의 치열함이 점철되었던 어두운 과거의 단면이 된다. 이와 관련하여 납북어부였다가 고향으로 돌아와 갖은 고문 속에서 간첩으로 몰려 인생의 파란을 겪을 수밖에 없었던 안**에 대한 기사를 보기로 한다.

　　1989년 9월호 '말'지에는 안 씨의 고문 상황 등을 다음과 같이 다뤘다. 2년형을 치르고 석방된 안 씨는 갖은 고문 중에서도 '펜대고문'이 가장 힘들었다 한다. "육하원칙에 맞춰 자술서, 조서를 꾸미는데 말하면 건방지다. 말 안하면 실토하라고 그래. 말하면 허위라고 사정없이 패는 겁니다. 차라리 나는 몰라도 자기들은 조작인 줄 뻔히 알면서 포상금, 승진, 수사비를 탐내 '희희낙락'거리며 고문하는 수사관은 영락없는 짐승이었죠." 울분을 토하는 안 씨의 깨진 앞니가 그날의 '음모'를 입증하고 있었다. 안 씨는 강릉교도소에 수감 중이던 7개월간은 수갑을 채워 손을 허리에 묶

와 인권』 7집 1호, 전남대학교 5.18연구소, 2007, 17쪽. "남미, 특히 아르헨티나의 국가폭력과 저항 운동에 대한 사례연구로부터 국가폭력의 심리 문화적 접근과 '폭력의 문화'에 대한 본격적인 논의가 시작 되었다. 수아레즈—오레즈꼬는 폭력을 당하는 것이 공포를 불러일으키는 주체적인 경험이라는 점에서 희생의 심리적 과정에 대한 분석을 시도하였다(Suarez-Orozco 1990 ; 1992). 그는 결과로 아르헨티나의 '더러운 전쟁'과 그 전쟁 이후의 전개 과정 속에는 폭력의 '문법'이자 기층구조가 존재하고, 정치적 폭력과 저항 속에는 그 핵심적인 심리적 측면들이 드러나며 이를 중앙아메리카의 사례에도 적용할 수 있다고 주장하였다. 꼬레디와 그린, 로저스 등은 대규모의지속적이고 체계적인 폭력과 협박을 통해서만 사회의 질서와 정치경제적 현 상태를 유지할 수 있는 국가에서 형성되는 것이 공포문화의 기본적 성격이라고 보았다."

어두는 혁수갑에 묶여 살았다. "혁수갑을 두르고 있으니 뒤를 보고 처치
곤란하고, 밥을 먹으려면 개처럼 고개를 처박아야 합니다. 그 때문에 늘
막염도 생겼죠." 방송에 보도된 이 일로 안 씨의 형은 이혼을 해야만 했
다. 어머니 홍 씨는 "친척마저 피하는 통에 몇 번이고 자살하려 했다"며
억울함을 호소한다.[14]

정국의 불안정함과 분단으로 야기되는 분단 트라우마는 정의를 실현
하는 힘은 약화시키고 어지러움을 틈타서 개인의 이익과 불의를 아무렇
지도 않게 저지르는 행위를 눈감아 준다. 그래서 정말 반국가적인 행위
를 했는지를 객관적으로 밝히기 보다는 강압적 수사로 희생양을 만드는
데 급급해져 버린 것이다. 이는 언제 위협을 가할지 모르는 적대적 존재
로 인한 두려움과 불안만이 증폭되어서 마비된 이성의 모습이기도 하
다. 그렇기에 위 기사 속에 나타난 납북어부에 대한 불법적인 고문과 비
인권적인 행위들은 어두운 밀실에서 벌어진 비정상적인 사건이면서, 그
당시에 점철되어 있던 분단 트라우마라는 괴물이 만들어낸 비극이라 말
할 수 있다.

이제 피해자는 자신을 변호하고 보호해줄 존재를 찾을 수 없고 스스
로 항변도 할 수 없는 지경에 빠지게 되는 것이다. 게다가 주변 사람들
누구도 따뜻하게 돌아보지 않는다. 괜스레 인정스러운 태도를 보였다가
는 함께 잡혀갈지도 모른다는 의심과 두려움이 팽배한 상태였기 때문이
다. 그러한 분위기 속에서 간첩으로 몰린 피해자의 가정은 그대로 조각
나고 가족들은 안타까운 형국에서 속수무책이 된다. 이처럼 어느 납북
어부가 당한 고문의 기록 속에서 약한 사람을 돌봐주지 못하고, 억울하

---

14) 최진섭, 「납북귀환어부 간첩만들기」, 『말』 1989년 9월호(바다사랑, 「27년 만
    에 열린 재심서 귀환납북어부 국가보안법 위반 무죄 판결」, 2012.1.7. 블로그
    기사에서 재인용).

게 당하는 것을 묵과할 수밖에 없었던 무력함과 자신의 권위도 아니면서 작은 권력을 행사하면서 범법적인 행위가 자행되는 과거의 비극을 보게 된다. 그리고 그것은 어두웠던 시절의 아픈 기억들이면서 납북어부들에게는 직접적인 삶의 걸림돌이 되는 것이다.

> 안** : 내가 북한에서 받아온 것이 없는데, 다른 사람이 조작을 한 탓에 계속 그렇게 된 것이었다. 내가 북한을 고무 찬양한다고 누가 알아줄 것인가? 거짓말을 하여도 앞뒤가 맞게 해야지…(중략)나 하나로 인하여 우리 집안은 풍비박산되고 형은 자살하고…(중략)친척들이 몇 십 년이 지났어도 나에게 경찰이 안 따라 다니느냐고 묻는다. 나 때문에 고생한 것은 알지만, 그런 이야기를 들으면 피가 거꾸로 솟는다. 내가 대학교도 안 나오고 위대한 인물도 아닌데(중략)나는 우리나라가 싫어서 이민가려고 몇 번이나 마음을 먹었었다. 내가 그래서 장가를 가지 않으려고 하다가 마흔이 훌쩍 넘어서 우리 집사람을 만나서 이렇게 산다. 그동안 내가 전라도와 경상도를 15년간 방황하면서 살았다. 전라도 섬도 다 가보고 경상도도 가보고.[15]

2013년 필자는 강원도 지역으로 구술조사를 떠난 바 있다. 그 때 만난 여러 명의 구술자 중의 한 사람이 바로 기사 속 주인공인 안**이다. 2013년 당시의 구술조사 과정에서 안**는 오랜 시간이 지났음에도 불구하고 옛 기억을 생생하게 더듬으면서 자신이 당한 고초와 지금까지 억울함을 벗어내기 위하여 노력한 일들을 이야기한다.

고향을 떠나 방황하면서 여러 지방을 전전하였던 시간이 있었음에도 불구하고 안**는 지금 현재는 고향에서 지내고 있다. 그에게 고향은 잊을 수도 없고 잊혀 지지도 않는 그리움과 슬픔의 공간이기 때문이다. 다행히 방황과 고난의 시간을 지나면서 이제는 처와 자식을 위한 가장으

---

15) 안** 구술, 2013년 1월 4일, 강원도 고성군 가진읍, 김종군 · 강미정 외 조사.

로의 삶에 몰두하려는 평범한 아버지가 되었지만, 납북어부 출신이라는
점, 간첩으로 몰렸던 과거, 고문으로 인하여 얻은 장애, 무죄를 선고 받
아도 여전히 남아 있는 잃어버린 인생에 대한 안타까움 등은 그에게 깊
은 흉터로 남아 있다. 그가 겪은 파란의 삶은 다음과 같이 정리해볼 수
도 있을 것이다.

55년 여름에 태어나 80년 가을에 오징어 배를 타고 조업을 나갔다가,
집으로 돌아오던 안**는 그저 부지런하고 평범한 20대 청년 어부였다.
그러나 80년 가을에 납북이 되어 7개월 반 만에 돌아온 뒤 평범하게 살
아가는 것은 더 이상 안**에게 허락되지 않는다. 북한을 다녀왔다는 이
유만으로 그는 고향 사람들에게는 가까이 하면 안 되는 위험인물이 되
고, 고향의 경찰들에게는 감시의 대상이 되고, 그로 인하여 가족의 인생
에까지 금이 가고 만다. 그리고 오랜 세월이 지나도 안**는 자신 때문에
파탄이 된 가족들의 삶에 대한 죄책감에서 자유롭지 못하다. 그래서 당
사자인 안**의 울분이 더 컸음에도 불구하고 안**는 가족들의 고통까지
떠안아 자신의 울분을 삭이면서 사는 힘겨운 시간을 택할 수밖에 없었
다. 이처럼 간첩혐의로 인해서 저당 잡힌 인생을 살아야 했던 것은 안**
만이 아니다. 그와 같은 고향에서 더 어린 나이에 납북되었다가 고향으
로 돌아온 김**도 안**와 다르지 않다. 다음에서는 2013년 구술조사 당시
만났던 김**의 사연을 소개해본다.

> 김** : 그 당시에는 생활이 어려워서 초등학교 졸업 후에 배를 타고 나가
> 다. 생업을 위하여 울릉도 근해로 나가서 바다를 돌아다니면서 오징어를
> 잡았다. 생각보다 오징어가 많이 잡혀서 하루 당겨서 항구로 돌아오다가
> 표박을 하게 되었다. 한참 있다가 검은 물체가 나타나서 당시에는 인민군
> 해군인지도 몰랐다. 그 때 선장이 그 배를 향하여 어디 배인지 질문을 듣
> 고, 속초의 배라고 선장이 답하였다. 그러자 그 검은 배에서 속초를 가려

면 따라 오라고 표준어를 사용했다. 그렇게 한참을 가다가 총소리가 들려서 뭔가 잘못되었다고 생각하였다. 그래서 북쪽으로 가게 되었고, 그 때부터 인생이 꼬이기 시작하였다.(중략) 나는 과연 16세 소년에게 당시의 국가보안법이 정말 합법적인 판결인지를 헌법재판소에 위헌 신청을 하였다. 그래도 지금은 말을 편하게 하는 시대라서 이야기를 하지마는, 저가 재미있는 이야기를 해드릴게요. 그때 젊었을 때에 수염을 기르고 다녔는데, 주변 사람들이 왜 수염을 기르고 다니느냐고 물었었다. 그래서 정신적으로 육체적으로 억압을 받는 시대인지라 내 수염이라도 자유롭게 길러 본다고 말했었다. 그렇게 수염을 기르고 다니다가 검문을 받았는데, 경찰에게 세상에 범법자가 무엇 하려고 자기 얼굴을 특이하게 눈에 띄게 하겠느냐고 반문했었던 적이 있다.[16)]

안**가 20대 중반 청년 시절에 납북되어 왔던 데 비하여 김**은 더 어린 나이인 15살에 납북된 경험을 갖고 있다. 김**은 초등학교를 갓 졸업하고 오로지 생계를 위하여 배를 탄 이후로 그가 생각지도 못하였던 인생의 굴곡 속으로 던져진다. 김**의 상황에서 드러나듯이 그가 납북된 상황은 참으로 안타깝다. 그 당시 김**과 같이 생계를 위하여 오징어 배를 타는 사람들이 타던 배는 조업장비가 열악한 영세 어선들이었다. 영세 어선들은 밤이 늦도록 조업을 하고 돌아오는 과정에서 제대로 된 장비의 부재로 말미암아 남북의 해상경계선을 넘는 경우가 발생하기도 하였다. 가난을 벗어나려고 탄 배는 장비를 잘 갖춘 좋은 배가 아니기에 집으로 귀향하기까지 안전하게 돌아올 것을 보장해주지 못하였던 것이다. 이러한 열악한 외부 상황으로 인하여 의도적으로 월북을 감행한 경우가 아님에도 불구하고 북한으로 배가 들어갔다가 나오는 일들이 발생하게 된다. 그런데 고향으로 돌아오면 개인 의지가 개입된 월북으로 간주되면서 간첩 혹은 잠재적 간첩이라는 올가미에 묶이고 만다. 위에서 언급된 김**의

---

16) 김** 구술, 2013년 1월 3일, 강원도 속초시, 김종군·강미정 외 조사.

경우, 15살에 북한에 납북되어 근 1년 만에 고향에 돌아온 16살에는 반
공법과 국가보안법, 수산업법 위반을 이유로 유죄를 선고받고 징역 1년
에 3년간 집행유예를 선고 받았었다.[17]

　이와 같이 어느 쪽에 가서나 이방인 취급을 받으면서 안정된 정착이
어려웠던 가혹한 현실 앞에서 납북어부들은 고향에 돌아오면 감시의 대
상이 되기도 하고, 자신의 의지대로 하고픈 여러 가지 일들을 자유롭게
할 수 없는 제약의 그물에서 허덕이게 된다. 김**의 이야기에서 나타나
는 그가 수염을 길렀다는 일화는 다른 사람들에게는 아주 소소한 일상
적 사건에 불과한 것이다. 그러나 김**에게는 자신의 자유 의지를 그렇
게밖에 드러낼 수 없는 슬픈 항의가 된다. 즉 정신적으로 육체적으로 억
압받는 시기에 수염 기르는 행위에서나마 자유로움을 찾고 싶어 했던
현실을 보게 되는 것이다. 물론 그것조차도 검문을 받는 상황을 조장하
는 결과로 이어졌지만 말이다.

　소소한 자유조차도 쉽지 않았던 김**은 그 때문에 넘어지지는 않는다.
그는 남은 인생을 술과 함께 하면서 좌절하거나, 반벙어리처럼 살면서
침묵의 시간을 버티다가 세상을 떠난 다른 납북어부들에 비하여 씩씩하
게 자신의 삶을 일구어나간 경우에 해당된다. 그와 관련하여 다음에서
는 그가 열심히 잘 살아 보려고 노력했던 일과 그렇게 열심히 살고자 하
는 자신의 모습에 대한 타인의 시선을 말한 부분을 보기로 한다.

---

17) 김 씨는 1971년 8월 30일 오징어잡이 어선 승해호를 타고 울릉도에서 돌아오
　는 길에 피랍되어 다른 선원 20명과 함께 1년 이상 북에 억류되었다가 1972년
　9월 7일 속초항으로 귀환하였다. 돌아온 승해호 선원 21명 중 7명은 구속되었
　으며, 단 한명만 10만 원 벌금형을 받고 모든 선원이 반공법과 국가보안법,
　수산업법 위반을 이유로 유죄를 선고받았다. 당시 16세였던 김 씨도 징역 1
　년에 3년간 집행유예를 선고받았다. 「납북어부 출신 김춘삼 씨 30년 만에 국
　가보안법 위반 억울한 누명 풀었다」(『설악신문』 2014.3.6, 엄경선).

> 김** : 내가 열심히 하여 돈을 벌었으면 주변에서 칭찬을 해주어야 하는데 그런 말을 하지 않고 돈이 어디에서 나서 이렇게 집을 지었느냐는 의심의 시선을 받기도 하였다. 많은 분들이 이야기를 하고 싶어도 하지 못하는 이유는 자신에게 가해졌던 위협이 자식에게까지 이어질 것을 두려워하기 때문이다. 이제는 시간이 지나 사실대로 증언하실 분들은 비밀을 함구한 채로 세상을 떠났다. 그래서 사실이 많이 사라진 것이 안타깝다.[18]

위 글에서 알 수 있듯이 김**은 다른 납북어부처럼 자포자기 않고 정말 씩씩하게 살아온 인물이다. 하지만 보통의 경우라면 자수성가했다면서 부러움이나 칭찬의 대상이 될 만한 상황도 김**에게만은 허락되지 않는다. 김**이 북에 다녀왔다는, 그것도 15살에 다녀왔다는 사실은 그에게 늘 족쇄가 되었기 때문이다. 위 글에서도 알 수 있듯이 열심히 노력하여 재산을 모으고 그만큼 살만 해지자, 과거 북에 다녀왔다는 이력 하나 만으로 누군가에게 돈을 받을 것이 아니겠느냐는 의심을 사게 된다.

김**에게는 왜곡된 시선이 참으로 답답하고 화가 나는 상황이 될 수밖에 없다. 그러나 하나하나 싸우면서 자기 입장을 변호하기는 불가능하고 그저 쓸데없는 관심이라고 일축하면서 살아온 이력이 있다. 또 한편으로 억울한 심경을 가슴에 담은 채 세상을 떠난 납북어부들의 심경과 납북어부들의 자손으로 살아가는 과정에서 또 다른 피해자가 발생할지도 모른다는 것을 안타까워한다. 몇 십년간 분단의 최전선에서 고통 받으면서 살아온 그는 사실은 역사의 저편으로 사라지고 왜곡된 상황이 우리의 미래를 저해할 것을 더 걱정하고 있는 것이다.

이렇듯 안**와 김**은 납북어부 출신이면서 간첩혐의로 고초를 겪고, 오랜 시간의 노력 끝에 그 혐의를 벗게 되는 몇 안 되는 사람들 중의 하나이다. 그들 이외에도 몇 십 년이 지나도 계속되는 인권 찾기에 대한

---

18) 김** 구술, 2013년 1월 3일, 강원도 속초시, 김종군·강미정 외 조사.

노력, 몇 십 년 만에 벗겨지는 간첩혐의의 굴레에 대한 사례는 최근 속속 보도되고 있다. 문제는 그렇게 되기까지의 시간이 몇 십 년씩 걸렸다는 것이 안타깝다.

4. 수십 년 만에 되찾는 인권

우리나라의 국가보안법 사범으로 분류되었던 납북어부들에 대한 무죄판결이 잇따르고 있다. 그러나 이러한 납북어부에 대한 변화의 시선 너머에는 일본의 위안부 문제의 해결이 지지부진 한 것을 비난할 수 없을 만큼 미온적이고 답보적인 상태가 잠재되어 있다. 오랜 세월이 지나 달라지고 있는 납북어부에 대한 변화는 그나마 인권단체에서 논의를 하였기에 이 정도 선에 이른 것이다.[19] 그럼에도 납북어부들이 잃었던 인권이 수십 년의 기다림이 있었지만, 그래도 되찾아지고 있다는 것은 매우 고무적인 현상이라 할 수 있다. 이와 관련하여 다음의 기사들을 보기로 한다.

> 광주고법, 고 백남욱 씨 등 5명에 무죄 판결-경찰에 불법 연행된 뒤 간첩으로 내몰려 억울한 고초를 당한 납북어부 사건의 피해 당사자들에게 법원이 무죄판결을 내렸다. 광주고법 제1형사부(장병우 부장판사)는 4일 국가보안법과 반공법 위반 등의 혐의로 기소돼 유죄가 확정된 고(故) 백남욱 씨 등 5인의 납북어부 유족에 대한 재심에서 무죄를 선고했다. 재판부는 판결문에서 "경찰수사관들이 1967년 폭행과 협박 등 가혹행위를 하고 허위사실을 강요한 점이 넉넉히 인정된다"며 "그럼에도 원심은 증거능력이나 신빙성이 없는 증거를 믿고, 공소 사실 모두를 유죄로 인정하는

---

19) 엄경선, 장재환 지음, 『동해안 납북어부의 삶과 진실』, 설악신문사, 2008.

잘못을 범했다"고 판시했다. 재판부는 이어 "피해자 모두 고인이 됐지만 이번 판결이 고인들의 넋을 기리고 유족들의 아픔을 달래는 계기가 됐으면 한다"며 사법부를 대신해 사죄의 뜻을 밝혔다. 백 씨 등 5명은 1967년 7월 납북됐다가 한 달 만에 귀환한 뒤 경찰 조사를 받고 무혐의로 풀려났지만 다음 해 12월 전북 부안경찰서 등에서 불법 구금된 채 납북 당시의 행적에 대해 조사를 받고 탈출과 잠입, 찬양고무 등 간첩 혐의로 구속됐다."[20]

납북어부들은 그들에게 내려진 굴레를 법적으로 풀어내는 기다림을 몇 십 년 동안이나 하였다. 위 기사에 나타난 것처럼 이미 세상을 뜬 뒤에는 그들의 유가족들이 남아 아버지의 억울함을 벗기려는 노력이 이어진 것이다. 1967년에 허위사실을 강요받아 간첩으로 내몰렸던 원심이 파기되는 시점은 2010년, 무려 41년의 시간이 지난 뒤에야 이미 고혼이 된 납북어부들의 억울함은 풀어진다. 그리고 이미 세상을 떠난 납북어부들 뿐 아니라 현재 생존하여 자신의 인권이 되찾아지는 과정을 생생하게 경험한 납북어부들도 늘어나고 있다.

　　속초지원 납북어부 재심 첫 무죄 판결…재판부 "단순한 농담 불과" 국가보안법 위반으로 2년간 옥살이를 한 납북어부 출신의 지역주민이 30년 만에 억울한 누명을 풀게 되었다. 지난 1월 8일 춘천지방법원 속초지원은 속초시 교동에 사는 김 씨(56세)가 제기한 국가보안법 위반 찬양고무 등의 사건 재심 판결에서 무죄를 선고했다. 재판부는 "피고인의 발언은 북한을 이롭게 하는 내용이라기보다는 단순한 농담에 불과한 것으로 볼 여지가 있고, 국가의 존립과 안전이 위태롭게 되거나 자유민주적 기본질서에 위해를 줄 명백한 위험이 생겼다고 볼 수 없다"고 판시했다. 최근 납북어부 국가보안법 위반 사건에 대해 전국적으로 재심 무죄판결이 잇따르고 있는 가운데 속초지원의 경우 첫 사례로 기록되는 판결이다. 15살에

---

20) 김진숙, 「납북어부 41년 만에 간첩 혐의 벗다」, 『전북매일신문』, 2010.2.4.

납북…2년형 살아…지난 1980년부터 잠수기 어선인 한홍호 기관장으로
일하던 김 씨는 1983년 6월 경찰의 정보원으로 활동하던 동료선원의 고
발로 속초경찰서에 연행되어 국가보안법 위반으로 재판에 회부되어 실형
을 선고받고 2년 간 대전교도소에서 복역하였다. 평소에도 우스갯소리를
잘 하던 김 씨는 조업 중이던 동료에게 "동무는 일을 잘하니 중앙당에 상
신하여 표창 주갓소"라고 농담을 건넨 말이나, 북에 피랍되어 가 본 것에
대한 발언 등이 모두 북한을 찬양하여 이롭게 하는 말이라 하여 2년 형을
살게 되었다. 이후 김 씨는 같이 일을 하는 선원으로부터 고발을 당해 억
울하게 옥살이를 했다는 배신감과 절망감으로 그동안 쉽게 사람들에게
마음을 열 수가 없었다. 김 씨는 그동안 자신의 억울함을 풀지 못하고 지
내오다 지난 2011년 2월 춘천지방법원 속초지원에 청구한 재심이 받아들
여져 30년 만에 무죄 판결을 받게 되었다.[21]

위 기사는 바로 앞서 언급되었던 김**가 잃었던 인권을 되찾는 상황에
대한 내용을 담고 있다. 80년대 초에 김**은 동료를 향하여 농담을 한 것
이 문제가 되어 국가보안법 위반 사범이 되고 교도소 복역을 하게 된다.
평범한 사람이라면 그저 웃고 넘어가는 상황도 북한에 다녀온 이력이
있는 사람에게는 그냥 넘어갈 사안이 되지 않았던 것이다. 아마도 그에
게는 국가보안법 사범으로 몰리게 된 것보다 동료라고 생각하여 농담을
한 것이 덫이 되어 돌아온 것에 더 상처가 깊었을 듯하다. 드러내놓고
백안시를 하는 경우에는 그래도 방어할 수 있는 시간을 벌 수 있다. 하
지만 동료에게 경계심 없이 행동한 것이 패착이 된 것이다. 이처럼 주변
에 믿을 사람이 없다는 것, 늘 실시간으로 감시를 받고 있다는 것을 뒤
통수 맞듯이 알게 된 것은 큰 충격으로 남는다.[22] 또 한편으로 불법구금

---

21) 엄경선, 「납북어부 출신 김** 씨 30년 만에 국가보안법 위반 억울한 누명 풀었
다」, 『설악신문』, 2013.1.14.

22) "김** : 북쪽에서 남쪽으로 돌아온 뒤에 나는 끊임없이 감시를 받았고, 친구와
의 작은 다툼에서도 경찰에서는 친구에게 김**에 대한 정보를 털어 놓으면 사

과 가혹행위로 인하여 어쩔 수 없이 자백을 한 탓에 장기간 복역을 하게 되었던 납북어부들도 자신들의 억울함을 풀고 빼앗긴 인권을 되찾게 된 사례도 있다. 다음은 대법원에서 재심에서 무죄가 선고된 사안에 대하여 원심을 확정한 건에 대한 기사이다.

　　대법원 2부(주심 김용덕 대법관)는 간첩으로 활동한 혐의(구 반공법 위반 등)로 기소돼 옥살이를 한 고 최만춘 씨 등 5명에 대한 재심에서 무죄를 선고한 원심을 확정했다고 29일 밝혔다. 재판부는 "피고인들이 경찰 수사과정에서 불법구금 되고 가혹행위를 당해 임의성 없는 자백을 했다"며 "이들의 피의자신문조서를 유죄의 증거로 쓸 수 없다고 판단했다"고 말했다. 1963년 6월쯤 경기도 서해 대연평도 근해에서 조업을 하던 최 씨 등은 북방한계선(NLL)을 넘어가는 바람에 납북됐다가 열흘 여 만에 귀환했다. 이후 1969년 9월 전북도경 수사관에게 연행돼 구속영장이 집행된 그 다음 달까지 영장 없이 전북도경 대공분실에서 불법구금 상태로 수사를 받았다. 이 과정에서 당한 구타, 물고문 등 가혹행위 인한 허위진술을 근거로 선주 최 씨는 1970년 징역 10년에 자격정지 10년을, 선장이었던 고 하판금 씨는 징역 3년에 자격정지 3년을 선고받는 등 모두 유죄가 선고됐고, 이는 같은 해 10월 대법원에서 확정됐다. 이후 2006년 진실·화해를 위한 과거사정리위원회는 최 씨 등의 사건에 대해 "불법 구금된 상태에서 고문과 가혹행위를 당한 끝에 허위 자백했다"며 진실규명 결정을 내렸다. 이에 최 씨의 유족 등은 재심을 청구했으며 재심의 1, 2심은 무

건을 잘 처리해주겠다는 회유를 하기도 하였었다. 83년에는 국가보안법으로 대전교도소에서 2년을 살다 왔다. 내가 하는 이야기를 왜곡하여 정보기관에서 나를 잡아가도록 하는 사람도 있었다. 정보기관에서는 나와 함께 나왔던 어부들을 회유하여 특이동향이 있는지를 감시하기도 하였었다. 내가 놀란 것은 울진에서 일을 하는데 그곳에서 버스를 놓쳤다가 목욕탕을 갔다가 그 때 당시 카시오라고 하는 일제 시계를 갖고 있다가 잊어 버렸는데, 어느 날 기록을 보았더니 내가 목욕탕에서 시계 잃어버린 기록까지 다 있었다. 민주주의 국가에서 누군가에게 감시를 당했다는 것에 대한 두려움을 뼈저리게 느꼈다."(김** 구술, 2013년 1월 3일, 강원도 속초시, 김종군·강미정 외 조사).

죄를 선고했다.[23)]

억울한 옥살이를 장기간 하였던 납북어부들은 1970년에는 유죄로 그리고 2014년에는 무죄를 선고 받는 부침 세월을 지나온다. 무려 44년의 긴 시간을 기다린 끝에 겨우 다시 되찾은 인권, 그 인권을 되찾은 것에 대한 기쁨을 살아서 누리지 못하고 죽어서야 얻게 되는 안타까움을 뒤로 하고 대법원에서까지 확정을 받게 되면서 오랜 억울함은 법의 힘을 빌려 풀리게 된다. 물론 이 과정에서 진실화해를 위한 과거사정리위원회의 활약도 간과할 수 없을 것이다. 납북어부들의 억울함을 풀고, 납북어부를 포함한 많은 국가폭력 피해자들의 억울한 한스러움을 위무하고 해결하는 일선에는 여러 인권단체와 뜻 있는 사람들의 노력이 덧보태진 것이 사실이기 때문이다. 납북어부들을 외롭게 방치해두었던 시간도 있지만, 그런 외로운 납북어부들과 어깨를 나란히 하면서 배배 꼬인 역사의 실타래를 풀려고 노력했던 사람들도 있었던 것이다. 납북어부들이 잃었던 인권을 수십 년 만에 되찾는 과정에서 그들의 고통을 분담하려고 동참한 사람들의 노력은 큰 의미를 갖고 있다. 그 덕분에 현재 납북어부에 대한 국가 폭력적이었던 과거를 바로 잡으려는 국가적 측면의 노력도 뒤따르게 되었기 때문이다. 그리고 법적으로 무죄선고에 그치지 않고 현실적인 배상 또한 뒤따라야 함을 강조한 사례로 다음 기사를 들어 볼 수 있다.

> 서울중앙지법 민사17부(재판장 송경근)는 간첩누명을 쓰고 복역한 납북어부 고(故) 이 모 씨의 유족 5명이 국가를 상대로 낸 손해배상 청구소송에서 "국가는 유족에게 13억 1,200여 만 원을 배상하라"며 원고 일부승

---

23) 김미애, 「'간첩누명 납북어부' 재심서 44년 만에 무죄 확정」, 『머니투데이』, 2014.5.29.

소 판결했다고 6일 밝혔다. 재판부는 "보안부대 수사관은 영장 없이 고인을 연행해 구금하고, 구타와 각종 고문 등 극심한 가혹행위를 통해 허위 자백을 받아내 증거를 조작했다"며 "이로써 고인은 징역 17년을 선고받고 14년 9개월 간 복역했다"고 밝혔다. 이어 "이러한 공권력 행사는 범죄 수사와 처벌이라는 공무집행의 외관만 갖췄을 뿐 실질적으로는 국민의 기본적 인권을 보호할 국가가 위헌·위법의 불법행위를 저지른 것"이라며 "고인과 유족에게 정신적 손해를 배상할 책임이 있다"고 설명했다. 이 씨는 1971년 9월 대복호를 타고 어로저지선을 넘어 조업하다가 북한 경비정에 납북됐다. 북한은 1년 후에 이 씨를 대한민국에 송환했다. 조국에 돌아온 이 씨를 기다린 것은 이적 행위에 따른 형사처벌이었다. 이 씨는 반공법위반 혐의로 기소돼 징역 1년에 집행유예 3년, 자격정지 1년을 선고받았다. 10여 년이 흐른 후 이 씨는 1983년 11월 국가보안법위반 혐의로 다시 기소됐다. 북에 끌려갔을 당시 사상교육을 받고 포섭돼 노동당에 입당한 뒤 다시 대한민국에 돌아와 지하당 구축을 꾀했다는 이 씨의 자백이 증거였다. 영장 없이 끌려가 33일간 불법 구금된 상태에서 갖가지 고문을 받은 끝에 나온 허위자백이었다. 그러나 법원은 허위자백을 증거로 인정하고 이 씨에게 징역 17년과 자격정지 17년을 선고했다. 이 씨는 이 판결로 14년 9개월을 복역하다 1998년 8월 가석방됐다. 이 씨는 2006년 진실화해를 위한 과거사정리위원회에 진실규명 신청을 냈다. 과거사위는 2010년 이 사건에 진실규명결정을 내렸다. 이 씨가 3년 전 숨을 거둔 후였다. 유족은 과거사위의 결정을 바탕으로 법원에 재심을 청구했다. 법원은 불법수사로 이뤄진 자백에 증거능력을 인정하지 않고 이 씨에게 무죄를 선고했다.[24)]

인권을 잃고 음지에서 숨죽여 살아야 했던 납북어부들의 안타까운 실정은 비단 당사자들에게만 짐 지워진 것이 아니다. 납북어부의 가족이라는 이유만으로 그 주변 사람들도 오랜 고통의 시간을 감내하게 된다.

---

24) 전재욱, 「법원 "국가, 간첩누명 납북어부에 13억 지급해라"」, 『뉴스토마토』, 2014.6.6.

한 집안의 가장이, 한 집안을 이끌어 갈 수 있는 아들이 옴짝달싹할 수 없는 간첩혐의에 묶여 있는 시간이 길어지고, 억울한 옥살이로 심신이 피폐해진 기간이 장기화되면서 납북어부들의 가족들까지도 힘겨운 삶을 살 수밖에 없었기 때문이다. 그래서 국가가 위헌과 위법을 저지른 탓에 유린되어 버린 개인의 권리에 대한 책임과 배상이 뒤따르게 되는 것이다. 물론 금전적인 배상이 손실된 인생을 되돌릴 수도 억울함을 온전히 탕감해 줄 수도 없다. 하지만 국가에서 이러한 배상을 적극적으로 진행하려는 움직임만으로도 그간의 억울한 심경을 위무할 수 있는 가능성은 더 커질 것이다. 또한 2014년 통일부에서는 국군포로와 납북자 문제 해결을 위해 다양한 방법을 적극적으로 검토 중이라고 한다.[25] 이와 같

---

25) 이지선, 「전후 납북돼 미귀환 516명 추정… 어부 출신이 대부분」, 『경향신문』, 2014.2.20. "북, 납북자·포로 존재 부인… 2012년까지 17명 생존 확인 납북자는 6·25전쟁 휴전을 기준으로 전시 납북자와 전후 납북자로 구분된다. 정부는 2010년 6·25전쟁 중 발생한 납북사건과 납북자 가족들 피해 규명을 위해 국무총리를 위원장으로 하는 6·25전쟁납북진상규명위원회를 설치했다. 활동 기간은 6년으로 지난 1월까지 모두 12차례 회의가 열렸고 2852명에 대해 납북자라는 결정을 내렸다. 납북됐을 당시 이들의 연령은 대부분 20~30대(약 60%)이고, 10대도 22%에 이른다. 공식적으로 납북자 결정이 난 인원 이외에도 정부 발간 명부 등을 보면 전시 납북자 규모가 8만~10만여 명에 이를 것으로 추정된다. 전후 납북자의 경우는 휴전협정 이후 납북된 인사들로 3,835명이 납북됐다가 86.5%인 3,319명이 귀환해 현재 516명이 북한에 억류된 것으로 추정된다. 귀환자 가운데 3,310명은 북측이 송환한 인사들이고 2000년 이재근 씨를 시작으로 지난해 귀환한 전욱표 씨까지 탈북해 귀환한 사람은 모두 9명이다. 전후 납북자 가운데 돌아오지 못하는 사람들 대부분은 어부로 457명이며, 탈북해 귀환한 9명도 어부 출신이다. 2012년 북한은 유엔의 신숙자 씨 모녀 생사확인 요구에 구체적 장소와 일시는 언급하지 않고 신 씨가 간염으로 사망했다는 취지의 답변을 냈지만, 납북은 인정하지 않았다. 지난해 12월 유엔 인권이사회 산하 '강제적·비자발적 실종에 관한 실무그룹'은 북한에 전후 납북자 12명에 대한 생사확인을 공식 요청하기도 했지만 북한은 응답이 없는 상태다. 지금까지 정부는 장관급회담과 적십자회담 등 남북대화에서 납북자 문제 및 국군포로 문제 해결을 북측에 촉구해 왔다. 하지만 북한은 거듭 '납북자와 국군포로는 존재하지 않는다'는 입장을 고수하고 있다. 그렇지만 정부는 꾸준히 이산가족 상봉 행사 시 국군포로와 납북자의 생사확인을 의뢰했

은 노력이나 방법의 탐색 및 시도는 그간 훼손되었던 과거를 조금씩 복구하는 데 기여할 것이다. 그리고 누구도 돌아보거나 챙겨주기 어려웠던 시절에 비하여 현재는 잃었던 인권을 회복하는 과정으로 들어서고 있다. 그런 점에서 과거의 어두웠던 그림자들이 조금씩 걷어지는 것이 아니겠는가 싶다.

5. 좌절하지 않고 살아온 세월, 그리고 남은 과제

납북어부들에게 천형처럼 내려진 간첩혐의를 벗게 하는 법적 처리와 인권 단체의 지속적인 관심과 노력은 잘못 전개된 과거사와 국가폭력의 문제성을 조정하는 발전적 방향으로 진행되고 있다. 이는 우리나라에 드리워진 분단 트라우마의 잔재들을 걷어 내는 시작이면서 앞으로도 계속 나아갈 방향이기도 하다. 그리고 이제는 법적처리 뿐 아니라 감정적 앙금도 더 적극적으로 걷어내야 할 것이다. 어떤 납북어부는 젊은 시절을 억울함으로 보내왔지만 이제는 원망하지 않는다고 말한다. 그러나 그 원망을 하지 않는다고 말하는 모습에서 그가 겪었던 상처가 모두 아물었다고 볼 수는 없다. 그래서 납북어부 문제에서 찾아야 할 긍정적인 지점과 남은 과제에 대한 접근이 필요해지는 것이다. 이를 위하여 2013년 구술조사의 취지는 당시 조사팀원의 설명을 통하여 본다.[26]

고, 북한은 이에 대해 '생존·사망·확인 불가' 등으로 통보해 왔다. 또 수명을 상봉단에 포함하는 방식으로 이들과 가족들 간의 만남이 이뤄지기도 했다. 2012년 발간된 통일백서에 따르면 전후납북자 120명에 대해 생사확인을 요구해 17명은 생존, 22명은 사망, 81명은 확인 불가라는 통보를 받았고, 16명은 상봉이 성사됐다. 통일부는 지난해 업무보고 등을 통해 국군포로와 납북자 문제 해결을 위해 과거 동·서독이 정치범 송환 때 돈을 대가로 지급했던 '프라이카우프'를 포함해 다양한 방법을 검토하고 있다고 밝힌 바 있다."

조사팀원 : 오늘은 특히 납북어부의 문제와 체제유지를 위하여 강화되었
던 과거의 문제들, 국가폭력 등으로 인한 상처들을 치유하고자 하여 우선
실상을 파악하기 위하여 여러분들이 직접 겪었거나 부모님 세대들에게
남아 있는 상처에 대한 부분을 듣기를 청합니다. 저희가 원하는 것은 사
실에 입각하여 그러한 상황들에 처하여 가졌던 생각들을 들어보고 싶은
것입니다. 그렇게 되면 저희가 속초에 계시는 이러이러한 분들은 이러한
상처를 갖고 있었고, 그에 대하여 어떤 치유방안을 낼 것인지를 고민할
수 있을 것입니다. 그에 따라 국가와 사회의 도움의 지원이 어떻게 전개
되었으면 하는지의 여부도 말씀해주시길 바랍니다. 그리고 이러한 이야
기들은 전적으로 연구를 위한 것이며, 이름이나 사진이 공개되는 것을 싫
다면 그러한 것을 공개하지 않을 것입니다.

위 글에서 알 수 있듯이 2013년 속초지역의 납북어부를 대상으로 진
행된 구술조사는 온전히 그들의 목소리와 그동안의 삶에서 아직도 남아
있는 고민들에 대한 탐색이면서, 연구자 스스로 고민거리를 어떻게 풀
어나가고 있는지를 탐색하기 위하여 진행된 것이다. 이와 같은 구술조
사를 진행하면서 실상 구술대상자들의 힘겨운 과거를 되살리는 과정에
대한 중요성과 그런 상황을 돌아보지 못하였던 현실에 대한 반성이 동
시에 일어난다. 또한 잊고 싶었던 시간들을 환기하는 것이 과연 상처를
위한 것인지, 상처를 도리어 헤집는 것은 아닌지에 대한 조심스러움도
있다.

하지만 고통을 겪고 좌절의 시간을 지나온 사람들의 오랜 기억 속의
내용들은 우리가 모두 알아야 하고, 함께 풀어나가야 할 과제들이기도
하다. 그러면 다음에서는 납북어부를 아버지로 두었던 아들이 전하는
이야기와 납북어부 당사자였던 사람들의 이야기를 들어보기로 한다.

---

26) 2013년 1월 3일 강원도 속초시.

김** : 아버지가 북에 끌려 간 뒤에 바로 내가 군대를 갔었죠. 그런데 내
가 휴가를 받아 나오면 아버지를 면회 갔었죠… 보통 사람은 면회가 안
되는 데 군복을 입고 있어서 면회를 갈 수 있었다. 그리고 제가 월남에
몇 개월 동안 차출되어 나갔다 왔더니 이번에는 아버지가 대전에 조사를
받으러 가 있었다. 그러니까 우리 아버지가 맞기는 얼마나 맞았겠는가.
우리 아버지가 대전 교도소에서 1년을 복역을 하다가 석방되어 나온 뒤
에는 계속 술만 마시면서 세월을 보내셨다. 지금도 나침반 하나 보고 길
을 잘못 들어서 북한으로 올라간 것인데, 그것을 보고 월선 했다고 하고,
그러므로 빨갱이라고 매도하는 것이 자식 입장에서 보면 안타까운 것이
다.(중략) 우리 동생들은 아버지의 문제로 인하여 신원조회에 항상 걸려
서 취업을 할 수 없었다. 북한에 다녀왔다는 것이 곧 빨갱이라는 낙인이
되어…27)

아버지가 납북된 뒤에 장성한 아들은 군대로 갔다. 이미 어른이 된 아
들이지만 아버지가 무고하게 고문을 당하고 돌아와서 폐인이 되어 가는
것을 어찌해 볼 수도 없었던 안타까움은 초로에 접어든 아들에게 생생
하게 남아 있다. 아들의 입장에서 아버지에게 힘이 되어 줄 수 없는 무
력감과 안타까움. 이것이 납북어부들의 자녀들이 갖고 살아가야 했던
큰 고통의 일부이다. 그런데 납북사건은 당사자의 앞길만 막은 것이 아
니다. 위 인용문에 나타나듯이 군대에 갔던 아들은 아버지의 납북여파
로부터 그래도 조금 거리를 둔 것 같지만, 그보다 어렸던 다른 자식들은
당장 아버지가 납북어부출신이라는 이유만으로 취업에 장애를 받고 낙
인이 찍힌 채 살 수밖에 없었기 때문이다. 아버지가 겪은 고통이 아버지
에게만 국한되지 않고 자식에게까지 이어지는 것이 현실이었던 것이다.
그런가 하면 군인에서 복무 중이었던 아들도 아버지의 문제에 연루되어
끊임없이 좌절해야 했던 사례도 있다.

---

27) 김** 구술, 2013년 1월 3일, 강원도 속초시, 김종군·강미정 외 조사.

강** : 아버지는 내가 군대들어가기 전에 납북이 되었고, 군대에서 나온 다음에 받아 나올 즈음에 남쪽으로 돌아왔다. 아버지는 납북이전에는 건강하였는데 다녀오신 뒤로는 귀도 멀고 말도 못하게 되었다. 아니 말씀을 하지 않았다. 병원을 다니면서 치료를 받아야했지만 당시에 형편이 좋지 않았다. 그런 아버지가 예순여섯 살에 돌아가셨는데 그렇게 돌아가실 때까지 술만 드셨다. 아들이 스물 두 살이었지만 아버지는 왜 자신의 귀가 멀고 말씀을 끊었는지에 대해서조차 이야기를 하지 않았다. 그런데 아들인 나는 군대에서 국가보안법에 걸려서 사상이 불순하다고 비하되어 6개월에 한 번씩 전출을 당하여 군대생활 내내 6번을 전출을 당하기도 했다.[28]

납북되어 돌아온 아버지는 점차 심신이 망가져갔고 고통스러운 상황을 혼자서 감내할 수밖에 없었다. 가족들과 이야기를 했다가는 어떤 위험이 닥칠지 모른다는 불안감 때문에 술에 의존하는 나날이 계속되었다. 무슨 일인지 아버지는 스스로의 목소리를 억누른 채로 괴로운 나날을 보내다가 세상을 떠났고, 아들은 군대에 있으면서도 아버지가 납북어부 출신이라는 이유로 끊임없는 전출과 사상이 불순하다는 주변 시선에서 옥죄이는 삶을 살아가게 된다. 이것이 납북어부와 그의 가족들이 짊어져야 했던 고통의 시간이다.

아버지의 납북으로 인한 어두운 그림자가 자식들에게 드리워진 경우가 있다면, 납북당사자들이 그들을 옥죄었던 굴레를 토로한 경우도 있다. 아버지의 침묵 앞에서 남은 자식들은 도울 수 없는 무기력함으로 인하여 힘겨운 시간을 보냈듯이 납북당사자들은 주위 사람들의 백안시와 그 누구도 자신을 돕지 않을 것이라는 외로움으로 인하여 힘겨운 시간을 보낸 측면이 있다.

---

28) 강** 구술, 2013년 1월 3일, 강원도 속초시, 김종군·강미정 외 조사.

그렇지만 납북어부들과 그의 가족들은 그대로 쓰러지지 않고 수 십 년 동안 침묵의 시간을 보내면서 묵묵히 세상의 변화가 일어나기를 기다려왔다. 그리하여 최근에 이르러 억울한 과거사의 상처가 조금씩 아물어져가기 시작하고 있는 것이다. 그 오랜 침묵을 깨고 세상을 향하여 항변하고 세상의 변화를 기대하는 납북어부들의 태도와 목소리는 상처 입은 사람들이 또 한편으로 치유의 역할을 수행할 수 있음을 보여주는 것이기도 하다.

그리고 이제는 이러한 여러 형태의 파고를 거쳐 현재의 삶에서 마음의 평정을 찾아가는 납북어부들, 몇 십년동안 유령 같은 삶을 살았던 그 납북어부들을 견디게 해주었던 힘을 돌아보아야 할 것이다. 우선 그들은 상처 입은 사람들이지만 자기 상처를 치유하는 과정 속에서 타인을 이해할 수 있는 배려도 강화되었을 수도 있다.[29] 어쩌면 납북어부들이 담담하게 전하는 이야기 속에서 그들을 견딜 수 있게 하는 원동력이 찾을 수도 있다. 그래서 납북어부들의 구술 자료는 한편으로는 드러나지 않은 어두운 과거사의 흔적을 보여주면서, 다른 한편으로는 그들을 버틸 수 있게 한 지지대를 살필 수 있는 소중한 자료가 되는 것이다.

　안** : "2012년 1월 5일에 고법에서 무죄를 선고 받고, 대법에서는 5월 23
　　일에 확정판결이 났다. 이제 형사보상금하고 민사가 남아 있는데… 이제

---

29) "진실의 힘을 만든 고문생존자들은, 어느 날 갑자기 '간첩'으로 내몰린 '조작간첩 피해자'였고, '고문피해자'였습니다. 고문, 오랜 감옥살이, 보안 관찰로 인한 경찰 감시, 간첩낙인으로 인한 사회적 차별 등 고통 속에서 단 한발자국도 움직일 수 없었던, 그 누군가의 도움이 필요한 피해자였습니다. 그러나 고통을 맨몸으로 견디며 살다보니 "인간은 폭력보다 강하다"는 진실을 내 삶을 통해 깨닫게 됩니다. 깊은 상처를 겪은 사람으로서 고통 속에 있는 이들을 도울 수 있겠다는 자신감이 생겼습니다. 동굴 같은 어둠 속에서 걸어 나올 수 있었기에, 어둠속에 있는 이들을 햇빛 아래로 손잡고 나올 수 있다는 자부심도 생겼습니다."(진실의 힘 http://www.truthfoundation.or.kr).

싸워야죠…(중략)… 내가 제일 가슴 아픈 게… 우리 형님이 그렇게 되어
서… 우리 어머니도 화병으로 돌아가시고… 친척들도 그렇고 동네 사람
들도 다 피하고…(중략)나는 가난하게 살아도 돈을 원하지 않아… 그 대
신 국가에서 정치적으로 이용을 해먹고 가정을 파괴했다는 것에 국가에
서 사람을 간첩으로 몰아서 가정파탄이 난 것에 대한 보상을 원한다는 것
이다. 우리 국민들도 그런 것을 잘 알아야 하는데. 나는 정치가는 아니지
만 투표라도 한 표라도 잘 찍어야 하는데… 가장 밑에 그런 사람들이 못
살고 잘살고를 국가보안법으로 정치적으로 국가에서 이용을 해먹은 사람
들에 대해서는 국가에서 충분한 보상을 해주어야 한다. 그 사람들의 눈물
을 다 닦아 주어야 한다. 위로해주어야 한다. 더군다나 아이들이 육사나
공무원이 되지 않는다. 연좌제가 없어졌다고 하지만 암묵적으로 남아 있
는 것이다. 지금 내가 무죄를 받았으니까 이제 어떻게 될지는 모르지만…
무죄를 받았으니까 계속 뭐 국가에서 나를 억울하게 국가범으로 씌운 것
을 무죄로 받았으니까. 내가 명예회복이 되어야 아이들까지…(중략) 내가
팔다리 병신이 되어서 노동도 못하는데 나는 자식들 기 안 죽이려고 대출
을 받아가면서 훗날에 좋은 일이 있을 것이라고 생각하면서 내가 집사람
과 아이들은 지켜주고 가려고."[30]

　납북어부였던 아버지가 잃었던 인권을 찾고, 그와 함께 파괴되었던
시간에 대한 보상을 필요로 하는 이유는 본질적으로 자신의 명예회복에
국한되지 않는다. 위 글에서도 드러나듯이 파괴되어버린 가정의 복구를
위하여, 자신의 자손들의 미래를 위하여 계속 인권을 찾고 싶어 한 것이
다. 자신의 입장에서는 슬픈 운명으로 받아들이고 방랑의 시간으로 고
통을 참아내려 했던 당사자가 정작 자식들을 위해서는 발 벗고 나선다.
아버지로서의 인생을 시작하면서 침묵하였던 납북어부는 목소리를 내
기 시작한 것이다. 잃었던 가족 대신에 새로 구성된 가족을 이전과 같이
허무하게 잃고 싶지 않은 간절함이 아버지 안**에게 이제 침묵을 깨고

---

30) 안** 구술, 2013년 1월 4일, 강원도 고성군 가진읍, 김종군 · 강미정 외 조사.

자신의 인권을 되찾게 촉구한 셈이다. 그런가하면 힘들수록 원망과 분노를 삭이면서 자연스럽게 자신 이외의 주변사람들을 포용하게 된 경우도 있다.

> 김**[31]) : 대전교도소에서 생활할 때에는 정말 겨울에 영하 13도까지 내려가는 방에서 지냈었다. 참 재미있는 게 뭐냐 하면 그곳에서 사회주의사상으로 교도소 생활을 하는 무기수들이 있었다. 83년도에 나의 아버지뻘이었다. 그 분들에게 빵을 하나 드리면, 그 분들은 열배로 위로와 물건을 주면서 당신들은 나이가 들어서 이곳에서 죽게 되겠지만 젊은 친구들은 희망을 갖고 살라고 당부했었다. 그곳에서 살면서 주변 사람들, 특히 정부기관의 감시를 무시하면서 살았다. 그래서 나는 썩썩하고 편안한 마음으로 살 수 있었다. 대전 교도소에 2년 있었을 때의 죄목은 국가보안법 고무찬양죄였다. (중략)나는 살면서 스스로를 이기려고 노력을 많이 하였다. 그 중의 하나가 술과 담배를 하지 않는 것도 있다. 나는 9살에 아버지를 떠나보낸 뒤에 어머니에게 누가 되지 않도록 하려고 노력을 많이 했었다. 그래서 친구들이 대인기피증이 있는 것이 아니냐고 묻기도 하였었다. (중략)내가 열심히 하여 돈을 벌었으면 주변에서 칭찬을 해주어야 하는데 그런 말을 하지 않고 돈이 어디에서 나서 이렇게 집을 지었느냐는 의심의 시선을 받기도 하였다. 많은 분들이 이야기를 하고 싶어도 하지 못하는 이유는 자신에게 가해졌던 위협이 자식에게까지 이어질 것을 두려워하기 때문이다. 이제는 시간이 지나 사실대로 증언하실 분들은 비밀을 함구한 채로 세상을 떠났다. 그래서 사실이 많이 사라진 것이 안타깝다.[32])

---

31) 엄경선, 장재환 지음, 『동해안 납북어부의 삶과 진실』, 설악신문사, 2008. 이 책에서 김** 씨에 대한 보고는 18~24면에 걸쳐 소개된다. 이 글에 실린 김** 씨의 인터뷰 내용과 유사한 것도 있으며 조금 다른 내용도 있다. 이 글에서 소개하는 인터뷰 내용에는 풍파가 심한 삶을 살아오면서 나름대로 터득한 삶의 지혜도 담겨 있는 듯하다. 그런 점에서 김** 씨의 인터뷰 내용에는 자신의 고통에 대한 토로, 그 고통의 시간들을 어떻게 견디어 내었는가에 대한 과정, 현재의 삶을 바라보는 인상 등이 전개되고 있다.

32) 김** 구술, 2013년 1월 3일, 강원도 속초시, 김종군 · 강미정 외 조사.

안**에게서 새로 이루어진 가족을 위하여 삶의 투지를 되찾고 인권을 회복하고 보상을 기대하는 납북어부의 치열한 삶과 그를 통한 일어서기의 모습을 볼 수 있다면, 김**은 현재의 안정적인 삶의 동인을 과거의 고통의 기억으로부터 찾고 있음을 볼 수 있다. 그가 오래전에 경험한 일들을 펼쳐 놓은 내용 속에서 반복적으로 드러나는 것은 주변 사람들에 대한 자신의 관심과 자신에게 돌아오는 차가운 시선 사이에 간극을 메우기 위한 노력이다.

대전 교도소 시절에서 그는 더 힘든 상황에 처하였으면서도 다른 사람을 위하던 사람들과의 만남을 소중하게 여기고 본래 갖고 있던 낙천적인 자질에 용기를 더한다. 그래서 주변 사람들이 자신이 원하는 것처럼 그렇게 친밀한 사이로 바뀌기 어려울 것임을 잘 알면서도 주변 사람들을 우선 고려하면서 그들에게 폐를 끼치지 않으려는 노력을 더하며 살아온 것이다. 위의 내용에 있는 것처럼 스스로를 이기고 다른 사람, 특히 어머니에게 누가 되지 않으려고 애를 썼다고 하는 지점에서 안**가 아버지로서 자신을 일으켜 세우면서 살아온 것처럼, 김**은 자식으로서 자신을 일으켜 세우면서 살아왔음을 생각할 수 있다. 납북어부들을 차가운 바닷가에 세워둔 것은 외부 세상이었지만, 그들을 따뜻한 고향에서 그래도 작은 행복을 꿈꾸면서 앉힌 것은 역시 가족이었던 것이다. 각자의 내면에 깊이 자리한 든든한 아버지로 살아가야 한다는 의지와 착한 아들로서 살아가야 한다는 의지가 그들이 넘어지지 않도록 지지해주었던 축이 된 것을 안**와 김**의 이야기로부터 찾아볼 수 있다.

비록 이 글에서는 납북어부의 사태로부터 현재의 변화 조짐, 그리고 안정적인 삶을 향하여 나아가고 있는 납북어부들 몇몇의 개인적 사례를 들어볼 수 있었는데, 앞으로도 이러한 납북어부에 대한 관심과 조명은 이어져야 할 것이다. 그렇게 납북어부의 현실이 자주 조명될 때에 과거의 잘못 꼬인 실타래도 더 잘 풀릴 수 있을 것이다. 법적으로 소송을 제기하고 승소의 결과를 맞이하였다고 해도, 그렇게 해서 무죄를 선고받아도 이전의 간첩혐의로 오랫동안 점철된 상처와 명예를 회복하는 데에는 오랜 시간이 걸린다. 무죄를 선고 받았음을 플래카드로 달아서 광고를 할 수 있는 것도 아니기에 지금도 그들을 꺼려하는 일부의 시선에서 자유롭지 못하다. 그러므로 기회가 닿는 대로 납북어부들에게 부과되어 버린 오해의 짐을 덜어주는 것이 필요해진다.

또한 검찰에서의 무죄 선고는 형식적인 것이라면 고문 및 폭행의 당사자 간의 개인적 화해의 시간도 필요하다. 아니 반드시 그래야 할 필요가 있다고 생각된다. 그러나 현실은 가해자가 개인적 사죄를 적극적으로 하기 보다는 오히려 당당하게 목회자가 되어 출판기념회를 열기에 이른다.[33] 이 같은 상황은 겨우 마음의 안정을 되찾아가던 피해자들에게 또 다른 좌절을 안겨준다.[34] 이러한 사안들을 풀어 가는 것이 앞으로

---

[33] 「이근안 전 목사 회고록 출판기념회」, 『뉴시스』 2012.12.14.
"고문기술자로 이름을 날렸던 이근안 전 목사가 14일 오전 서울 성동구 성수동 한 뷔페에서 열린 자서전 '고문기술자 이근안의 고백' 출판기념회에서 취재진을 향해 발언하고 있다. 이근안 전 목사는 출판기념회에 앞서 언론을 통해 자신을 소재로 한 영화 '남영동1985'가 사실과 다르다고 전한 바 있다. 이근안은 2008년 대한예수교장로회 합동개혁(합동개혁)에서 목사 안수를 받은 후 2012년 1월 면직 처리되었다."

[34] "안** : 형님이 다 용서하라고 애원하고 하늘에서 내려다본다면서 용서해주라고 해서… 내가 그 뒤에 교회를 다니고… 지금은 안다니고 있는데… 내가 제일 가슴 아픈 게… 우리 형님이 그렇게 되어서… 우리 어머니도 화병으로 돌아가시고… 친척들도 그렇고 동네 사람들도 다 피하고… 얼마나 그 새끼들이 간첩 하나 잡았다고 속초에서 경찰새끼랑 안기부새끼랑 경기도경… 의무경찰까지… 보안대만 손을 안 댄 것이다. 거기에서 살아나온 자체로도… 엄청난 거여… 내가 전기고문도 많이 당하고… 밧줄로 묶고 물을 부어 전기고문을 하는데… 고문기술자 이근안이 내 팔을 비틀어서 팔이 다 나갔다. 이근안의 아들이 텔레비전에 나와서 자기도 피해자라고? 이근안이 목사라고? 말도 안 되는 이야기다."(안** 구술, 2013년 1월 4일, 강원도 고성군 가진읍, 김종군·강미정 외 조사).

남아 있는 납북어부문제의 과제이기도 하다.

　무엇보다 그동안 보호받지 못한 존재였음에도 보호자로 자리하면서 긴긴 세월을 묵묵히 지내왔던 납북어부, 그리고 납북어부의 남은 가족들. 그들이 억울함의 심연에 빠지지 않고 고통의 삶의 끈을 붙들고 있었던 그 생명력에 대하여 돌아보는 것이 수십 년 동안 좌절하지 않고 살아온 납북어부들에 되돌려질 때, 납북어부에 대한 관심이 그들을 위한 새로운 지지가 될 수 있을 것이다.

참고문헌

홍성흡, 「국가폭력 연구의 최근 경향과 새로운 연구방향의 모색」, 『민주주의
　　와 인권』 7집 1호, 전남대학교 5.18연구소, 2007.

김종군, 「구술을 통해 본 분단 트라우마의 실체」, 『통일인문학논총』 51집, 건
　　국대학교 인문학연구원, 2011.5.

최진섭, 「납북귀환어부 간첩만들기」, 『말』, 1989년 9월호.

엄경선, 장재환 지음, 『동해안 납북어부의 삶과 진실』, 설악신문사, 2008.

최영진, 「누명 벗은 과거사, 검찰은 묵묵부답」, 『위클리경향』 798호, 2008.
　　11.4.

김진숙, 「납북어부 41년 만에 간첩 혐의 벗다」, 『전북매일신문』, 2010.2.4.

엄경선, 「납북어부 출신 김춘삼 씨 30년 만에 국가보안법 위반 억울한 누명
　　풀었다」, 『설악신문』, 2013.1.14.

이지선, 「전후 납북돼 미귀환 516명 추정… 어부 출신이 대부분」, 『경향신문』,
　　2014.2.20.

김미애, 「'간첩누명 납북어부' 재심서 44년 만에 무죄 확정」, 『머니투데이』,
　　2014.5.29.

전재욱, 「법원 "국가, 간첩누명 납북어부에 13억 지급해라"」, 『뉴스토마토』,
　　2014.6.6.

진실의 힘 http://www.truthfoundation.or.kr

제7장 탈북민의 시기별 유형과 탈북 트라우마 양상

김종군*

1. 탈북민, 미리 온 통일 역군인가?

우리의 현대사 100여 년은 비극의 역사라고 말할 수 있다. 일제강점과 해방, 그리고 분단으로 이어진 혼돈의 흐름 속에 6.25전쟁이 정점을 찍으면서 우리 민족끼리 서로에게 총을 겨누는 극단의 처지로 내몰렸다. 정전으로 끝나지 않은 전쟁은 남과 북에서 분단체제라는 지극히 비정상적이고 부조리한 국가 및 사회 조직을 운용하게 했다. 그 가운데서 삶을 영위하는 사람들의 가치관이나 생각도 정상의 범주에서 벗어나는 경우가 종종 있다.

이러한 분단과 전쟁의 역사 속에서 우리 민족들이 가지고 있는 불안

건국대학교 통일인문학연구단 HK교수

과 공포, 분노와 적대 감정은 비정상적인 분단체제에서 비롯된 측면이
강하다. 한반도에 살아가면서 분단이나 이데올로기 문제로 심리적 억압
과 분노의 감정을 갖게 되는 원인을 분단 트라우마로 진단할 수 있겠다.
이러한 분단 트라우마의 가장 현재적 양상이 탈북민이라고 할 수 있다.

통계[1]에 의하면 남북분단 이후 1998년까지 북을 벗어나 국내로 이입
된 사람의 수는 천 명을 넘지 않았다. 이 수는 정전이후 분단이 고착화
된 후 월남 귀순한 군인 등이 대부분이었다고 볼 수 있다. 그 이후 2001
년까지 3년 동안에 천여 명이 입국하였고, 그 수는 해마다 점점 늘어
2009년에는 한 해 동안 2,914명이 입국하여 최고를 기록하였다. 그런데
해마다 2천~3천 명에 가까운 입국 탈북민 수는 2012년 김정은 체제가 들
어서면서 급감하여 1,500명 정도를 유지하고 있다. 추세로는 더욱 줄어
들 것으로 예상된다.

〈표 1〉 국내 입국 탈북민 통계

구분	~'98	~'01	'02	'03	'04	'05	'06	'07	'08	'09	'10	'11	'12	'13	합계
남	831	565	510	474	626	424	515	573	608	662	591	795	404	369	7,947
여	116	478	632	811	1,272	960	1,513	1,981	2,195	2,252	1,811	1,911	1,098	1,145	18,175
합계	947	1,043	1,142	1,285	1,898	1,384	2,028	2,554	2,803	2,914	2,402	2,706	1,502	1,514	26,122
여성비율	12%	46%	55%	63%	67%	69%	75%	78%	78%	77%	75%	70%	72%	76%	70%

국내에 들어온 2만 6천 명이 넘는 탈북민은 매우 중요한 의미를 지닌
다고 할 수 있다. 분단 이후 전쟁 중에 월남과 월북, 납북이라는 형태로

---

1) 통일부 북한이탈주민 통계(http://www.unikorea.go.kr/content.do?cmsid=3099).

남북 간의 인적 넘나듦이 있은 후 50년 만에 대규모의 인구 이동이라고
할 수 있기 때문이다. 정부와 학계를 비롯한 사회 각층에서는 50년 만에
북의 주민들이 대규모로 국내로 이입한 특수한 국면을 두고 다양한 해
석과 의미를 부여하고 있다. 1990년대 중반 이후 북한이 극심한 식량난
으로 '고난의 행군'2)을 선포하면서 주민들에게 배급을 중단하는 극단의
상황을 맞게 되고,3) 그 가운데 수십만 명이 굶어 죽는 비극이 일어나면
서 탈북은 본격화되었다. 그래서 이들을 '식량난민'으로 보아야 한다는
시각4)도 있으며, 북의 체제에 반감을 가지고 탈출을 시도했다고 보는
입장도 있었다. 그래서 국내에 입국한 이들에게는 비상한 관심이 쏠린
것도 사실이다.

　이들을 어떻게 명명할 것인지 당장 고민이 되어 정부에서는 '북한이
탈주민'으로 부르다가 이후 새로운 이름의 공모가 이루어져 '새터민'이
라는 신생어가 생기기도 하였고, 이에 대해 당사자들이 거부감을 표출
하면서 다시 '북한이탈주민'이라는 비교적 긴 호칭이 이들의 공식 명칭
이 되었다.5) 그리고 이들의 국내 정착을 돕기 위한 '북한이탈주민의 보

---

2) 1938년 말부터 1939년까지 김일성이 이끈 항일무장투쟁군이 만주지역에서 혹
독한 굶주림과 추위를 견디면서 일본군 토벌대의 추격을 피해 100여 일을 행
군한 사건을 지칭하는 용어이다.
3) 1994년 김일성 사후 국제적인 경제 고립과 연이은 자연 재해로 극심한 경제
난이 도래하자 김정일은 1996년 『노동신문』의 신년사 등에서 북한 주민들의
희생을 강요하면서 당의 구호로 공식적으로 제창한다.
4) 불교 정토회에서는 법륜스님을 중심으로 식량난으로 1996년부터 급증하는 탈
북민들을 식량난민으로 규정하고 지원사업을 활발하게 수행하였다.
5) 북한을 탈출하여 국내나 해외에 거주하는 사람들을 '탈북민'으로 명명하고자
한다. 1997년 한국정부는 이들을 부르는 공식 명칭으로 '북한이탈주민'으로
정하였고, 2005년 공모를 통해 '새터민'을 정부 공식 명칭으로 발표하기도 하
였다. 그러나 북한이탈주민은 북한을 벗어났다는 객관적인 사실만을 부각한
다는 이견이 있으며, 새터민은 단순히 먹고 살기 위한 목적으로 북을 버리고
나왔다는 부정적인 인상이 강하며, 해외에 거주하는 이들을 포괄할 수 없다
는 단점이 있다. 탈북을 감행한 이들의 의도가 무엇이든지 간에 탈출 의도를

호 및 정착지원에 관한 법률'이 제정되었고, 시기에 따라 개정이 거듭 이루어지는 실정이다.

분단체제 속에서 탈북민을 바라보는 우리 정부의 태도는 고무적이라고 볼 수 있다. 북의 체제가 정상적으로 운용되지 않음을 드러내는 징표이고, 더 나아가 대립적이고 적대적인 분단체제 속에서 남한의 국가 및 사회 운영시스템이 성공적이었음을 증명하는 존재들이 탈북민이라고 단정하는 입장이다. 그리고 이들의 국내 적응 과정이 향후 도래할 통일 후 북한 주민들의 적응에도 그대로 적용될 수 있다고 보고 '미리 온 통일 역군'으로 칭하고 있다. 특히 탈북청소년은 '미리 온 통일세대'로 특별한 의미를 부여하고 있는 실정이다. 또 다른 축으로는 공공연하게 이루어지는 탈북민의 대북 송금과 접촉이 북한 사회에 개방의 물꼬가 될 수 있다는 입장을 드러내기도 한다. 그래서 대북 송금을 공식적으로 인정하지는 않지만, 그렇다고 강력하게 규제하지도 않는 실정이다. 그 결과 대북 송금 시스템은 탈북민의 국내 유입과 탈북민의 양상에 많은 변화를 준 것으로 보인다.

그러나 탈북민에게 걸었던 이와 같은 기대는 상당 부분에서 예상을 빗나가는 것으로 보인다. 우선 지속적으로 증가할 것으로 보았던 탈북민의 수가 2012년부터 급속도로 줄고 있으며, 그 감소폭은 해마다 더해가고 있다. 그리고 탈북민의 국내 유입이 대규모로 이루어진 지 15년을 넘어섰고, 그 인원수도 2만 6천이 넘었지만 이들의 국내 적응은 요원한 일로 비춰진다. 초기 정착금과 영구임대주택 보급의 우선권을 부여하여

가진 주체적인 존재로 인정하고, 탈북과 국내 정착과정에서 겪은 상처들에 대해 주목해야 하므로 그 의미를 잘 드러낼 수 있는 탈북민이 적절하다. '탈북자'라는 명칭이 일반적이지만 일부에서는 '놈 자(者)'자에 대한 불만과 더불어 개인 차원의 개체로 인식되는 명칭으로 거부감을 표하는 경우도 있어, 집단 개체의 의미를 부여하여 스스로 '탈북민'으로 불리고자 하는 견해가 제기되고 있으므로, 이를 수용한다.

안정적인 주거 여건을 조성해 준다는 취지는 성공적인지 몰라도, 이후 이들의 생계 활동은 매우 불안하고 열악한 궁지로 몰리는 실정이다. 그 가운데 이들은 재입북하는 사례도 발생하고, 젊은 세대들은 해외로 유리하는 삶을 선택하기도 하며, 더욱 심각한 경우는 분단체제를 고착화하려는 일부 세력들과 결탁하여 통일에 반하는 세력으로 새롭게 자리매김하는 양상을 보이는 것이다.

국내에 입국한 탈북민들은 1998년부터 현재까지 15년이 넘는 기간 동안 순차적으로 들어왔다. 그 사이에 북의 식량난이 1990년대 중반보다는 호전되기도 하였으며, 남한에서의 탈북민 지위와 부적응의 상황을 전해 듣고 탈북을 시도하는 사례가 점점 줄어든다고 볼 수 있다. 일각에서는 김정은 체제가 들어서고 난 후 국경 수비를 강화하여 줄었다고 하지만, 그 이유는 일부의 상황으로 읽힌다.

탈북민들의 국내 이입이 본격화된 지난 15년을 통하여 볼 때, 이들의 실상은 조금씩 다를 것으로 판단된다. 특히 초창기 식량난 속에 탈북한 난민 같은 존재들과 근래에 이입되는 탈북민은 탈북의 이유, 탈북 과정에서의 위기, 탈북 경로, 국내 적응 등 모든 면에서 차이가 있을 것으로 보인다. 이 점에 이제 주목해 보아야 한다. 우리는 북한을 탈출하였다는 이유로 2만 6천 명의 탈북민을 동일한 시각과 잣대로 보려는 경향이 있다. 그 결과 탈북민들의 국내 적응 과정의 편차, 그들이 가진 상처, 트라우마의 편차를 염두에 두지 못하게 된다. 일률적인 잣대로 탈북민을 바라보고, 이들의 적응을 유도하는 것은 오히려 이들에게 도움이 되지 못한다고 할 수 있다.

특히 탈북민의 트라우마 양상은 초창기 이입 계층과 이후 연차별 이입 계층이 큰 차이를 보이고 있으므로, 이에 대한 고려가 필요하다. 그래서 15년 동안 이입된 탈북민들의 양상들을 구분해보고, 이들의 탈북 경위, 탈북과정의 고통, 탈북 경로, 국내 적응 상황 등에 따라 유형화할 필요가 절실하다. 그리고 이들이 간직한 트라우마 정도도 유형화하여 차별적인 치유의 노력이 필요하다고 판단된다.

2. 탈북 트라우마의 개념과 조사 현황

1) 탈북 트라우마의 개념

우리의 현대사가 남긴 폭력과 살상에서 비롯되는 정신적인 병증을 특별히 '역사적 트라우마'로 지칭할 때, 분단의 역사에서 발생하는 트라우마는 '분단 트라우마'라고 할 수 있다. 이 분단 트라우마는 분단체제가 유지되는 상황에서는 지속적으로 발현되며, 새로운 양상도 발생하고 있다. 가장 현재적이고 새로운 양상은 탈북민들에게서 찾을 수 있다. 그래서 이를 특별히 '탈북 트라우마'로 구분하여 지칭한다.

탈북민들은 탈북 과정에서 시기별로 대체로 유사한 외상을 경험하고 있다. 고난의 행군시기에 탈북한 이들의 외상은 대체로 3단계로 나누어 볼 수 있는데, 먼저 북에서 생활하면서 겪었던 굶주림과 폐쇄적인 북 체제의 통제와 억압에서 기인되는 외상, 두 번째는 중국을 비롯한 제3국에서의 유랑과정에서 겪은 모멸과 공포, 세 번째는 국내 입국 후 정착 과정에서 겪게 되는 남한 주민과의 갈등이나 경제적 어려움으로 구분할 수 있다.6) 이렇게 외부에서 가해지거나 표면화된 외상은 정신적이고 심리적인 병리현상을 드러내는데, 이를 탈북 트라우마라고 볼 수 있겠다.

---

6) 김종군 · 정진아, 「탈북자의 역사적 트라우마와 탈북 트라우마의 현재적 양상」, 『코리언의 역사적 트라우마』, 도서출판 선인, 2012, 120쪽 참조.

　이러한 탈북 트라우마의 양상이 동일한 시기에 탈북한 모든 이들에게 일률적으로 드러나는 현상은 아니며, 더군다나 시기별로 다른 층위를 나타내고 있다. 비교적 근래에 탈북한 이들의 경우에는 초창기 탈북민들보다는 그 외상의 강도가 약하며, 그에 따른 트라우마 증상도 약화되어 나타난다. 근래에 입국한 탈북민의 경우도 폐쇄적인 북한 사회에서 탈북을 감행하는 일 자체가 강력한 외상으로 남고, 그에 따른 트라우마가 존재한다는 데에는 충분히 공감한다. 그렇지만 탈북민들이 갖는 트라우마 증상에 대한 진단과 치유를 염두에 두었을 때 그 차이를 밝혀보는 일은 중요할 것이다.

　외상에 의한 트라우마가 개인이나 소수의 집단 차원이라면 개별적인 면담을 통한 치유의 단계가 비교적 쉽게 이루어질 수 있을 것이다. 그러나 역사적인 사건이나 사회 현상에서 발현하는 대규모 집단의 트라우마에 대해서는 전체에 대한 치유 행위가 쉽지 않다. 이에 집단적인 성격의 트라우마에 대해서는 그 증상을 유형화하고 그에 대한 치유 방안들을 찾아가는 것이 필요하다. 탈북 트라우마도 1998년 이전 수백 명 수준일 때는 정신적 고통이나 부적응을 호소하는 개인에 대한 치료 행위가 가능했을 것이다. 그러나 연간 2~3천 명의 탈북민들이 이입되는 상황에서는 그들의 트라우마에 대한 개별 치료는 불가능한 실정이었다. 그리고 급격하게 늘어나는 탈북민들에게 외적인 정착이 1차적으로 중요하다고 인식하였으므로 이들에게 내재한 탈북 트라우마에 대한 고민들이 적었던 것도 사실이다.

　결코 적은 수가 아닌 탈북민들의 트라우마를 진단하기 위해서는 그들 스스로 자신들의 정신적 고통이나 부적응의 상황을 호소하게 하고 이를 통해 진단하는 방식이 대안이 될 수밖에 없다. 이를 위해 그들의 탈북 과정에서의 체험담을 듣고 이를 통해 트라우마를 진단해 내는 방식이 적절하다고 판단된다.

이에 탈북민들의 체험담 구술조사를 통해 탈북 트라우마를 진단하고 치유의 방안을 찾고자 하였다.

2) 탈북 체험담 구술조사 현황

의학계에서 트라우마에 대한 진단과 치료는 정신과 상담 프로그램을 통해 진행되고 있다. 이에 탈북민들의 트라우마에 대한 진단과 치유에 대한 접근도 구술 상담이 적절하다는 판단이 선다. 탈북민에게 많은 관심을 두고 있는 사회학 분야에서는 이들이 북한에게 겪은 실상과 탈북 경위, 경로, 국내 적응 과정을 정확한 사실 확인 차원에서 인터뷰 방식으로 구술조사하고 있다. 그러나 강력하고 말 못할 외상을 간직한 구술 자들은 자신의 문제나 트라우마에 대해서는 기피하고 '사건의 이야기'나 '남들의 이야기'로 쉽게 인터뷰에 응하는 경향이 발견된다. 그 결과 외상에 의한 본질적인 트라우마에 대해서는 놓치는 경우가 많다.

탈북민들이 집단적으로 간직한 트라우마 실상을 파악하는 대안으로 체험담이나 생애담 구술 방식을 적절하다고 판단한다. 살아온 이야기를 자연스럽게 풀어 놓는 가운데 그 내면에 자리한 심리적인 갈등이나 고민이 표출되므로, 이를 분석하여 트라우마를 진단하고 그 치유의 단초를 찾을 수 있다는 가설이다. 물론 체험담 구술에서 문제점이 없는 것은 아니다. 탈북민들이 본인이 겪은 경험을 구술하는 과정에서 경험한 사실을 과장하거나 축소하는 허구화가 일어날 수 있고, 왜곡이 가능하다는 문제이다. 그래서 실상을 파악하는 자료로는 부적합하다는 시각이 있다. 그러나 트라우마의 진단에서는 이 지점이 오히려 활용 가치가 있다고 본다. 자신의 경험을 허구화하는 과정이 트라우마의 증상으로 볼 수 있기 때문이다. 트라우마의 일반적인 증상인 과도한 각성상태, 충격적인 외상 기억의 반복적인 재경험, 회피와 둔감화 과정은 탈북민들의 생애담 구술 과정에서 발견되는 과장과 축소·삭제의 허구화와 일치하는 지점이기 때문이다.[7]

결론적으로 탈북 트라우마의 진단 및 치유에 대해 접근하고자 할 때, 이들이 겪은 경험의 이야기인 생애담 구술조사 방식이 효율적이라고 판단된다. 이에 탈북 시기별, 연령별, 성별로 다양한 탈북민들을 조사 대상으로 삼아서 체험담 구술 방식으로 조사를 진행하였다.

탈북민 14명을 대상으로 이루어진 체험담 구술 자료를 분석하여 그 시기별 탈북 유형과 이들이 간직한 트라우마 양상을 살피고자 한다. 조사는 연구자가 기획을 하여 2010년 4월부터 시작하여 지속적으로 진행하였다. 조사의 방식은 구술자를 만나서 체험담 구술 방식으로 탈북 전의 삶과 탈북 과정, 남한에서의 삶을 모두 구술하게 하였고, 미진한 이야기가 남았다고 판단이 되면 연속적으로 조사를 수행하였다. 이를 통해 구술 과정에서 심리적인 변화도 읽어낼 수 있었다.

〈표 2〉 탈북민 구술조사 현황

탈북 시기	국내 입국 시기	구술자/나이	조사 일시/조사 시간
1997	2003	최**/40(남)	2010.11.15/2시간 30분
1997	2003	이**/63(여)	2010.05.19/2시간50분
			2010.05.26/3시간 35분
			2010.07.07/2시간 20분
1999	2007	한**/60(여)	2010.04.09/2시간
			2010.04.14/2시간

---

7) 김종군, 「구술을 통해 본 분단 트라우마의 실체」, 『통일인문학논총』 51집, 건국대 인문학연구원, 2011, 40~41쪽 참조.

			2010.04.21/2시간 30분
			2010.04.28/2시간 50분
1998/2004	2008	이**/27(남)	2010.09.06/2시간
			2010.10.16/2시간 30분
2005	2006	염**/19(남)	2013.03.21/1시간 30분
2005	2006	신**/31(남)	2011.05.25/1시간 30분
2006	2006	박**/20(남)	2013.01.14/1시간 30분
2006	2006	탁**/19(남)	2011.05.03/1시간 30분
2006	2007	김**/22(여)	2011.08.12/2시간
2006	2008	김**/26(남)	2011.09.21/1시간 30분
2008	2008	김**/20(남)	2011.03.17/2시간
2008	2008	심**/20(여)	2011.11.14/2시간
2008	2010	이**/20(남)	2011.04.12/2시간
2010	2010	한**/17(남)	2011.05.24/1시간 30분

　　조사 진행은 연구자의 강의를 수강한 학생 최**(40)을 처음 면담하면서 시작되었다. 이후 구술자들이 주변의 다른 탈북민을 소개하는 방식으로 조사가 이어졌다. 다양한 시기별, 연령별, 성별 분포를 기획하였으나 국내 적응 과정에서 폐쇄성을 드러내는 경우가 있어서 원활하게 진행되지는 못했다. 2000년 이전에 탈북한 경우는 60대 여성 2명, 40대 남성 1명, 20대 남성 1명으로 구성되었으나 이후에 탈북한 구술자는 주로 20대와 10대의 대학생과 청소년에 한정된 한계가 있다. 탈북청소년의 국내 적응에 관심을 가지고 조사를 진행한 결과이다.

　　구술조사의 내용은 먼저 자신의 출신지역과 나이, 가족관계, 탈북년도와 국내 입국 시기를 기본 자료로 묻고, 이후 자연스럽게 북에서의 생활과 탈북 경위, 탈북 과정, 남한 생활에 대한 이야기를 자연스럽게 구술하도록 유도하였다. 그 가운데 힘들었던 상황이나 인상에 강하게 남는 사건, 남한 사람들에게 알려 주고 싶은 북한 문화나 생활의 특징 등을 에피소드 방식으로 구술하도록 하였다. 조사가 생애담 구술 방식 으로 진행되면서 연령이 높은 구술자나 2000년 이전에 탈북한 구술자 의 경우는 풍부한 경험을 바탕으로 많은 이야기를 풀어 놓는 경향이 있었다. 그에 따라 조사도 회기를 달리하여 많은 시간 이루어졌다. 그 에 비해 청소년들이나 탈북 시기가 2000년대 중반인 경우는 구연 능력 이 뛰어나더라도 자료의 한계를 가지고 있어서 1회의 구술로 끝나는 경향이 있었다. 모든 구술에서 구술자의 구연능력은 풍부한 자료를 제 공하는 데 필수적이라고 할 수 있다. 그런데 탈북민의 경우는 자신의 속내를 드러내기까지 라포 형성기간이 다른 구술자들에 비해 길다는 특징이 있다. 이러한 특징도 탈북 트라우마의 실마리라고 볼 수 있겠 다. 연구자는 이들과의 라포 형성을 위해 구술조사 이전에 여러 차례 일상적인 사교를 진행하여 비교적 자연스럽게 구술에 임하도록 유도 하였다.

3. 탈북 시기별 유형

탈북민들이 구술한 내용을 분석하면서 발견되는 중요 지점은 탈북시 기이다. 북에서의 생활, 탈북 경위, 탈북 과정, 해외체류 경험, 국내 입국 후 상황 등이 탈북의 시기에 따라 차이를 보이고 있다. 그 과정에서 겪 은 고통이나 공포의 질량도 뚜렷하게 차이를 보인다. 결국 탈북민의 외 상과 그에 따른 트라우마는 탈북 시기에 따라 다르다고 할 수 있다. 이 를 근거로 탈북민들의 유형화가 가능하고, 탈북 트라우마의 양상도 분류할 수 있다고 본다.

1996년부터 본격화된 북한의 식량난은 '고난의 행군 시기'로 대변할 수 있다. 1996년부터 2000년 정도까지의 탈북민과 2006년 이후 탈북민은 뚜렷한 차이를 보이고 있으며, 다시 2008년 이후도 다소간 차이가 발견된다. 고난의 행군 시기인 1996년부터 2000년 사이에 탈북한 이들은 장기간 중국에서 체류하다가 2001년부터 순차적으로 국내로 들어온다. 이들은 2005년까지 매년 1천 명 이상씩 국내로 이입된다. 탈북 후 중국 체류 기간을 거치지 않고 곧바로 국내로 들어오는 경우라기보다는 고난의 행군 시기에 굶주림에 쫓겨 대거 중국으로 나온 이들이 국내의 정세를 보고 한국행을 결단한 사례라고 볼 수 있다.

앞선 탈북민 통계에서 보듯이 2006년은 탈북민의 수가 2000명을 넘어서는 시점이다. 이후 꾸준히 늘어 2009년에는 3000명에 육박하고 있다. 이들은 굶주림 때문에 자발적으로 탈북한 경우도 있지만 대체로 국내에 이미 정착을 이룬 가족들의 권유와 기획으로 탈북을 한 경우가 많다. 그 결과 이들은 중국의 체류 기간이 1~2년이든가, 아니면 곧바로 국내로 이입되는 양상을 보인다. 그러므로 이들에게는 중국 체류 과정에서 당한 고통은 많이 희석되는 경향이 있다.

그리고 2008년에는 2800여 명, 2009년에는 2900여 명이 국내로 입국한 통계로 보면 국내 정착 탈북민들이 기획한 탈북이 더욱 늘었다고 진단해 볼 수 있겠다. 구술조사된 내용을 보면 사춘기 청소년이 북에서 부모와 갈등을 겪다가 무작정 두만강을 도강하여 중국의 연길지역에서 잠시 체류하고 국내로 들어온 경우도 찾아볼 수 있다. 마치 가족 사이의 갈등이나 가난이 싫어 대도시로 가출했던 30여 년 전쯤 국내의 청소년의 양상과도 흡사하게 보인다. 이들의 경우는 더구나 탈북 과정에서 겪는 고통이 덜할 것으로 판단된다. 다만 국내에서의 적응이 가장 큰 문제로 남을 수 있다.

탈북민의 국내 이입 통계나 구술의 내용을 통해 분석해 보면 탈북 시기별로 탈북민들을 유형화할 수 있겠다. 우선 초기 탈북 세대는 1996년부터 2005년 정도까지 국내에 이입된 탈북민들이다. 이들은 탈북이 2000년 이전에 이루어지고 국내 이입은 2005년까지 순차적으로 이루어져, 비록 그 기간이 길지만 탈북의 시기는 1996년부터 2000년 정도로 볼 수 있으며, 탈북민 1세대로서 이후 탈북 세대들을 견인한 역할을 수행했다. 2006년부터 2007년 정도까지 탈북한 세대들은 가족인 탈북 1세대들의 도움으로 비교적 안정적으로 국내에 유입된 노년층과 청소년층들도 다수 포함되어 있다고 볼 수 있다. 2008년 이후에 탈북한 세대들은 본격적인 기획 탈북 세대로서, 경제적인 윤택함과 학업의 기회를 얻기 위한 목적 등 다양한 이유로 탈북을 한 경우라고 볼 수 있다. 여기서는 탈북 1세대(1996~2005년), 탈북 2세대(2006~2007년), 탈북 3세대(2008년 이후) 정도로 나누어서 그들의 탈북 과정을 유형화해 보고자 한다. 이를 바탕으로 이들이 탈북 과정에 갖게 된 트라우마의 양상도 도출 가능할 것으로 본다.

1) **탈북 1세대**(1996~2005년)

〈표 3〉 탈북 1세대의 탈북 과정

급격히 나빠진 북한의 식량 사정
국경 장사로 도강(건어물류, 약초/식량)
국경수비대 체포
보위부 구금

▼

탈북 감행

▼

중국에서 장기간 도피생활(국내 입국 자금 마련/교회 선교활동)

▼

제3국(캄보디아, 태국, 몽골) 입국, 영사관 진입(필리핀 추방)

▼

국내 입국

▼

국내 부적응 고통

▼

교회 등의 도움으로 적응(청소년, 여성)/부적응 상태로 고통(남성, 비종교인)

　　초창기 탈북 세대들의 탈북 과정과 국내 적응 과정을 구술조사한 내용을 통해 도식화 해 보았다. 위의 도식이 모든 탈북민에게 일률적으로 적용되는 상황이 아님을 밝힌다. 구술조사 내용을 분석한 결과로 산출된 결과이다. 그러나 북에서의 상황이나 탈북의 과정, 국내 입국 과정을 대체로 유사한 상황을 거칠 것으로 판단된다.

　　이들의 탈북 경험은 이후 탈북 세대에 비해 훨씬 복잡하고 위험하다고 할 수 있다. 그리고 그 가운데서 생사를 넘나드는 수많은 고통과 공포를 체험하였다고 볼 수 있다. 극심한 식량난으로 먹을 것을 찾아 장사를 나서고, 그 과정에서 중국이 대안이 될 수 있음을 간파한다. 그런데 국경 장사가 발각되어 구금되는 위기를 맞고 본격적으로 중국으로의 이주를 결심하게 된다. 그리고 시작된 장기간 중국 체류는 공포의 연속이라고 할 수 있다. 중국 공안에게 쫓기는 처지이므로, 중국인들에게 노동력 착취나 성적인 유린을 당해도 대항하지 못하는 좌절과 비애도 갖게 된다. 그리고 국내로의 입국을 위해 제3국을 통하거나 중국 영사관에

무단 진입하는 목숨을 건 위험을 무릅쓰고 중국을 벗어날 기회를 얻는
다. 장기간 기다림의 시간을 가진 후 국내로 입국하게 된다. 국내에 입
국하여 초기 정착금 지원 등으로 안정을 찾는 듯하지만 한국 사람들의
왜곡된 시선으로 취업이 쉽지 않아 경제적인 부적응 상태에 빠지는데,
종교 단체 등의 도움으로 사회적 커뮤니티에 참여하는 여성들이나 청소
년은 비교적 적응을 이루어가지만, 종교를 갖지 않거나 성인 남성의 경
우는 여전히 부적응의 상태로 고통을 받는 경우가 빈번하다.

이들은 이상의 전 과정에서 강력한 외상을 가지고 있으며, 이것이 탈
북 트라우마로 발현되고 있다. 이들의 탈북 경위는 대체로 식량난이라
고 할 수 있다. 그러므로 이들에게는 식량난민이라는 명칭이 적용될 수
있다. 가장 먼저 국내에 입국하였지만 여전히 국내 적응에는 어려움을
겪는 심각한 세대라고 할 수 있다.

2) 탈북 2세대(2006~2007년)

〈표 4〉 탈북 2세대의 탈북 과정

| 어려운 식량 사정으로 장사나간 가족(엄마-탈북 후 중국 거주, 국내 입국) |
| 가정의 붕괴(자동 이혼, 아버지의 재혼, 계모와 갈등) |
| 가출, 꽃제비 생활 |
| 가족(엄마)과 연결(브로커를 통해 휴대폰, 경제지원) |
| 가족(엄마)의 주선으로 탈북 |
| 중국에서 단기 체류 |

▼

제3국(캄보디아, 태국, 몽골) 입국, 영사관 진입(필리핀 추방)

▼

국내 입국

▼

국내 정착한 가족(엄마)의 도움으로 적응 용이/가족(엄마)과의 갈등으로 고민

탈북 2세대로 유형화할 수 있는 이상의 도식은 대체로 탈북청소년들의 경험에 비중을 두고 있다. 그러므로 성인 계층에게는 일률적으로 적용되지 않음을 밝힌다. 탈북 1세대인 부모(엄마)가 식량난을 피해 국경 장사를 나갔다가 중국에 체류하거나 국내에 입국한 가정에서 그 자녀들이 겪는 탈북의 과정과 국내 적응 상황이라고 할 수 있다.

이들에게 가장 큰 문제는 탈북 1세대인 엄마가 장사를 나가면서 가정이 붕괴되는 데서 비롯된다. 북한의 경우는 법률적으로 이혼이 쉽지는 않지만 배우자가 행방불명이 되면 이혼이 가능하고 한다. 가족들이 굶어 죽어가는 상황에서 식량을 구하기 위한 노력은 주로 여성들에게서 이루어지고, 중국으로 나간 엄마가 돌아오지 않는 상황에서 아버지는 이혼을 신청하고 재혼하는 경우가 일반적이라고 한다. 그 과정에서 계모나 그 소생과의 갈등이 벌어지고, 굶주림과 홀대를 참지 못해 가출을 하여 꽃제비가 되는 경우이다. 그리고 국내에 입국하여 정착한 엄마에게서 연락이 오게 되고, 그 지원으로 탈북의 기회를 얻게 된다. 그럼에도 아직 체계적인 기획 탈북의 단계로는 나아가지 못해서 1~2년 정도 중국에서 체류하게 되는 경우도 발생한다. 그리고 탈북 1세대들이 거친 제3국 입경 등의 방식으로 국내에 들어온다. 이들은 국내에 정착한 엄마나 가족들의 도움으로 장기간의 하나원 적응 교육도 받지 않고 가정에 안주하게 된다.

그런데 특이한 경우는 유년기에 가족(엄마)에게 버림받았다는 상처가 지속되면서 가족 간 갈등을 겪는 경우도 있으며, 탈북이 본인의 의지와는 상관없이 가족(엄마)에 의해 이루어졌으므로 가치관의 혼란을 겪으면서 부적응의 양상을 보이는 경우도 있다. 이들에게는 탈북과정에서 겪은 외상이나 그로 인한 트라우마는 1세대에 비해 약한 반면, 가족의 해체 과정에서 겪은 트라우마가 강력하게 내재된 것이 특징으로 보인다.

3) 탈북 3세대(2008년 이후)

〈표 5〉 탈북 3세대의 탈북 과정

탈북 후 국내에 성공적으로 적응한 가족
▼
지속적인 경제 지원(대북 송금)
▼
먹고 살만한 생활
▼
탈북 가족 감시, 탄압
▼
국내 정착한 가족에 탈북 지원 요청
▼
브로커를 통한 비교적 안전한 기획 탈북
▼
국내 적응 비교적 용이

탈북 1세대들은 국내에 적응을 잘 이룬 경우는 물론이고 부적응의 상태를 유지하더라도 북에 두고 온 가족에 대한 부채감과 그리움은 매우

큰 것으로 나타난다.[8] 그래서 이들은 배우자보다는 우선 자녀들을 탈북하도록 지원하는 심리를 드러낸다. 그 결과로 탈북 2세대가 성립 가능했던 것이다. 탈북 1세대들이 간직한 가족 이산의 트라우마와 부채감은 대북 송금이라는 방식으로 일반화되어 있다. 이러한 대북 송금은 2세대에게도 적용되는 경우가 많다. 적게는 연간 100만 원에서, 많은 경우는 월 100만 원 이상의 돈을 중국 브로커를 통해 북에 남겨진 가족들에게 송금하고 있다. 통상 브로커에게 지불하는 수임료는 30% 수준이라고 하니, 100만 원을 북의 가족에게 전하기 위해서는 130만 원이 마련되어야 한다. 탈북민들이 정부로부터 받는 생계급여 수급률은 2010년까지는 51.3%였고, 이후 점점 나아져 2013년의 경우는 35%라고 한다.[9] 결코 넉넉하지 않은 생활비를 쪼개서 북의 가족에게 송금하는 시스템은 법률상으로는 불법이지만 암묵적으로 용인되는 것으로 보인다.

탈북민들이 가장 많이 나온 함경북도나 양강도의 경우는 대북 송금으로 경기가 활성화된다는 전언도 종종 듣게 된다. 이들은 국내에 정착한 탈북 1세대나 2세대들의 지원으로 굶주림에서 벗어나게 되었고, 더 나은 경우는 윤택한 삶을 꾸리기도 한다. 그런데 폐쇄적인 사회 체제 속에서 탈북 가족에 대한 감시와 탄압이 가해지는 상황이 종종 일어나는데, 이를 벗어나기 위해 탈북을 기획해 달라는 요청이 국내 가족에게 전달되기도 한다. 이에 체계적이고 전문적인 탈북 브로커를 통해 기획 탈북을 시도하는 것이다. 이 경우는 탈북과정이나 국내 입국 과정도 1세대나 2세대에 비해 평이하게 이루어지고, 중국 체류 기간도 거의 없이 곧바로 입국하게 된다.

---

8) 김종군 · 정진아, 「탈북자의 역사적 트라우마와 탈북 트라우마의 현재적 양상」, 『코리언의 역사적 트라우마』, 도서출판 선인, 2012, 143~148쪽 참조.

9) 통일부 북한이탈주민 통계(http://www.unikorea.go.kr/content.do?cmsid=3099)

그러므로 탈북 3세대들은 탈북 과정에서의 외상과 트라우마 강도가 가장 약하다고 볼 수 있다. 이들에게 탈북은 선택이었고, 사선을 넘는 절체절명의 위기감도 없었다고 구술하는 경우가 있다. 이들에게는 국내의 부적응 상황이 가장 큰 문제점으로 대두된다. 가족을 두고 혼자 탈북한 여대생은 구술의 과정에서 "괜히 넘어왔어요."라고 불쑥 꺼낸 말로 조사자들을 놀라게 한 경우도 있다.

4. 탈북 트라우마의 양상

탈북민의 생애담 구술에서는 다양한 이야기들을 찾아볼 수 있다. 인간이 상상하기 힘든 극한의 상황에 대한 이야기들이 구연되는 과정에서는 구술을 하는 구술자도 서럽게 울고, 듣고 있는 조사자들도 눈물을 흘리면서 경악하는 경우가 많다. 구술자들이 하는 이야기 중 자신의 이야기가 아닌 경우도 있고, 더러는 지나치게 과장되거나 축소된 측면도 발견되지만 이러한 경향성이 그들의 내면에 자리한 공포와 분노, 한이라고 판단된다. 그리고 이들은 그러한 이야기를 반복적으로 구술하는 경우도 빈번하고, 아예 회피하여 입을 다물어 버리는 경우도 있다. 구술의 상황에서 구술자의 태도나 말하기 방식, 이야기 내용에서 그들이 간직한 트라우마 요소를 발견할 수 있다. 앞서 언급한 탈북 과정에서 주로 이야기되는 내용을 통해 탈북 트라우마의 양상을 찾고자 한다.

1) 기아 경험 공포

경험담	빈출유형	트라우마 증상
- 굶어 죽은 이웃 시신 본 이야기 - 인육을 먹었다고 잡혀온 사람 이야기 - 풀독에 걸려 눈도 못 뜬 마을 사람 - 굶어 죽은 이웃과 강냉이 나눠 먹지 못한 미안함 - 허기를 견디려고 아편주사 맞은 소년 이야기 - 엄마 등에 업혀 굶어 죽은 아기	〈탈북1세대〉 〈탈북2세대〉	반복적 재경험

　우리 사회에 탈북민의 등장은 북한의 급격한 식량난에서 비롯되었다. 그러므로 고난의 행군 시기에 탈북한 1세대들은 식량난민이라는 호칭을 유발할 수 있을 정도로 기아 경험에 대한 공포감을 자주 드러낸다. 많은 이야기 소재가 굶어 죽은 사람들에 관련되어 있다. 그리고 이야기는 동일 구술자에게서 회차를 거듭해도 반복적으로 구술되고 있다. 그러므로 탈북 트라우마의 가장 큰 양상은 기아 경험에 대한 공포라고 진단할 수 있겠다.

　　글쎄 하루 저녁에는 우리 둘째 아들하고 나하고, 통강냉이 참 어떻게 얻어서 요만큼 갖다가 꾸려서, 남이 안 보이게 꿈차(숨겨) 놓고는 고거 이렇게 한 줌씩 절구에 찌어 가지고 그걸 죽을 쒀가지고 둘이 먹는다 말야. 한데 하루 세끼 죽만 먹으니까 말야, 속에 거친 음식, 고급이 말고 쌀이 말고 들어가서 위를 꾹꾹 찌르는 이런 거친 음식이래도 포식해보고 싶지 뭐.
　　그래서 내가 말야,
　　"죽어봐서 죽겠니? 우리 저거 강냉이 한 줌 퍼가지고 닦아서 너하고 나하고 실컷 먹자."
　　내가 그랬어. 그랬더니 우리 둘째 아들이 좋대. 그래서 둘이 진짜 장작이를 떼 가지고 강냉이를 닦아서 지금 조금 먹기 시작했어. 집 안 안에 강냉이 닦은 냄새가 얼마나 꽉 찼겠어요? 둘이 먹는데 이 사람이

"○○ 있니?"

바깥에서 발자국 소리가, 쩍쩍쩍쩍 소리가 나더라고. 이걸 글쎄 날쎄게 이불 밑에다가 걷어 넣었구나. 그리고 안 먹는 거처럼 하고. 글쎄잉 그 사람이 그때 그 냄새를 맡고 싶었겠니. 근데 글쎄 내가 하나라도 안 줬다고, 글쎄. 그 사람 죽었을 기야. 그 사람은 100프로 죽었어. 그 사람은 100프로 죽었지. 못 살아있는 사람인데 내가 지금 생각하믄이

'야, 내가 그때 왜 그랬나.'[10]

고난의 행군 시기 식량난으로 이웃이 죽어가는 상황을 보고도 못 본 척하며, 아들과 둘이 강냉이밥을 해 먹었다는 자책의 이야기이다. 굶주림 앞에서 인간의 도리도 저버릴 수밖에 없었던 자신의 행실에 강한 질책을 드러내고 있다. 그러면서도 기아의 공포 앞에서는 그럴 수밖에 없다는 말로 스스로를 위로하기도 하는 혼란을 보이고 있다. 구술자는 탈북을 시도하다가 잡혀 감옥 생활을 하던 중 굶주려 죽은 남편도 봤고, 친구도 봤다고 눈물을 흘리며 이야기했고, 인육을 먹고 잡혀 온 여성에 대해서도 '나라도 그랬을 것이다.'는 동정을 표하기도 했다.

탈북 1세대에게서 빈번하게 나타나는 트라우마 증상이라고 볼 수 있다. 실제로 구술자의 이야기 가운데는 기아 공포에 대한 이야기가 많은 범주를 차지하고 있는 것으로 보아, 반복적 재경험이라는 트라우마 증상의 한 축으로 볼 수 있겠다. 현재도 북한의 식량 사정이 좋아졌다고는 볼 수 없다. 그러나 고난의 행군 시기처럼 아사자가 발생하지 않는 상황이므로, 탈북 2세대, 3세대로 갈수록 그 심각성은 덜하다고 하겠다.

---

10) 김종군·정진아, 『고난의 행군시기 탈북자 이야기』, 도서출판 박이정, 2012, 239쪽.

2) 두만강 도강의 공포

경험담	빈출유형	트라우마 증상
- 칠흑 같은 밤에 검푸른 두만강에 몸을 던진 이야기 - 옷을 찢어 동생을 묶고 한길 물속으로 걸어서 건넌 이야기 - 강을 건너다 국경수비대에 끌려간 누나	〈탈북1세대〉 〈탈북2세대〉 〈탈북3세대〉	반복적 재경험

　탈북민들이 탈북 과정에서 겪는 가장 처음의 시련은 두만강이나 압록강을 건너면서 갖는 물에 대한 공포감이다. 국경수비대의 초소가 100미터 간격으로 있고 야간에는 감시가 더 철저하기 때문에 등 뒤에서 총을 쏠 것 같은 두려움을 떨치지 못하고 있다. 그리고 야밤에 짙푸른 강물에 몸을 던지는 공포심을 빈번하게 언급하기도 한다. 이 역시 뇌리에 강력하게 자리 잡은 트라우마라고 할 수 있다.

> "얼른 뛰어내려, 뛰어내려."
> 하다가 어쨌든 좀 얕고 이렇게 좁은 데가 있어서 뛰서, 게 얼음으로 한참 뛰다 나니까 가운데 이케 섬같이, 모래섬 같은 게 있더라구요. 내 지금 생각에.
> 그래 거기를 가서 숨을 좀 돌렸어요. 뭐이 따라오나 해서. 조용하더라구.
> 그담엔 다시
> "일어나라"
> 는 거야. 그 담에 거 이짝 강을, 마저 뛰었지 뭐. 마저 막 뛰어서 얼래 딛으니까 이젠 중국이더란 말이야. 탁 올려, 육지를 밟는 순간에 막 쓰러질 것 같드라구. 그 담에 탁 육지를 밟았는데요. 내가 뒤로 벌렁 그 물, 이렇게 그 잠깐 뭐 나무 있는데 그런데 숨어야 되니까 탁 앉았는데, 탁 앉았는데요잉, 뭐 여기(콧잔등)에서 스물스물 하는 거 같애, 내 생각에. 게서 (한숨 돌리는 시늉을 하며) 이러고 앉았는데, 이게 별로 젖은 것 같애. 비취니까 달빛에 보니까 아우~ 코피가 터졌드라구. 너~무 긴장했다가,

있잖아요잉. 내가 넘어오면서 뭐 자빠지지도 않고 누가 와서 치지도 않고
뭐 나무에 가서 부딪친 적도 없는데 너무 긴장했다가 탁 하니까 코피가
저절로 탁 터지더나. 그러더니 코피가 철철절절 내려 오드라구.[11]

구술자는 이웃 여성과 두만강을 건너면서 국경수비대에게 발각될 위
기도 넘겼고, 한겨울 밤중에 얼어붙은 두만강을 건너는 상황에 대해 매
우 구체적으로 구술하고 있다. 그리고 중국 땅을 밟았을 때 자신도 모르
게 철철 흐르는 코피를 보고서 얼마나 공포감이 컸는지를 실감했다고
한다. 구술자는 실패했던 1차 탈북 과정에서도 두만강 도강에 대한 공
포감을 구체적으로 묘사하였다. 미리 매수해 둔 국경수비대의 병사와
접선이 틀어져 돌아오면서도 '에이, 차라리 잘됐다.'는 생각이 들었다고
한 것으로 보면 그 공포감을 가늠하고도 남는다.

형제가 탈북을 한 경우는 두만강 물에 휩쓸릴 것 같아서 속옷을 찢어
서 서로 몸을 묶고서 헤엄치는 소리가 들릴까봐 한길이 넘는 물속을 걸
어서 나온 고통과 공포를 이야기하기도 했다. 결국 탈북민들에게 탈북
과정에서 강물은 강력한 공포의 기제로 자리 잡았음을 확인하게 된다.

3) 중국 도피생활의 공포

경험담	빈출유형	트라우마 증상
- 아내를 여동생으로 속이려다 한족에게 시집보낸 남자 - 한족 홀아비 형제에게 팔려간 여자 - 도강하다 중국공안에 잡혀 북송된 사람들 - 죽은 사람 호적으로 살아가는 재혼한 엄마 이야기 - 한족 집안에 양자로 팔려간 아이 - 조선족 친척의 고발로 공안에 잡힌 이야기	〈탈북1세대〉 〈탈북2세대〉	반복적 재경험 회피, 둔감화

---

11) 김종군 · 정진아, 『고난의 행군시기 탈북자 이야기』, 도서출판 박이정, 2012,
80~81쪽.

탈북민에 대한 설문조사 결과를 보면 탈북 1세대들은 중국에 대한 반감이 매우 크게 나타난다.[12] 1990년대 중반부터 식량을 구하기 위해 중국으로 숨어들었는데, 공안들의 추격에 대한 공포가 컸다. 체포되면 바로 북송이 이루어지고, 이후 전개될 고통에 대해 짐작이 가기 때문이었다. 그래서 중국 공민들로부터 받은 모멸과 학대를 모두 감내해야 했던 것이다. 탈북 1세대의 경우는 보통 5년~8년까지 중국에 장기 체류한 경험을 가지고 있으므로 그 기간 동안 느낀 쫓기는 자의 공포심이 강력한 트라우마로 자리한 것으로 진단된다.

특히 인신매매와 관련된 이야기는 인권 차원에서는 상상도 할 수 없는 것으로 최고의 트라우마로 자리하고 있다고 하겠다. 어린 아이들의 인신매매는 물론이고, 여성들이 성적으로 유린당한 사실은 도저히 떨칠 수 없는 상처라고 말한다.

> "아지미 있잖니, 나는 이 사람들 앞에서 이거 오빠티를 내야 된다. 절대 남편인 티를 안 내야 된다."
> 이 생각을 하고, 남편도
> "야 탄로 나겠다. 그러지 말라, 그러지 말라."
> 자꾸 이러던 거라는 겨(울먹거리면서). 자기가 막 울면서이, 막 이렇게 지금 남편 내보내는 게, 이게 뭐 반 정신 다 없지 뭐, 그때. 그래 자기는 막 그러니까 남편이 자기를 위로하면서
> "야 눈치채게 그러지 말라. 왜 그래. 그러지 말라."
> 이러더란 거여. 근데 자기는 '잘 가라.' 하는데 있잖아요. 자기는 '잘 가라.' 하면서 자기는 섰는데 자기 발이, 나는 섰는데 자기 발이 가더래. 남편이 지금 막 '잘 있으라.' 하고서 가는데.
> "내 발이 막 가드나."

---

12) 김종군 · 정진아, 「탈북자의 역사적 트라우마와 탈북 트라우마의 현재적 양상」, 『코리언의 역사적 트라우마』, 도서출판 선인, 2012, 131쪽 참조.

그 말할 때 막,

"내 발이 막 가드나"

하면서, 그때 막 내 앞에서 이때까지 안 울던 아이가 글쎄,

"내 발이 막 가드나"

하면서 막 울더라고. 내 앞에서 그래. 내가 그때 막 같이

"야, 이건 어디 UN에 가서 말해야 되니? 어디가 말해야 되니? 이거는 이렇게 우리를 돌봐주는 나라는 이렇게도 없고, 우리는 이렇게 아무것도 없냐, 우리는."13)

구술자는 중국 도피생활 중 가깝게 지낸 탈북여성에게서 들은 기구한 이야기라고 하면서 구술에 임했다. 굶주림에 내몰린 젊은 부부가 노모와 어린 아들을 북에 남겨두고 식량을 구하기 위해 도강을 하였고, 중국인들이 부부라고 하면 도움을 주지 않을 것이라고 판단이 들어 아내를 여동생으로 소개를 한다. 아내는 그날 밤으로 같은 동네 한족 노총각에게 팔리고, 남편과 같은 방에서 커튼을 사이에 두고 한족과 첫날밤을 보낸다는 처참한 이야기이다. 구술자는 자신이 들은 이야기라고 하면서도 극한의 상황에서는 눈물을 펑펑 쏟으며 울부짖었다. 우리의 이 상황을 누구에게 이야기해야 하냐고.

탈북 여성들에게 인신매매나 성적 유린 이야기는 씻을 수 없는 상처로 자리하고 있으며, 자신이 경험한 일이 아니라고 하더라도 동병상련의 심정으로 전이가 쉽게 일어나는 외상이라고 할 수 있다. 그래서 트라우마의 병증이라고 할 수 있는 회피, 둔감화, 반복적 재경험의 증상들이 구술의 현장에서 빈번하게 이루어지고 있다.

중국 도피생활의 공포에서 비롯된 트라우마는 중국에서 장기체류 경

---

13) 김종군·정진아, 『고난의 행군시기 탈북자 이야기』, 도서출판 박이정, 2012, 203쪽.

험이 있는 탈북 1세대, 특히 여성에게 가장 심각하고, 단기체류의 경험
을 가진 탈북 2세대에게도 심각하게 자리하고 있다. 탈북 3세대의 경우
는 중국 체류기간이 거의 없으므로 조금은 자유로울 수 있어 보인다.

4) 꽃제비 생활의 공포

경험담	빈출유형	트라우마 증상
- 엄마의 탈북으로 버림받은 아이들 - 계모의 구박으로 가출한 이야기 - 꽃제비들의 영역 싸움 - 기차 적재물을 털다 떨어져 죽은 친구 - 장마당 떡 훔쳐먹다 목 막혀 죽은 친구	〈탈북1세대〉 〈탈북2세대〉	반복적 재경험 회피, 둔감화

꽃제비라는 용어는 북에서만 사용하는 독특한 은어이다. 식량난 중에
가정이 붕괴되는 가운데 집을 나온 청소년들이 역전이나 빈집에서 노숙
을 하면서 장마당에서 구걸을 하거나 도둑질을 하는데, 이들을 지칭하
는 말이다. 이들의 삶은 지독한 굶주림과 구타에 시달려서 유년기부터
꽃제비 생활을 한 탈북청소년은 인지능력이 현격히 떨어지는 사례도 찾
아 볼 수 있다.

> 찰떡을 훔쳐갖고 딱 먹었는데, 목에 걸렸는데 아줌마가 따라가서 막
> 팬 거예요. 그래서 누워갖고 엎드러서 이렇게 있다가 보니까, 눈이 넘어
> 가고, 물주고 막 두들기고 했는데 그냥 죽었어요. 근데 아줌마도 잘못이
> 없고, 아무도 잘못이 없죠. 그냥 훔쳐서 이렇게 먹다가, 그냥 목마른데다
> 가 찰떡을 먹어갖고 먹다가 죽었어요.
> 그래 또 애들이, 그러니까 굉장히 인심이 각박해져갖고, 사람이 죽었는데도
> "야, 그래도 먹다가 죽었구나, 쟤는."
> 하면서(웃음), 그때는 그러니까 눈물을 난다는 법이, 그런 걸 몰랐어요.
> 그냥 뭐 어르신들은 어휴- 불쌍해서 그러는데, 애들은

"야 그래도 쟤는 먹다가 죽었다."

하면서 먹다가 죽었다고 행복하다는 거예요.[14]

장마당에서 찰떡을 훔쳐서 입에 넣고 쫓아오는 상인을 피해 도망을 가다가 잡혀서 몰매를 맞고 목이 막혀 죽은 꽃제비 이야기이다. 상상하기 어려운 참상임에도 다른 꽃제비들의 반응이 놀랍다. 다른 어른들은 죽은 꽃제비를 보고 불쌍하다는 동정을 표하는데, 동료 꽃제비들은 그래도 먹다가 죽은 것은 행복하다는 반응이었다는 것이다. 극한의 상황에서 인간이기를 거부하는 듯한 반응들이 구술자를 괴롭히고 있었다. 비록 자신을 그렇게 이야기하지 않았지만 그 소리를 들은 것 자체, 그 자리에 함께 있었다는 사실이 구술자에게 강력한 트라우마로 작용하는 것으로 보인다.

식량을 찾아 1차 탈북한 부모나 성인 가족에게서 버림받은 세대인 탈북 2세대에게는 이 트라우마가 매우 강력하게 자리잡고 있다고 볼 수 있다. 물론 탈북 1세대 가운데도 꽃제비 생활의 경험이 있기는 하지만 대체로 탈북 2세대에게 그 심각성이 더하다고 할 수 있다.

5) 한국 생활의 부적응 고통

경험담	빈출유형	트라우마 증상
- 폭음하고 무자비하게 때리는 아빠 - 적응을 못해 술로 지내온 시간 - 탈북 후 재혼한 엄마와 뒤늦게 탈북한 아빠의 무기력 - 취업을 위해 8세 아들을 혼자 두고 지방으로 간 엄마 - 강원도에서 전학 왔다고 숨기고 학교생활하기	〈탈북1세대〉 〈탈북2세대〉 〈탈북3세대〉	과도한 각성상태 회피, 둔감화

---

14) 김종군 · 정진아, 『고난의 행군시기 탈북자 이야기』, 도서출판 박이정, 2012, 516~517쪽.

국내 거주 탈북민은 1차적으로 탈북에 성공하여 국내에 입국한 상태를 지칭하므로, 탈북 과정에서 겪은 외상과 그에서 비롯되는 트라우마는 일부 치유의 과정을 거치기도 했고, 치유가 진행 중이라고도 볼 수 있다. 그러나 한국 생활에 대한 적응 문제는 가장 큰 고민으로 여전히 남아 있다. 자본주의 체제에 익숙해지는 일은 탈북민에게 정신을 통째로 개조하는 일이라고 할 수 있다.

국가로부터 받은 초기 정착금과 영구임대주택, 매달 지급되는 기초생활수급자 생계비로는 한국 사회에서는 온전하게 살아갈 수 없다. 당연히 경제활동에 참여해야 하겠지만 그들에게 기회도 쉽게 부여되지 않을 뿐더러 스스로 적응을 이루지 못하는 경우가 빈번하다. 그 결과 2013년 경제활동 참가율은 57% 수준이고, 고용률 51%, 실업률은 10%에 달한다.15) 이처럼 국내 부적응의 상황은 삶의 의욕을 잃게 하고, 더러는 폭력적으로 변하게 하는 요인이다.

> 저희 집안에서 이제 아빠가 제일 우두머리구. 아빠가 저희 집에 호랑인거 같이 우두머리구요. 그렇게 생활을 하는데 아버지가 이렇게 일을 못하시니까 사업도 안 되고, 그러니까 화도 많이 나고 스트레스도 많이 받죠. 그러니까 이제 화풀이 할 데가 없으니까 저하고 할머니한테 화풀이를 하시는 거죠. 술 안 먹고도 맨 정신으로 많이 때려요. 저는 그것 때문에 막 스트레스도 많이 쌓이고, 중국에서도 그랬었어요. 많이 그랬고. 다 이해를 하죠. 저는. 처음에는 다 원망도 했는데 이전 뭐 원망 같은 거 안 해요. 많이 맞고 가출도 많이 했었어요, 제가. 중학교 때 한 2학년 때, 아 1학년 땐가 그때 가출을 많이 했는데, 거의 한 달 동안 했어요.
> 가출해서는 남산 주변에 고모집이 있는데 그 집 그쪽 주변에 있었어요. 아빠 모르게. 그래가지고 한 일주일에서 이주일 있다가 집에 들어가서 맞고, 또 학교 다니다가 또 그렇게 되고 계속 그렇게 많이 했는데요.

---

15) 통일부 북한이탈주민 통계(http://www.unikorea.go.kr/content.do?cmsid=3099)

지금도 술을 많이 드세요.[16]

　　탈북민 중 성인 남성들의 부적응 정도는 여성이나 청소년에 비해 매우 심각하다고 할 수 있다. 구술자의 아버지는 미리 탈북한 여동생의 권유로 꽃제비 생활을 하던 구술자를 찾아서 탈북에 성공한다. 그러나 국내에서는 아무 일도 할 수없는 존재임을 자각하는 순간 폭력적으로 변해갔다고 한다. 가정에서는 폭군으로 행세하면서 어린 아들에게 무자비한 폭력을 행사하는 가장이 되었다고 한다. 그래서 구술자는 함께 탈북한 할머니, 아버지와 한집에서 살지 못하고 탈북청소년의 그룹 홈에서 청소년기를 보내고 있다고 했다. 북에서는 식량난으로 어머니가 빠져나간 가정의 해체가 있었다면, 남에서는 사회 부적응으로 아버지가 필요 없는 가정의 해체가 진행되는 실상이라고 할 수 있다. 이러한 상황은 탈북민에게 탈북 행위 자체까지도 부정하게 만드는 심각한 문제로 대두되고 있다.

　　탈북민의 한국 사회의 부적응은 재입북이라는 현상으로 표출되기도 한다. 2012년부터 탈북민의 수가 급격히 줄어드는 이유는 탈북민의 국내 부적응 문제가 북에도 고스란히 전달된 이유도 있다는 진단이 이 지점에서 수긍된다. 한국 사회 부적응으로 비롯되는 탈북 트라우마는 현재 진행형이고, 전체 탈북민에게 해당되는 심각한 문제라고 할 수 있다.

6) 한국 사람들의 적대와 경계

경험담	빈출유형	트라우마 증상
- 지하철 노인 승객에게 북으로 돌아가라는 호통듣는 이야기 - 반 친구에게 간첩신고 당한 이야기 - 연평도사건으로 반 친구를 피해 다닌 이야기 - 빨갱이라고 반 친구에게 구타당한 이야기 - 북으로 잡혀갈 것 같은 공포	〈탈북1세대〉 〈탈북2세대〉 〈탈북3세대〉	과도한 각성상태 회피, 둔감화

16) 탁**(19, 남) 구술, 김종군 조사, 2011.05.03.

분단체제가 지속되는 가운데 탈북민은 한국인들에게 선선히 받아들일 수 있는 이웃이 될 수 없는 듯하다. 정부나 정치권에서는 '미리 온 통일 역군'으로 칭할지 몰라도 분단체제에서 비롯된 분단서사에 길들여진 한국인들의 많은 범주가 탈북민에 대해 불편함을 드러내고, 심한 경우는 적대감을 표출하기도 한다. 이에 대한 해결이 없다면 탈북민들의 국내 적응은 요원한 일라고 할 수 있다. 한국인들이 이렇게 기피하고 적대하는 감정은 탈북민에게 사회폭력으로 작용하면서 새로운 트라우마를 양산하고 있다.

> 단지 제가 단지 북한에서 왔다는 이유만으로 국정원에 간첩신고를 한 거예요. 여태까지 그런 건 없었는데, 이번이 진짜 최악인거 같아요. 최악이었고, 아직까지 걔가 미안하단 말도 없고.
> 그런데 이유가 웃긴 게 제가 대통령 욕을 했다고 신고를 했다는 거예요. 국정원에. 그것도 그냥 물어보려고 했다는 거예요. 간첩 아니냐고. 그게 말이 되는 거예요? 그냥 물어보려고 했는데, 이름을 못 밝히면 그게 안 나오잖아요. 근데 이름까지 알려줬어요.
> 솔직히 지금 한 반에서 걔를 보는 게 조금 불편해요. 저번, 어제 그저께는 학교가기도 싫었어요.[17]

구술자는 학급의 회장과 친하게 지냈는데, 그 앞에서 대통령에 대해 비판하는 말을 했다고 간첩으로 신고를 당한다. 경찰서에서 직접 학교를 방문하고 조사가 이루어지는 과정에서 구술자는 큰 상처를 입은 것으로 보인다. 그러나 학급 회장은 일체 사과의 말도 없었다고 한다. 탈북민을 무시하고, 친구로 수용할 수 없다는 학급 급장의 심리에서 간첩신고가 이뤄진 것이다. 장난을 해 본 것이라는 변명으로 무마가 되었지

---

17) 탁**(19, 남) 구술, 김종군 조사, 2011.05.03.

만 한국인들이 탈북민을 바라보는 시선의 한 단면이라고 할 수 있다.

이러한 탈북민에 대한 부정적인 시선은 남북의 정세가 악화되면 더욱 심각하게 표출된다고 한다. 지하철에서 함경도 사투리로 대화하는 탈북 여성에게 너희 나라로 돌아가라고 호통을 치는 노인도 있으며, 탈북민임을 밝히자 반 친구에게 빨갱이라고 구타를 당한 초등학생도 그 외상을 호소하고 있다.

분단체제 속에서 쉽사리 변하지 않을 탈북민에 대한 부정적, 적대적 시각은 사회폭력 트라우마로 심각하다. 이러한 트라우마는 전체 탈북민에게 적용되는 요인으로, 한국인들의 의식 변화가 요구되는 지점이다.

5. 탈북 트라우마 치유를 위하여

국내 정착 탈북민의 수가 3만 명에 가까워지는 지점에서 탈북민의 수는 매년 감소하는 추세로 돌아섰다. '미리 온 통일 역군'이라고 정부에서는 적극적으로 환대하였지만 우리 국민들은 분단체제 속에서 아직까지 온전하게 탈북민을 보듬을 자세를 갖추지 못하였고, 탈북민들은 사회주의 체제에 길들여져 한국의 자본주의 체제를 수용하지 못하고 있다. 그 가운데서 탈북민들은 새로운 외상에 심각하게 노출되고, 그에 따른 트라우마가 심각하게 자리 잡게 된다. 이를 해결하고 치유의 길로 나아가지 못한다면 '미리 온 통일 역군'들은 한국인에게 통일에 대한 부정적인 시각을 확산하는 '반통일의 세력'으로 전락할 수도 있다.

국가 차원에서 분단체제에 대한 강경한 정책을 유연화하지 않는다면 탈북민들의 설 자리는 점점 축소될 수도 있다. 헌법에 명시된 통일을 지향한다는 조목에 충실하겠다는 의지가 있다면 탈북민들을 통일 이후 남북 주민들의 통합 모델로 양성할 필요가 있다. 탈북민들이 국내 적응이 불가능하다면 통일 이후의 주민 통합은 가장 큰 난제로 대두될 것이다. 한국인들이 탈북민의 국내 부적응 현상을 보고 통일에 대한 부정적인 시각을 갖지 않도록 정부 차원의 실질적이고 체계적인 탈북민 적응 정책이 요청된다. 탈북민의 수가 감소하면서 자칫 재입북의 사례가 빈번하게 일어난다면 우리 국민들의 통일에 대한 열망은 좌절로 변하고, 또 다른 분단의식을 낳게 될 것이다. 그렇게 되면 지금의 분단 상황은 영토의 분단을 넘어 민족의 분단을 고착화하게 될지도 모른다. 향후 영토와 체제의 통일이 도래했을 때 사람의 통일이 이루어지지 않아 온전한 통일국가가 되지 못할 수도 있다.

탈북민들은 자신들이 국내 적응의 주체가 되어야 한다는 의식을 공고하게 하고, 이를 모든 이들이 공유해야 한다. 사선을 두 번 세 번 넘고 탈북을 성취한 용기와 추진력으로 국내 적응에 혼신을 다해야 한다. 그러기 위해서는 기존 한국의 학계나 정치권에 휘둘리기보다는 탈북민 내부에서 한국 사회 적응을 고민하는 전문가들이 많이 나와야 한다. 스스로를 비판적으로 바라보면서 한국 사회의 다양성을 적극적으로 수용한 균형 잡힌 전문가들이 자체 조직에서 양산되어야만 진정한 국내 적응이 가능할 것이다. 한국인들도 급속도로 진행된 자본주의 논리에 휩싸여 갈피를 잡지 못하는 실정이므로 너무 많은 것을 바라는 것은 무리일 수 있다. 탈북민의 한국 사회 적응과 탈북민들의 트라우마를 치유할 수 있는 자체 전문가들이 배양된다면 진정한 적응이 가능할 것이다.

한국인들은 탈북민들의 상처와 처지에 대한 이해를 넘어선 공감의 감성을 가질 필요가 있다. 단지 70년 떨어져 살았지만 여전히 외형적으로는 불편함이 없이 소통 가능함에 공감을 표하고, 국가 체제의 다름에서 비롯된 의식과 가치관의 차이를 조율해 나가겠다는 포용의 마음이 요구된다. 차이에 대한 인정이 없다면 탈북민도 보듬을 수 없을 것이며, 통일 후 북한 주민들과 통합도 불가능할 것이다. 탈북민들을 통일 후 사람통합의 시금석으로 인식하고 그들이 간직한 탈북 트라우마에 대해 관심을 가지면서 더 이상의 사회폭력을 표출하지 않겠다는 마음가짐이 요청된다.

참고문헌

김성민 · 박영균, 「분단의 트라우마에 관한 시론적 성찰」, 『통일에 대한 인문학적 패러다임』, 도서출판 선인, 2011.

김성민, 「분단과 통일, 그리고 한국의 인문학」, 『통일에 대한 인문학적 패러다임』, 도서출판 선인, 2011.

김종군 · 정진아, 「탈북자의 역사적 트라우마와 탈북 트라우마의 현재적 양상」, 『코리언의 역사적 트라우마』, 도서출판 선인, 2012.

김종군 · 정진아, 『고난의 행군시기 탈북자 이야기』, 도서출판 박이정, 2012.

김종군, 「구술을 통해 본 분단 트라우마의 실체」, 『통일인문학논총』 51집, 건국대 인문학연구원, 2011.

김종군, 「한국전쟁 체험담 구술에서 찾는 분단 트라우마의 극복 방안」, 『문학치료연구』 27집, 한국문학치료학회, 2013.

김현경, 『현상학으로 바라본 새터민의 심리적 충격과 회복경험』, 한국학술정보, 2009.

박영균, 「분단의 아비투스에 관한 철학적 성찰」, 『통일에 대한 인문학적 패러다임』, 도서출판 선인, 2011.

윤인진, 『북한이주민』, 집문당, 2009.

이병수, 「분단의 트라우마의 성격과 윤리성」, 『통일에 대한 인문학적 패러다임』, 도서출판 선인, 2011.

이순형 외, 『탈북민의 가족 해체와 재구성』, 서울대학교출판문화원, 2009.

통일부 북한이탈주민 통계
    (http://www.unikorea.go.kr/content.do?cmsid=3099)

찾아보기